新版

荻原雲来と渡辺海旭

ドイツ・インド学と近代日本

西村実則

大法輪閣

エルンスト・ロイマン
（W. Rau, *“Indologenbilder”* より）

荻原雲来
（『荻原雲来文集』より）

渡辺海旭
（『壺月全集』より）

マックス・ミュラー

ヘルマン・オルデンベルク

パウル・ドイセン

（いずれも W. Rau, *"Indologenbilder"* より）

はじめに

明治政府は神道を国教化（俗にいう「国家神道」）し、仏教、儒教は外来の思想として排斥する政策をとった。仏教界ではさっそく仏教復興の方策を国外に求める気運が高まった。仏教発祥の地インドではすでに仏教が滅亡していたため、セイロン（スリランカ）あるいはヨーロッパに打開の手がかりを求めるために僧たちが出発した。セイロンに赴いた僧たちは、宗派を超えた仏教界全体の統一の手がかりを求める者が多かった。

これに対し、ヨーロッパに赴いた僧たちは仏典を原典（サンスクリット、チベット語、パーリ語）から研究する学問が確立していることに驚愕した。

日本仏教界ではさっそくイギリス、フランス、ドイツに留学生を送り込みはじめた。そうした人びとの中でも留学先の師（エルンスト・ロイマン）から刻苦精励が人並み以上のため、まさしく「菩薩」と賞賛された人びとがいる。浄土宗が第一回留学生としてドイツに送り込んだ荻原雲来、渡辺海旭の二人である。

とりわけこの二人のドイツ留学、およびかれらに前後して留学した人びととそれぞれの師との出会いをとり上げたのが本書である。

【目次】

はじめに　3
プロフィール　荻原雲来　9
プロフィール　渡辺海旭　12

1　近代における原典研究の幕開け　16
マックス・ミュラーと南条文雄、笠原研寿　16／アルブレヒト・ヴェーバー　18／マックス・ミュラーの渡英　20／マックス・ミュラーの研究分野　21／インドに対するドイツ人とイギリス人の見方　23／マックス・ミュラーに対する評価　24／イギリスでの南条、笠原　27

2　日本人からみたドイセン　29
ドイセンの人となり　29／高楠順次郎　30／姉崎正治　31／木村泰賢　34

3　オルデンベルクに出会った日本人　38
ブッダの実在を論証したオルデンベルク　38／氏に出会った日本人　42／オルデンベ

ルク・コレクション　46

4　ロイマン門下の日本人　48
留学生群像　49／荻原と渡辺　55／ロイマンの学問分野への影響　57

5　近代における原始仏教学の導入
――『阿含経』に光を当てた人びと――　59
西洋のパーリ語研究　59／高楠順次郎　63／姉崎正治　67／荻原雲来　70／サンスクリット語原始経典の出現と渡辺海旭　70／木村泰賢　72／赤沼智善　76／語学としてのパーリ語　77／『阿含経』に光を当てた人びと　79／アビダルマ仏教学の受容　81

6　洋行前の荻原雲来　85
就学時代の師　85／就学時代の仲間　86／洋行二年前（一八九七年）　90／洋行前年（一八九八年）　93

7　荻原雲来のドイツ　95
出発　95／師ロイマン　96／シュトラースブルクの街　98／勉学開始　100／ロイマン

の人となり　105／渡辺海旭　107／ベンドールとの出会い　109／姉崎来訪　110／学問の進展　112／万国東洋学会に参加　114／ドイツでの高い評価　116／留学の延長　120／ケンブリッジ大学訪問　122／シュヴァルツヴァルトでの避暑　126／渡辺海旭・スイスでの学会に参加　132／黒田真洞著『大乗仏教大意』の独訳　134／学位授与式　136／欧州学会での壮挙　139

8　荻原雲来の帰朝　143
帰朝の途　143／浄土宗大学教授に就任　145／京都での報告会　147／京都大学での歓迎会　150

9　荻原雲来の人と学問　153
学問形成　153／帰朝後　156／出版　157／学風　158／学への信念　160／友情　162／余香　164

10　渡辺海旭のドイツ　166
シュトラースブルクの下宿　167／渡辺から見た師ロイマン　168／「普賢行願讃」研究に着手　172／洋行後の第一論文　173／中央アジア探検の開始　177／サンスクリット語原始経典の発見　180／街のカーニバル　181／第二回万国宗教史学会参加　183／シュ

トラースブルクのマリア祭　185／荻原雲来の帰朝　188／ベンドール教授の死　190／ドイツ満喫　193／マックス・ヴァレザーとの出会い　194／ヴァレザーと意気投合　197／修道院通い　198／サンスクリット断片類の比定　200／学位取得　202／大乗仏教研究の隆盛　203／本国からの送金打ち切り　205／リヒャルト・ピッシェルの死　210／ヴィゴー・ファウスベルの死　213／中央アジア出土写本解読の渦中　215／非公開の大谷探検隊出土品　219／帰朝　221／諸家のみた渡辺海旭　222

11　荻原、渡辺とローゼンベルク　226
ロシアと日本の仏教界　226／アビダルマ研究のプロジェクト　234／来日から帰国へ　239／ローゼンベルクのみた日本　247／アビダルマ・プロジェクトのその後　250／むすび　252

12　法隆寺・佐伯定胤と渡辺海旭――伝統的仏典研究と原典研究――　254
佐伯定胤の師佐伯旭雅　257／仏教史上における性相学　258／定胤の学問と弟子　259／法相宗から聖徳宗へ　261／人となり　262／渡辺海旭　265／伝統仏教学と海外留学者　271

〈付論〉

1　一八九九年の仏教界
　――荻原雲来のドイツ出発――　274
2　一九〇〇年の仏教界
　――渡辺海旭のドイツ出発――　330

おわりに　388

装幀：Malpu Design　清水良洋

プロフィール　荻原雲来

荻原雲来（一八六九―一九三七）は、和歌山県海部郡北田辺町五二番地に土橋次郎の次男として生まれた。幼名竹治郎。幼くして父を失い、十歳の時、母と二人で上京し、当時浄土宗内で布教の泰斗であった荻原雲台の弟子となり、名を雲来と改める。明治十六（一八八三）年、福田行誡から宗戒を受け、同十九（一八八六）年、東京浄土宗学東京支校入学。同二十八（一八九五）年、同校教授となる。同三十二（一八九九）年、三十歳の時、ドイツ、シュトラースブルク（Strassburg）大学に留学、サンスクリット、パーリ語、チベット語を修めた。

明治期になってヨーロッパのインド文献学、サンスクリット学を学ぶ必要を痛感した日本仏教界はそれを移植すべく留学生を送ったが、浄土宗でも荻原雲来を第一回留学生として、ドイツ、シュトラースブルク大学に派遣した。

荻原は稟《ひん》性、冷静、寡言、篤実であり、勉学についても下宿にいなければ、大学の図書館にいるというように、不断に精進した。

指導にあたったエルンスト・ロイマン（第4章「ロイマン門下の日本人」四八頁参照）が日本人留学生の中でも荻原をひときわ絶賛したことは、ロイマン自身「荻原こそはドイツの学風を会得、自分の心血を伝え、師の使命を辱しめず、このロイマンが学風を愈々宣揚せる天晴れの学者よ」と述べ、つねづね「ボーディサットヴァ、Ogihara」と呼んでいたことからも知ることができる。

明治三十八（一九〇五）年、シュトラースブルク大学からドクトルフィロゾフィーの学位を得る。ドクター論文は『瑜伽論』「菩薩地」である。同年、六年間の留学を終え、三十七歳で帰国。その後、宗教大学教授となり、仏教学研究室とは別に新たに聖語学研究室を創設する。その間、浅草誓願寺住職を務め、東京帝国大学、豊山大学、立正大学に出講。教育者としては芝中学校校長、淑徳女学校校長を務め、六十八歳で没す。「日本の仏教学界の国宝的人物」「世界の仏教学者の至宝」とまでいわれた。

著作には『実習梵語学』『印度の仏教』「マハーヴァストゥの研究」があり、翻訳に『梵和対訳無量寿経・阿弥陀経』『釈迦牟尼聖訓集』（*Suttanipāata*）、『法句経』（岩波文庫）、『増支部経典』がある。

校訂に『梵漢対訳仏教辞典』（*Mahāauyutpatti*）、『梵文瑜伽論菩薩地』『梵文ヤショーミトラ造阿毘達磨倶舎論疏』『梵文ハリバドラ造般若波羅蜜多釈』『梵文法華経』、遺稿集『荻原雲来文集』、没後完成したものに『梵和大辞典』がある。

とりわけ実証的手法に基づく原典研究、校訂本の質、量ともに氏を凌駕する者は現在でも見あたらない。
氏の死去に際し、詩人土井晩翠は次の弔詩を捧げた。

亜細亜大陸　風雲の荒るゝ昭和十二年　寒光凝ほる十二月
釈氏の忠臣　稀世の耆宿　梵語学界一等星　荻原雲来博士逝く
二十五菩薩　来迎の紫雲に乗りて　迷海のあなた浄土に光栄の
門出尊し
今さらに何かを嘆く　然れども　情は煩悩の暗に泣く

プロフィール　渡辺海旭

渡辺海旭（一八七二―一九三三）は、東京市浅草区田原町に、渡辺啓造の長男として生まれた。十四歳の時、小石川区初音町源覚寺端山海定（西光寺前住）の室に入り得度。明治二十（一八八七）年、浄土宗学東京支校に入学。同二十八（一八九五）年、二十三歳の時、浄土宗学本校卒業、浄土宗第一教校教授拝命、『浄土教報』主筆就任。同三十三（一九〇〇）年、二十八歳の時、ドイツ、シュトラースブルク大学に留学、同四十（一九〇七）年、三十五歳、同大学でドクトルフィロゾフィーの学位取得。

十年間の留学後、同四十三（一九一〇）年、三十八歳で帰朝。ただちに宗教大学、東洋大学教授となる。『浄土教報』主筆に復帰。その後、芝学園校長、国士舘大学教授、マハヤナ学園監督、深川商業学校校長、大正大学教授、大正大学理事長、巣鴨家政女学校校長、大阪上宮中学理事長、岩淵家政女学校校長、巣鴨女子商業学校校長、満州国鏡泊学園総長を務める。学界では『大正新脩大蔵経』の発刊、日本宗教協会理事、日本仏教学協会を創設。社会的には仏教護国団理事、中央仏教協会理事、借地借家協会調停委員、日印協会理事、仏教音楽協会理事、日本禁酒同盟理事、日独仏教協会理事、東京仏教倶楽部理事を務める。

氏は帰朝後、アルコール類を一切止め、また生涯独身であった。

自坊西光寺は「学生寄宿舎」と呼ばれるほど、学生のみならず外国人（インド、中国、チベット、ビルマ、ドイツなど）まで出入りし、かれらの世話をした。

国際的にはソルボンヌ大学教授シルヴァン・レヴィと日仏協会、ドイツ人ペッツォルト教授と日独仏教協会、イギリスのブリンクレーと日英仏教協会の創立、ロシアのローゼンベルク（第11章「荻原、渡辺とローゼンベルク」二二六頁参照）とは仏教辞典の編纂で協力した。

学界関係では龍谷大学教授森川智徳と東西の仏教系大学を中心に仏教学協会（現・日本仏教学会）を設立、高楠順次郎（東京帝国大学教授）と『大正新脩大蔵経』の刊行、『国訳大蔵経』『国訳一切経』の発刊、それに出版関係では仏教書専門の大蔵出版を創立した。

社会実践としては浄土宗労働共済会を創立、従来のキリスト教に基づく「慈善事業」ではなく、仏教精神を基調とした「社会事業」を実践した。具体的には労働者の職業の紹介、宿泊所、食堂、授産などの支援である。

大正十三（一九二四）年、関東大震災で自坊西光寺が焼尽し、蔵書一切が烏有に帰す。にもかかわらずいつでも研究発表できる態勢にあり、学会でも従前どおり活躍した。

氏の行動はすべて「信仰の発露」であり、「ひとたび渡辺君が顔を出す時、その醜い政争も平和な姿に立ちかえ」り「全く敵の存在を許さなかった」（高島米峰）とされる。

その他、カルピス（サンスクリットで「サルピス」の変名）の命名者であり、またインド人チャンドラ・ボース、ビハリ・ボースを援助した新宿中村屋の相馬夫妻が渡辺に帰依し、羊羹名を「壺月羊羹」（壺月は渡辺の雅号）としたほどである。

著作には『普賢行願讃の研究』（独文）、『欧米の仏教』、遺稿集『壺月全集』上下巻がある。書物としては少ないものの、「欧米では大著述をした学者と同等に或はそれ以上」（矢吹慶輝）とみられていた。

徳富蘇峰は氏を近代の傑僧「（福田）行誡以後の第一人者なり」と讃え、土井晩翠も氏を追悼して次の詩を捧げている。

昭和八年　一月の末
五蘊の集り　ほどけ行き、
聖衆　来迎の　紫の
　雲に　乗り行く　海旭師、
　諦誉上人　高く去る。（略）
恩は深し　深川の
浄刹、君の　西光寺、

都門の塵は　深くとも
　妙境　別に　風清く
　月も　澄みけむ　西光寺。
室に　脂粉の　香を絶ちて
夜半の　窓に　襟正し、
梵文　貝葉　秘を開き
　幽を探りて　学海の
　底に求めし　玉光る。（略）
学あり　信あり　徳ありて
更に　稀世の　歳を兼ね、
六十余年　塵の世に
宿せし　四大　その本に
帰れど　英霊　永く生く。

Ⅰ　近代における原典研究の幕開け

マックス・ミュラーと南条文雄、笠原研寿

明治の荒れ狂った廃仏毀釈の影響下、教団近代化のために明治五年から六年（一八七二〜一八七三）にかけて真宗大谷派法主現如は仏教復興の方策を求め、その一環として西洋を視察した。当地でインド原典に基づく仏典の研究があることを目《ま》のあたりにし、日本にもそうした研究の必要性を痛感して帰国した。一八七六（明治九）年、大谷派ではさっそくイギリスに留学生を送り出すこととなり、選ばれたのは南条文雄（一八四九—一九二七）、笠原研寿（一八五二—一八八三）の二人であった。この時、南条は二十七歳、笠原は法主現如と同年の二十四歳。二人が留学するに至るきっかけについて南条は後年、自身の回顧録の中で次のようにいう。

元来私たちが洋行して梵語を学ぶにいたった直接の一動機というのは、さきに現如上人が洋行されたとき、同行の石川舜台君が少しばかり梵語をやったのみで、まだじゅうぶんにこれを修めず、今後どうしてもこの方面の開拓をいっすべからずというので、ついに私たちの海外留学となったのである。（南条文雄『懐旧録』一一九頁）

こうしてこの二人はイギリスに向かったものの紹介者もなく、誰に師事するべきか全く手探り状態であった。大使館関係者からリス・デヴィズ（一八四三―一九二二、パーリ語に基づく原始仏教研究の第一人者）の面識を得、氏からパーリ語の学習を勧められる。

これについて思い出すのは、リス・デヴィズ氏であるが、同氏はわざわざ私の寓居を尋ね、最近の著であると言って『Buddhism』一冊を私に与えられ、盛んに巴利語を研究すべく勧められたことを記憶しているが、私はどうしてもこれをがえんぜず、梵語研究の初志を貫徹したのである。（同、一二七頁）

しかしながら彼らは出発時から自分たちの宗派と深い関わりのある大乗仏教ならびに梵語研究を志したため、パーリ語など眼中になかった。そうした中でその後、マックス・ミュラー（一八二三―一九〇〇）に出会う。

マックス・ミュラー博士は容易に面会しない人であるが、スタンレー氏（補、ウェストミンスター寺院教長）の紹介ならば会ってくれるだろうとのことであった。かくて私はスタンレー氏のずいぶんと読みにくい紹介状をもらって、ロンドンから六十マイルほど離れたオックスフォードにマ博士を訪ねた。すでにスタンレー氏から書状が行っていたとみえて、博士は私を快く迎えてくださった。そこで私はその年来の宿志たる仏教梵語文学研究のことをお話しした。ところが博士は切にオックスフォードに来て学習せよと勧められ、私もついに意を決して先生の言葉に従って、二月二十七日ロンドンからオックスフォードに移ることとなった。（同、一二〇頁）

こうして二人はサンスクリット、インド文献学を専門とするオックスフォード大学教授マックス・ミュラーに師事することになった。

アルブレヒト・ヴェーバー

マックス・ミュラー（一八二三―一九〇〇）は有名な詩人、ヴィルヘルム・ミュラー（「美しき水車小屋の娘」「冬の旅」などの作詞者でシューベルトが作曲したことで令名高かった）の子であったが、父はマックスが三歳の時に没している。

マックス・ミュラーはライプチィヒ、ベルリン、パリでインド文献学を学んだ。その後、ベルリン大学インド学講師のポストを二歳年下のアルブレヒト・ヴェーバー（一八二五―一九〇一）と争うこととなるが敗れてしまう（高楠順次郎「明治仏教に影響を与えた西洋の仏教学者」）。ヴェーバーといえばその後ベルリン大学の准教授、第二代（初代はフランツ・ボップ）教授と進み、その後のドイツ・インド学を大きく牽引した人である。専門はバラモン文献の研究、とりわけヴェーダ、ブラーフマナ、ジャイナ教、プラークリット、サンスクリット文法学（パーニニ、マハーバーシュヤ）、天文学などで、さらにインドと西洋との思想交渉に関するきわめて興味深い論文もある。その論文は「西洋諸国とインドとの関係」「インドにおけるギリシャ」と題し、とりわけ後者では、キリスト教の禁欲、独身、剃髪、告解（懺悔）、香、黒衣、ロザリオ、鐘などのいずれもがインドから伝来したという説を発表した。これは東西の文明交渉史のうえでもっと強調されるべきものであろう。とりわけロザリオの起源がインドの数珠からという説はその後、リヒャルト・ガルベも主張している。

ヴェーバーの弟子にはヘルマン・ヤコービ（金倉円照の師）、エルンスト・ロイマン（この人に多くの日本人が学んだことは後にふれたい）、そのほかキールホルン、ヒッレブラント、アメリカのホイットニー、オランダのケルン、ロシアのミナエフなどがいる。当時の状況について渡辺海旭はいう。

ウエーバーは此の如くして独逸梵学界の中興で、現在独逸諸大学の梵学者は半ば氏の門下から出て居る……（『欧米の仏教』八七頁）

マックス・ミュラーの渡英

マックス・ミュラーは二十六歳でドイツを去り、イギリスに渡った。当時のドイツには、ベルリン以外にもボン、ゲッティンゲン、チュービンゲンなど多くの大学にインド学の講座があったが、なぜ渡英してしまったかは知り得ない。

しかし渡英後のマックス・ミュラーは『リグ・ヴェーダ』の資料蒐集、研究などによりオックスフォード大学のサンスクリット学者ウィルソンと、ドイツのリベラルアーツの祖ともいうべきアレクサンダー・フォン・フンボルト、駐英ドイツ大使ブンゼンに注目されることになった。そうして二十七歳の時、オックスフォード大学から近代文学と言語（Modern Literature and Language）の講義を依嘱された（キッペンベルク『宗教史の発見』五六頁）。こうしてオックスフォード大学で「比較文献学」の教授に就任するに至った。

もっともオックスフォード大学にも「インド学」があり、そちらは四歳年上のモニエル・ウィリアムズ（一八一九―一八九九）が教授であった。氏はサンスクリット語学、ヒンドゥー教の研究に力を注いだ人である。一八六〇年に発刊した『サンスクリット文法』で学界に名を馳せ、晩年は仏教にも関心を示し、バラモン教、キリスト教と対比して論じた書がある（*Buddhism in its connexion with Brahmanism and Hinduism, and its contrast with Christianity.* 1889)。とりわけ『サンスクリット・イングリッシュ辞典』の編纂に心血を注いだ（その完成は死の年であった）。ウィリアムズがオックスフォード大学にいたことは留学中の南条も知るところであった（『懐旧録』二二九頁）。

ただマックス・ミュラーは、「インド学」のモニエル・ウィリアムズとも仲が悪かったことは、やはり高楠順次郎が伝えている。

学界には多々の友人を有したが、同時に、犬猿啻ならざる敵人もあった。斯る学敵の雄たるものは伯林大学の梵語学教授ウェーベル博士であった。伯林大学の梵語講座の競争にはマクス・ミュラー博士は敗者であったからであらう。今一人の大敵は梵語字書に名を得たるモニエル・ウイリヤムス教授である。この両大家に対するマクス・ミュラーの態度は、時に児戯に類するものであった。大体に於てこの三大家の間には堂々たる学術上の論争は嘗て無かったやうで、つまり感情の問題であったらしい。

（高楠、前掲論文）

マックス・ミュラーの研究分野

マックス・ミュラーの業績には、まず『リグ・ヴェーダ』の校訂出版がある。かれ以前、ドイツではショーペンハウエルが『ウパニシャッド』こそヴェーダ文献の中でもっとも尊く、『ヴェーダ』などはバラモンたちによる捏造とみていた。これに対してマックス・ミュラーは、『リグ・ヴェーダ』こそがもっとも古く重要な聖典であると主張した。

マックス・ミュラーの採用した方法論は比較言語学、比較宗教学、比較神話学である。比較によって宗教を客観的・科学的に研究しようとした。しかしながらキリスト教優位の姿勢は終生変わらなかった。氏は次のようにいう。

世界中のあらゆる宗教をみても、単純さにおいて、目標の純粋さや慈善において、また真の人間性において、キリストが弟子たちに教えた宗教に匹敵するほどのものは、どこにもありません。

（津城寛文訳『人生の夕べに』二二四頁）

氏のさらに大きな業績の一つは、東洋の文献に関する一大叢書を企画したことである。『東方聖典』（*Sacred Books of the East*）全五一巻がそれである。これはイスラム、イラン、インド、中国を網羅したもので、中村元氏は大英帝国らしい壮大なシリーズと呼んでいる（中村元『比較思想論』二四頁）。

マックス・ミュラーはその後イギリスに帰化し、結婚した相手はオックスフォード大学の高名な美術史教授ラスキンの娘であった。この点も氏がいっそうイギリス的気風に染まる機縁となったと思われる。

ところで氏は生涯、研究対象としたインドに行くことがなかった。マックス・ミュラーはインドに行く必要のない理由を次のようにいう。

私のインドは実際のところ、表層に見られるようなインドではなく、幾世紀も下に隠れているインドなのです。

（キッペンベルク、月本昭男他訳『宗教史の発見』六一頁）

インドに対するドイツ人とイギリス人の見方

ところで当時のイギリス人、ドイツ人はインドをどのようにみていたか。類型化していえば、イギリス人にとっては興味の対象でしかなく、あえていうならば政治的、経済的なものだけに関心を示した。これに対しドイツ人はインドの文化、思想そのものに強い関心を示した。

そもそもサンスクリットとギリシャ、ラテン、英語、ドイツ語とが共通の源泉からだと見抜いたのは官吏として植民地インドに赴いたウィリアム・ジョーンズ（一七四六―一七九四）である。サンスクリットはアーリア人の言語であり、ドイツの言語学者たちは人種的にも自分たちと元来共通するものと思い、ヨーロッパ人の祖先はインドのアーリア人と同じく「アーリア」つまり「高貴」、気高いのだと主張した。

マックス・ミュラーもやはりこの点で、インドのアーリア人は自分たちの祖先だと強調した。

かれはイギリスに帰化したとはいえ、この点ではドイツ人としての本領を発揮したのである。

ところがイギリス人は、ヨーロッパ人とインド人の源流は同じという考え方に反発した。たとえば民族学会会長であったジョン・クロフォードは、『マハーバーラタ』と『ラーマーヤナ』以外に何も生み出さず、外国を征服したこともなく、引きこもりがちなインド人、そんなインド人と一緒にされてたまるか、と述べている（同、七二―七三頁）。

大英帝国として世界に君臨したイギリスには貴族意識が強く、インドに対しても優越感をもち、インドの教えに耳を貸すことがなかった。それを中村元は「イギリスに伝統的な、その自信と傲慢の態度」という（中村元『比較思想論』二七頁）。

マックス・ミュラーに対する評価

イギリスでは一般にサンスクリット学者は退屈な人間とみられていた（『宗教史の発見』七二頁）。渡辺海旭も留学当時のイギリス社会一般について、

近時仏教聖典蒐集の功労者セシル・ベンドールは其ケムブリッヂ大学教授職に当たり漸く印度学研究に冷淡となれる英国の上下を警策して、大々的の気焔を挙げた。

（『欧米の仏教』一一頁）

と、インド学には「冷淡」と伝えている。そうした中でマックス・ミュラーの場合、例外的にその学問に対する功績が高く評価され、かれが没した時、ビクトリア女王は夫人に哀悼の辞を贈った。これはマックス・ミュラーのイギリスにおける最初の講演からして大変な反響があったこと以来ずっと注目され続けたためであろう。渡辺海旭は当時の状況を、

昔しは碩学マックス・ミュラー印度研究の必要を英国の上流識者に呼号し其名著『印度は何を吾々に教ゆるか』に満腔の熱火を吐いた。（同）

当時英国（牛津）に梨倶吠陀（リグヴェーダ）の公刊、『東方聖書大集』の発行、宗教学比較言語学の新研究等で盛名一世を圧したマックス・ミュラー……（同、八七頁）

と述べている。マックス・ミュラーはその学問、著書などによりすこぶる令名高かったという。あるいはまたパウル・ドイセン（一八四五―一九一九）は一八九七年に『ウパニシャッド六十篇』をマックス・ミュラーに呈上した。その中にドイセンの添え書きが偶然発見され（鎧淳「パウル・ドイセンの手紙」『春秋』、二〇〇二年）、二十二歳年上であるマックス・ミュラーを「気高く偉大な伯父上」と敬意を表し、自著を「腕白者」「忠実従順でないとしてもその振舞いはなお礼を失することないもの」としたためている。このように同じドイツ人で大先達のマックス・ミュラーを最大限讃えていることからみても、当時のマックス・ミュラーに対する評価の一端が伝わってこよう。

もっともマックス・ミュラーに対する近年の評価は異なる。ハーバード大学にいたインゴールズ（一九一四―一九九九）などは「以前は非常に尊敬されていたが、今だめになった学者もある。その典型はマックス・ミュラーである」と手厳しく、あるいは水野弘元（一九〇一―二〇〇六）は「マックス・ミュラー教授やドイセンなどの大風呂敷なインド学」（『大法輪』平成五年、第五号）という。ベルリン大学教授となったヴェーバーのように終始深く文献を読み、実証的な研究を遂行するというよりも、マックス・ミュラーは『東方聖典』の編集にみられるように啓蒙的な研究が主といえる。これについても渡辺海旭はマックス・ミュラーとヴェーバーの二人の学風を対比して次のようにいう。

後者の深くして専門的な学究主義なのと、前者の博くて寧ろ啓蒙的応用主義なのは頗る面白い対照だ。（同、八九頁）

近年の宗教学者津城寛文氏によると、マックス・ミュラーは「厖大な著作や講演の端々、また書簡や草稿の随所から聞こえてくるのは、単なる学者にとどまらない、詩人であり求道者であり、人生の夜明け夕暮れを見届けた人」（マックス・ミュラー『人生の夕べに』「あとがき」）とあるように、学者という枠に収まらない人物であったようだ。ドイツでは世界に文化交流センターを設立するに際し、ゲーテの名を冠してゲーテ・インスティトゥートという。しかるにインドには特別に「マックス・ミュラー・バヴァン（bhavan）」がある。これはインドではマックス・ミュラーの名が他のインド学者に比べ、格別に知名度が高かったためとみられている。

イギリスでの南条、笠原

マックス・ミュラーは日本から留学した南条、笠原の影響で、仏教にも関心を寄せた。二人とも浄土真宗の出身ゆえ、宗派で重視する『無量寿経』『阿弥陀経』のサンスクリット本をのちに師とともに校訂出版している。『無量寿経』のサンスクリット写本はホジソンがネパールから持参したものであるが、『阿弥陀経』の悉曇《しったん》写本は日本にあったものである。そのためマックス・ミュラーはほかにも日本にサンスクリット写本があるのではと強い関心を寄せた。その結果、大阪、京都、奈良の寺に古い写本断片の存在することが明らかになったのもマックス・ミュラーの功績である。

笠原は留学中、サンスクリット写本を不眠不休で写したりして病気となり、帰国後、三十二歳で没してしまう。氏は富山県、城端の恵林寺出身であった。城端は大谷派城端別院の門前町として栄えた町で、恵林寺はその末寺の一つである。別院のちょうど向かい側には笠原を顕彰する高さ三メートルにのぼる大きな碑が建っている。戒名は東本願寺法主によって「梵行院」と付けられた。これは『無量寿経』にある「常修梵行」から採ったものという。

マックス・ミュラーは夭折した笠原の手がけた龍樹の『ダルマサングラハ』の校訂本を出版しただけでなく、「ロンドン・タイムズ」に追悼文を載せ、深くかれの死を悼んだ。

一方の南条は八年にのぼる留学を終え、三十六歳で帰国した。当地での学位論文は『大明三蔵聖教目録』で、『大蔵経』の書名すべてと大要を英訳したものである。氏は学位授与式の様相を次のように記している。

マ先生は、私の『大明三蔵聖経目録』をオックスフォード大学に提出して学位授与の労を取られ、三月十八日、私は先生に随って学位授与の式に臨んだのである。式はすこぶる古礼にのっとって挙行せられるのであった。先生はしばし私を室外に待たせておいて、隣室へ入って行かれた。ここには大勢の教授が列席し、その中の一名が代表して読まれた学位授与の推薦文の内容はラテン語にて一般に報告されたのである。終って先生は私を室内に呼び入れ、諸教授に紹介され、ここにはじめて私は同大学m・aの芳名帳に署名したのである。

（『懐旧録』一七五頁）

一九七〇年にドイツでインド学に従事した学者を列挙した書（『ドイツのインド学者』）が出版され、マックス・ミュラーの項には二人の日本人留学生がサンスクリットを学びに来たこと、かれらが日本に伝わるサンスクリット断片の入手を手助けしたこと、サンスクリット本『ダルマサングラハ』は早逝した笠原の手になることが書き加えられている。

2　日本人からみたドイセン

ドイセンの人となり

パウル・ドイセン（一八四五—一九一九）はボン、チュービンゲン、ベルリンで学び、その専門は古典文献学、インド哲学、サンスクリットであった。一八八七年にベルリン大学教授、一八八九年からはキール大学教授となった。文献学（フィロロギー）と哲学（フィロソフィー）を統合した研究方法を採り、『一般哲学史』、シャンカラ作『ブラフマスートラ注釈』の全訳、『ウパニシャッド六十篇』（*Sechzig Upanishads des Veda*）の翻訳などが主な業績である。

ドイセンによれば、東洋の哲学は西洋の哲学と同じ土俵に乗せられるべきとし、世界哲学史の中にインド哲学を対等に位置づけた。『一般哲学史』全六巻の構成からして前半三巻をインド哲学にあてたことからもわかる。ただ哲学者はかれをインド学者、インド学者はかれを哲学者とみなした（シュタッヘ・ローゼン『ドイツのインド学者』）。ドイセン自身はプラトン主義者を自認していた。しかし『ウパニシャッド』に心酔していたショウペンハウエルからの影響が強く、『一般哲学史』の叙述のうえで『ヴェーダ』や『マハーバーラタ』からの引用がはなはだ多く、その点が特色となっている（高橋英夫『偉大なる暗闇』）。

かれはインドへは講演旅行で行ったにすぎないが、サンスクリットでの会話ができた。近代の宗教改革運動家ラーマクリシュナの弟子、ヴィヴェーカーナンダ（一八六三—一九〇二）が旅行でドイツ・キールに滞在した折、二人はサンスクリットで話し合ったという（パウル・ハッカー『小論文集』S. 551-2）。

高楠順次郎

日本人で最初にドイセンに師事したのは、高楠順次郎（一八六六—一九四五）である。高楠は当初オックスフォード大学に留学し、そこでサンスクリット、パーリ語を学んで大学を卒業した。とりわけパーリ語については宗派からの期待を一身に担って留学した南条、笠原がその学習をあえて拒んだのとは違い、この点で高楠は制約のない自由な立場であった。

高楠はその後ドイツのキール大学に移り、そこでオルデンベルクからヴェーダとパーリ語、ドイセンからギリシャ哲学、ウパニシャッドを学んでいる。

さらにベルリン、ライプチッヒ、フランスでも学んだ。したがってドイセンは、高楠にとっては師の一人にすぎなかったといえよう。

高楠からみたドイセンは、ともかく親切を極めること稀にみる人であったという。ただ後半生は悲惨で、眼疾があったうえに精神に異常をきたしたと伝えられている（高楠「明治仏教に影響を与えた西洋の仏教学者」）。

姉崎正治

姉崎正治（一八七三―一九四九）は一九〇〇年、帝国大学助教授だった二十七歳の時、ドイセンのいるキールに向かった。夏目漱石と真宗大谷派の大谷光瑞がイギリス、渡辺海旭がドイツのロイマンの許へ向かった年でもある。

姉崎がキールに赴いた時、ドイセンはちょうど『一般哲学史』の仕事、それにヒンドゥー教の根本聖典『バガヴァッド・ギーター』の翻訳の最中であった。柿崎はこう伝えている。

一週三回かの講義に出席する。講義はいつも九時に終り、夫人や子供が室外で待って居て、それから海岸地方の森林地帯を散歩する。行って間もなく、その散歩に伴をせよとの事で、毎度それの同伴し、先ず梵語文典の復習から始め、その後は学問上の事や世事に関する談話で、一時間半の散歩を終る。夫人は寡言で、子供と共に後からついて来るのが常であった。この散歩談話は行って間もなく始まったが、その中に散歩から共に先生の家に帰り、昼食を共にし、それからひるねの時間をすぎ、四時の茶を終って後、又々散歩し、それから夕食後自分は先生の為に新聞を読み、夜に入ってから宿に帰る様になった。（略）それから散歩、而して夕食後の新聞よみでは、自分の発音などに誤りがあれば直される。字句の解釈もきくが、又所載の記事についての説明もきいて、実に利益を得た。先にドイツ語の時間をとった事のないと言ったのは、この新聞よみが、それ以上の所得を与えた為であった。

（『わが生涯』八四頁）

ドイセン先生の厚情は段々深く、講義のない日でも毎日先生の家に出かけて夕方まで留った。その間に、手術を受けて一週間ばかり入院したが、先生は殆ど毎日来訪してくれた。

（同、八五頁）

先生は日当りのベランダで、病人として半臥していた。それは先生の眼病内障の初めであって、治療は数年に亘った。それから先生は自ら読書せず、すべて自分に読ませ、又病勢がゆるむと共に、ギーター（Gītā）の翻訳（それは後に出版になった）に着手し、自分が原文を読んで、先生が翻訳を口授する。（略）その他、書信類は多くは自分が筆記した。この様にして先生に親炙すること愈々深きを加えた。（同、八六頁）

これによると、姉崎は『バガヴァッド・ギーター』のテキストを読み上げ、ドイセンが訳出したのを筆記するという助手のような日々を送ったことになる。

姉崎はキールからその後ベルリン大学へ移るが、そのいきさつについて「かくて冬学期もすぎたので、三月にはキールを去ってベルリンへ移ることにし」「ベルリンには夏学期間在学した」（同、八六頁）とある。学期の切れ目ごとに大学を移動していたことがわかる。

ベルリンでは一九〇一年、サーンキヤとヨーガ学派を専門としたリヒャルト・ガルベ（一八五七―一九二七）、そのほかアルブレヒト・ヴェーバーに師事した（ちなみに日本人でヴェーバーに学んだのは姉崎と薗田宗恵である）。往年のベルリン大学教授ヴェーバーもすでに老境に達していた。

ウエーベルの講読には自分の他に一人登録者があっても、多く欠席したので、実際は殆どいつも自分一人であった。そこで半盲の老教授（八十二歳か）を、帰りにはその宅へ送り届けること毎度であった。この頃のドイツ大学には定年制はなく、教授には随分老人があり、聴講者の少い人も多かったが、ウエーベルの如きはその標本であって、これが同教授の最後の学期、自分が最後の学生となった。（同、八七頁）

ただ「ベルリンでは学校に出るよりも、自分の仕事のほうが多かった」という。

こうしてみると姉崎はキールでのドイセン、ベルリンでのヴェーバーの授業ではいずれも学生が姉崎一人とあるから、まさに個人授業を受けたことになる。

一九〇四年、ドイセン五十二歳の時、スイス・バーゼルで世界歴史大会が開催され、ドイセンはそこで「印度宗教と基督教との内的親縁の関係に就きて」と題して研究発表した。この学会に参加した渡辺海旭はドイセンに面会しようとしたが、しかし会えずじまいで残念であったと記している。

先生講演の後、直にバーゼルを去りたるを以て、終に面会の機を失したるは、特に遺憾なりき。

（『浄土教報』以下、引用出典表記は『教報』六一八）

木村泰賢

木村泰賢（一八八一―一九三〇）は留学前、インドの哲学諸派に関する研究をまとめて『印度六派哲学』を出版し、一九一九年イギリスに向かい、リス・デヴィズ、ステッドに学んだ。その後にキールのドイセンの許へ赴く。しかしドイセンはこの年に没してしまったから、まさにその直前のきわめて短期間の訪問であった。

木村はキールの地で『原始仏教思想論』を脱稿している。もっとも渡辺海旭によれば、ドイセンは仏教そのものにそれほど関心を示さなかったという。

印度哲学の大家独逸のドイセン博士なども其深遠なウパニシャッドの吠檀多の研究上此見地から仏教哲学に対して頗る冷淡の態度で余り重きを置いて居らぬ、これは同教授の傑作『一般哲学史』を見ても解る。印度哲学の専攻者が仏教に対する態度は先づかうだ。

（『欧米の仏教』一六〇頁）

たとえば大乗以前の大きな仏教の領域であるアビダルマに関してドイセンは、単なる注釈の時代であってそこに哲学などないと否定的に断じていた（これは、第4章「ロイマン門下の日本人」でふれたい）。

日本人でドイセンに直接師事し得たのはこの三人だけであり、いずれもドイセンからサンスクリットと哲学を学んだという点で共通する。

その後、木村泰賢が帝国大学教授として活躍した頃の東京大学は、ドイセン一色であったという（中村元「東西比較思想の開拓者パウル・ドイセン」）。具体的には井上哲次郎（初代倫理学教授）、井上円了（ドイセンの本を翻訳した）、ケーベル、岩本禎（ともに一高教授、岩本がドイセンに傾倒したのはケーベルの感化による）のいずれもがドイセンの著書を通じてその人と学問に傾倒していた。
しかしその後、ドイセン讃嘆のブームは急速に去ってしまう。その理由について金倉円照（一八九六―一九八七）はいう。

ドイセンは、おそらく西洋人のインド哲学の興味と理解とをよび起そうとする啓蒙的態度に傾いたために、東西の思考法が全く違っていることを自覚しながら、いつしか西洋の思惟方式に従って、インド哲学の全体を律する過ちを犯した。従ってたまたまその方式に合致する思想内容の部分は、巧みに把握せられたが、そうでない部分は除外される結果を生じ、彼の哲学史は、西洋的思考者には理解されやすいけれども、インド的実相を十分に伝えない恨みを残している。これも亦、彼の著述がインド学研究者の間に次第に声望を失った一つの理由であろう。さらに、彼の用いた材料が不十分で不完全であったことは、当時の情況として恕すべきであるが、全体の思想を歴史的展開として体系化するために、個々の思想の取扱いに於て、恣に真相を歪めた所が認められる。ことにインドの哲学は、古代に於て最も優れ、それ以後の時代にあって、慚次に退化したという彼の基本的な史観は、全く事実にそむき、今日これを是認する専門家は存在しない。

（「インドの哲学と西洋の思想」『インド哲学仏教学研究』3）

金倉のドイセンに対する批評は辛辣である。しかしドイセンの樹立した東西思想を比較研究する視点は依然として有意義であると付け加えている。あるいは水野弘元はドイセンの研究方法を「大風呂敷」（『大法輪』平成五年五月号）という。ともかく日本におけるインド哲学開拓期には、ドイセンの示したような鳥瞰図は当然のごとく要求されたと思われる。

中村元はギリシャ、インド、中国などの哲学を体系化した『世界思想史』全四巻、それに『比較思想論』『比較思想の試み』など比較思想という視点からも多くの研究書を著したが、氏自身、それらの研究の方法論のうえでドイセンの影響を顕著に受けたと評価している。

3 オルデンベルクに出会った日本人

ブッダの実在を論証したオルデンベルク

ヘルマン・オルデンベルク（一八五四―一九二〇）については日本語訳された『仏陀』『ウパニシャッドより仏教まで』、あるいはパーリ語の『律蔵』（『ビナヤピタカ』）を校訂した人として知る人もいよう。氏の人と業績については高楠順次郎が、

オルデンベルヒ氏は、仏教の研究に於て一新紀元を開きたる人なり。（『仏陀』序）

といっているし、あるいは渡辺海旭は『欧米の仏教』の中で、

本生經大集の公刊と、共にパーリ語學界否佛教學界に忘るべからざる大事業は即オルデンベルヒ教授（Hermann Oldenberg）の律藏本文全部の出版である。教授は安政元年漢堡（ハ

ンブルグ）に生れ、ギヨッテインゲンと伯林の兩大學に學び、燦爛たる成績で伯林を出て、直に同大學の講師より助教授に累進し、三十五歳で早く既にキール大學の正教授を贏ち得たが今や其母校のギヨッテインゲン大學の講座に榮轉し、世界に於ける第一流の梵語學元老として現時恐く誰も其右に出づるものはあるまい。其パーリ研究に於ける功績は恐くリス・デギヅ教授と伯仲の間にあり蘭菊美を争ふと賛してもよからう。教授はパーリ語界に於ける業績が、此の如く偉大不朽なるのみならず、梨倶吠陀研究に於ては殆ど世界第一人の名誉を占むべき碩學である。

と、その経歴ともどもパーリ研究の分野ではイギリスのリス・デビィズと双璧、ヴェーダに関しては世界第一人者とその業績を絶讃している。近年、ドイツのシュタッヘ・ローゼン（V. Stache-Rosen）によれば、

ヘルマン・オルデンベルクはドイツの偉大なインド学者の一人で、ヴェーダと仏教研究に傑出した貢献をした。（『ドイツのインド学者』）

という。これらによってオルデンベルクが当時ドイツにおける傑出した碩学であったことが想像できるだろう。

オルデンベルクの仏教の分野に関するものをさらにあげれば、パーリ語に関するものとして仏教史書の『ディーパヴァンサ』、ピッシェルとの共著で『テーラガーター』『テーリーガーター』

を校訂している。オルデンベルクはこうしたパーリ語資料全体をサンスクリットのそれよりも古いと判断し、最初期の仏教、すなわち「原始仏教」という仏教の新しい一ジャンルをイギリスのリス・デビィズ、チルダースらとともに確立した。

ところで仏教の開祖ブッダが、かれ以前にオランダのケルン、フランスのセナールによって神話上の人物と解されていたのに対し、オルデンベルクは歴史上の人物だと論証した。これは欧州(わが国でも明治以前は、ブッダが神話上の人物か歴史上の人物か問題にされることがなかった)で誰も発表したことのない画期的な提言であった。この点はオルデンベルクの『ブッダ――その生涯・教え・教団』に示されているから、それを要略してあげてみよう。

一、インド撰述の仏典は詩的直観と空想により世紀毎に新たな変化が認められる。しかるにセイロンに保存されたパーリ語資料は最も古い形態を保持している。セイロンの仏教徒は忠実にブッダや仏弟子たちの言葉を順守し続けたために、原型がそのまま保存された。ネパールからインド古語、サンスクリットの断片も出土しつつあるが、しかしパーリ語資料はその言語、文体、詩句、技巧などの点にインド最古のヴェーダの遺風を残している。

二、仏法僧に対する「三帰依文」を唱え、半月毎に挙行される懺悔式などは師を中心とした明らかに僧院生活を前提としたものといえるし、いたるところで説かれる真理、弟子たちに対する呼びかけ、梵行などの実践からみる限り、師と仰がれる人は想像上の一賢者でなく、現存した人物そのものである。

三、（ゲオルグ・ビューラーやヘルマン・ヤコービが発表したように）ジャイナ教の祖師ナータプッタ（通称マハービーラ）が実在の人物であるならば、ブッダもその外観は隠者という点であい呼応し、諸方遍歴し説法し、規律を与えたという点で同様に解すべきである。

四、パーリ語資料にも明らかに非歴史的神話が看取される。しかし生まれ故郷が具体的にカピラヴァストゥと特定されたり、有力外護者との邂逅、最初と最後の弟子などは歴史的事実とみるべきである。とりわけ師の晩年を描いた『涅槃経』の描写には、病に苦しむ師の姿、師と弟子たちがそこにいるかのごとき「温かい息吹き」（warmer Hauch S. 208）が感じられる。

高楠順次郎も本書の日本語訳（三並良との共訳）に序を寄せて次のようにいう。

独のオルデンベルヒ氏は、年少気鋭の身を以て独り巴利語仏教文学のみを基礎として仏伝の真相を発見せんとし、多年切瑳考覈の結果は遂に氏をして明かに仏陀の史的存在を認めしむるに至り、遂に仏陀は仏教教団の師主、恒河文明の中心人格として、人天の導師を以て自ら任し、無師独悟の正法論を転し、風化中天に霑ひ、婆羅門教線以外に於て雄大なる新思想界を領有せしことを示し得たり。その結果を史伝的に叙述して公表したるもの、即この「仏陀」なり。

ところでオルデンベルクらによる原始仏教研究の手法に対して、その後わが国の姉崎正治が漢訳として伝わる『阿含経』との対比が必須とし、あるいは和辻哲郎がパーリ語資料といえども新古の層があると主張し、方法論のうえで批判が起こったのも事実である。しかし原始仏教研究のうえでオルデンベルクらによる研究が大きな礎石となったこともまた明白である。

氏に出会った日本人

このオルデンベルクに直接出会った日本人たちがいる。かれの経歴を略述しながらあげてみよう。一八五四年、ハンブルクで生まれたオルデンベルクはゲッティンゲン大学、ベルリン大学で学んだあと、一八七七年にイギリスのロンドンに渡る。そこのインド局（Indian Office）でパーリ学者リス・デビィズから『ディーパバンサ』に関する資料一切を入手し、この歴史書を帰国して二年後の一八七九年に校訂出版した。その後『ビナヤピタカ』の校訂本を出版した（完結は四年後の一八八三年）。一八八一年に先にあげた『ブッダ』を発刊した。その後キール大学教授となった。

ベルリン大学に奉職中、本願寺派の北畠道龍（一八二〇―一九〇七）が海外宗教事情視察のために立ち寄った。北畠はもともと冒険家であり、欧州、アメリカ、インド各地を見聞して帰国した。氏の旅行記（『天竺行路次所見』）にはオルデンベルクと会見した記録がある。

北畠によると、ブッダの墳墓の所在をオルデンベルクに尋ねたけれども知らなかったという。が、北畠の訪問以前の一八五四年に、ウィルソン（H. H. Wilson）、さらに一八六一〜六二年にカニンガム（A. Cunningham）による発掘調査でクシナガラが入滅の地と同定されていた。その報告をオルデンベルクが知らなかったはずはないと思われる。また北畠によれば、オルデンベルクはインドに三年滞在したことがあるともいう。しかしオルデンベルクが実際にインドを訪問したのは両者が会見した八年後である。オルデンベルクは北畠の訪独以前にロンドンのインド局にいたから、氏の報告は今からみると、こうした不確かな点が散見される。

オルデンベルクは一八九八年にベルリンからキール大学の教授に移る。

就任五年目の一八九四年、日本は日清戦争中であったが、高楠順次郎がこのキール大学に留学し、ドイセン（P. Deussen）とオルデンベルクに学んだ。高楠自身が後年いうには、オルデンベルクからヴェーダ、パーリ語を学び、『スッタビバンガ古律註』の全訳（日本語訳？）を依頼されたものの、「半訳のままで完成せず」と回顧している。ただ高楠自身は当初オックスフォード大学に行き、その後キール大学、ベルリン大学で学んでいる。さらにフランスではシルヴァン・レヴィ、シャバンヌに学んだから、学問の師は多岐にわたる。

一八九八年になると、道徳、哲学の井上哲次郎が視察旅行に赴き、ドイツではヴェーバー（A. Weber）、ヴィンディッシュ（E. Windisch）、ドイセン、オルデンベルク、イギリスではマックス・ミュラー、オランダでケルン（H. Kern）、ウィーンでヴューラーを尋ねたという（荻原雲来がドイツ、シュトラーズブルク大学に出発したのは翌年である）。

一九〇〇年、姉崎正治はキールでドイセンに師事するが、その地でオルデンベルクの授業も受けた。

キール大学では、又オルデンベルヒ Oldenberg 教授にも就いたが、先生は厳粛謹直な人で、冬学期の Privatim 講義には聴講者は自分一人のみであったので、自宅で講義をしたが、その調子は大学の講堂でするのと少しも変りはなかった。（『わが生涯』）

一九〇八年、オルデンベルクはキール大学からゲッティンゲン大学に転じた。この年、高楠は再訪してオルデンベルクに会っている。高楠はその時のオルデンベルクの様子を、

世界大戦の後、兵馬尚國境に駐るの時、遠く曾遊の學府を慕ひ、獨國を訪ひ先づ伯林に入る。市街舊觀なく、店舗多くは主なく、積雪堆を成し、寒威凛冽、行人殺氣に滿つ。予は先づ舊知を訪ひ、去ってゲッティンゲン市に向ひ、舊師の中唯一の生存者たるオルデンベルヒ博士を訪ふ。恰も獨人が最高の悲慘を嘗めつゝある時たりしを以て、戸々炊くに薪炭なく、食ふに魚肉なく幼兒乳に泣き、人皆菜食あるに際し、博士は強健肥滿、常の如く筆

硯に親むを見て實に人意を強うするに足るの感ありき。

（同訳『ウパニシャッドより仏教まで』）

と、戦後の困窮時ながら強健肥満で、相変わらず学問にうち込んでいたと伝えている。この時、発刊されたばかりの著書『ウパニシャッドの教えと仏教の起源』の日本語訳を託されている。

オルデンベルクは一九一二年秋から翌年にかけて初めてインドを訪問した。ただ氏のインド訪問の四年前には『テーラガーター』などをともに校訂出版し、ベルリン大学教授であったピッシェルが五十九歳でマドラスで客死していたから、インド訪問時五十八歳のオルデンベルクはかなりの緊張で臨んだにちがいない。

インドで氏は偶然ながら多くの日本人たちと遭遇した。河口慧海がベナレスで寓居としていた神智学院に赴くや、旧知の高楠順次郎がティラウラコット（シャカ族の都カピラヴァストゥ）やネパール行きの予定で滞在していた。高楠にとってはオルデンベルクと三度目の対面となった（「官報」四〇九）。

河口慧海の寓居にはそのほか長谷部隆諦、増田慈良、渓道元がいた。長谷部は第一回真言宗（高野山）留学生として一九一〇年からインドに滞在し、増田慈良も豊山大学留学生としてバローダ大学、カルカッタ大学へ十年間留学した。渓道元は慧海と同じ黄檗僧で、慧海から一緒にネパール行きを勧められ、ベナレスに来ていた矢先であった。

この時のオルデンベルクとの出会いについて増田慈良は次のように本国に知らせている。

獨逸のオルデンベルヒ教授とは、高楠博士の紹介にて、二回面會いたし、一回は共に寫眞撮影いたし候。同氏は、一週間以内に、カルカッタ方面に向はる、筈に候。世界の學者たる同氏が、出會の都度、叮嚀に握手を求められ、底力ある聲にて會釋せられしは、誠に光榮に存じ候。

（「印度通信」）

これによればオルデンベルクは会うたびに握手を求め、底力のある声をしていたという。この時の経緯は高楠も伝えている。オルデンベルクに河口慧海が蒐集した多数の梵文写本類を見せると、これは世界最大のコレクションだと驚嘆したという。高楠らはネパール行きの準備中であったのに、しばし「長談」したという。二人の報告によって当時の様相が伝わってくる。

オルデンベルク・コレクション

オルデンベルクは一九二〇年にゲッティンゲンで生涯を終える。その二年後、東京帝国大学助教授の矢吹慶輝（一八七九―一九三九）が英、独、仏、露、墺を巡歴し、オルデンベルクの蔵書入手の交渉にあたった。その間の事情について大正十三年一月四日付けの『浄土教報』に次のようにある。

◎オルデンベルヒ教授遺書全部宗大の珍藏に歸せん　吠陀及びパーリの大家としてドイッセン氏と共に獨逸キール大學の二大明星として世界に仰がれたヲルデンベルヒ教授遺書全部は矢吹氏滯獨中宗大との交渉まとまり、來春を期し豊富な珍書は宗大の圖書館に一つの誇りを増すことゝならん。

これはいわば予告であるが、五カ月後の同誌に、

◎オルデンベルヒ氏藏書着く　曩（さき）に宗教大學より矢吹教授を介して註文したオルデンベルヒ氏及びラウエル兩氏の著書三百五十部は過日全部宗大に着いた。言語學、比較宗教學に關するものが主である。

とあるから、確かに到着したことがわかる。こうして、三百五十部が宗教大学（現、大正大学）に収められ、現在「オルデンベルク文庫」として同大学図書館に収蔵されている。

蔵書という点でいえば、明治時代に日本人として初めてイギリスに学んだ南条文雄、笠原研寿の師マックス・ミュラーの蔵書が、こちらは高楠の尽力で帝国大学図書館に収蔵された（ただしその後の関東大震災で消失）。当時ですら貴重な図書が極東の日本に渡ることなど想定外の喜びであったろう。しかし明治日本の仏教学界が原典、研究書類の入手をまさに喫緊の課題としていた様相が伝わってくる。

4 ロイマン門下の日本人

明治期に仏典の原典研究をヨーロッパに学びはじめて以来、数多くの日本人が当地に留学した。

そうした中でドイツ・シュトラースブルク大学（第一次大戦後はフライブルク大学）にいたエルンスト・ロイマン（E. Leumann 一八五九―一九三一）の許には、他に比して多くの留学生が向かい、この人びとをドイツで「日本ロイマン門下」（eine japanische Leumann Schule）と総称するほどである。

そこでまずどのような人が学んだかを手がかりに、師であるロイマンの人物像、留学生相互のありさま、さらに日本人留学生がロイマンに及ぼした少なからぬ影響についてみていこう。

留学生群像

ロイマンの許に最初に留学した日本人は、①常磐井堯猷（真宗高田派）である。氏は一八八六年に出発し、漢訳『須磨提女経』とその梵本との比較研究で学位を取得し、帰国後は浄土真宗高田派管長に就任した。氏が帰国したのは一八九九年七月であるが、同年九月には②荻原雲来（浄土宗）が入れ換わるように出発する。

年が明けて一九〇〇年には③渡辺海旭（浄土宗）が出発し、荻原は当地に六年、渡辺は十年と長く滞在した。この二人がロイマン門下の中でも傑出した存在であったことはのちにふれる。

一九一三年になると④池田澄達（天台宗）が出発する。池田は当初ボンのヘルマン・ヤコービに師事するはずであったが（渡辺海旭の報告）、実際はロイマンの許で学んでいる。氏は主として『無量寿陀羅尼』（対応漢訳『大乗聖無量寿決定光明王如来陀羅尼経』）を学び、その校訂本についてロイマンは池田到着以前の一九一二年に、池田は帰国後の一九一六年に個別に発刊した。翌一九一四年に第一次世界大戦が勃発したため、池田は急きょ帰国した。池田はロイマンに河口慧海がチベットからもたらした『法華経』梵本を持参した。『法華経』についてはケルンと南条文雄がネパール写本類だけを底本として校訂出版したものであったため、ロイマンは大変喜んだという。

池田澄達が欧州に向かった船には、宇井伯寿（曹洞宗）、⑤神林隆浄（豊山派）も同乗している。宇井伯寿はチュービンゲン大学のガルベに、神林はオランダのシュパイエルに師事するためであった。渡辺海旭による次の報告はこの間の事情を伝えている。

此際曹洞の宇井伯寿師、真言の神林隆浄師、天台の池田澄達師、梵学研究の為に船を同うして渡欧の途に上らんとす。盛ん、此の如きは実に空前の事、独り帝国の文運に光彩を添ゆるのみならず、萎靡沈滞せる吾が東洋学の為に奮起を促すのみならず、亦仏教界の通弊を覚醒するの快挙として、人意を強うするに足る。（「宇井、神林、池田三氏を送る」）

ところがこのうち神林が師事する予定であったシュパイエルは、この年に没してしまった。そのため氏はやむなくロイマンの門を叩くこととなり、『理趣経』『普賢行願讃』などを学んだ。

ところで海外留学生について浄土宗に限ってみれば、渡辺海旭の帰国後、一時その制度を停止してしまった。この件について一九一九年の時点で渡辺は次のような嘆息を発している。

仏教聖語に於ては吾国殆ど匹敵なき荻原師ありて、一の赤沼なく一の立花なく一の木村増田の踵を次ぎて出づるなき吾宗は果して慶すべしとなすか。百年の後椎尾矢吹等学壇に名声を馳せつゝある人材の去らん後、其後継者は今全く宗門に跡を絶たんとする我宗門は夫何等の危険ぞや。一宗は今や着実に反省すべき時代に入れり。

一宗が学者の万能を信じて、之を各方面に駆使して奔命に疲憊せしむるも、大いに省察すべし。海外留学の制を廃して、人材育成の道に重大の阻塞を見たるも大に熟考すべし。内地留学生を濫選して命ずべからざるを命じ、命ずべきを逸して其業績を厳査せざるも亦特に審慮に価す。要するに一宗は今や各宗に対して一時代を後れんとする危機に立てり。

（「人材の育成と宗門の将来」）

これによれば他宗ではインド、欧州へと盛んに留学生を送り、人材育成を推進しているのに浄土宗ではその制度を廃止したのはけしからんというのである。その後浄土宗では制度を復活させることとなり、高畠寛我をパリ、松本徳明をボン、真野正順をオックスフォード、⑥大橋戒俊、⑦若井信玄をロイマンの許に送り込んだ。若井によると、自身が学んだ三年間の授業内容は次のようであった。

一九二三年四月――一九二四年十二月　梵語文法
一九二五年一月――一九二五年三月　プラークリット
一九二五年四月――一九二五年十二月　楞伽経
一九二六年一月――一九二六年三月　吠陀梵語

（『大正大学学報』第一一）

これは当時の状況を伝える点できわめて貴重な記録である。

大橋、若井の二人は帰国後、別個に『楞伽経』序品の校訂と研究を発表した。若井はその後、大正大学司書となり、大橋は浄土学関係の論文と『趣味と研究とに基ける名僧の戸籍調べ』（インド、中国、日本にわたる高僧の伝記）という本を講談調の口吻で出版した。

大橋、若井のいた一九二四年には⑧北山淳友（浄土宗）がロイマンと同じくフライブルクにいた哲学者フッサールに師事する。氏はその後ハイデルベルクに移り、哲学をヤスパース、インド学をツィンマーに学んだ。氏はその著作からみる限り文献学でなく、仏教哲学方面に進んでいる。

一九二九年には⑨川瀬光順（浄土宗）がロイマンの許に出発。帰国後、川瀬は梵本『十地経』の現代語訳を発表し、旅順高校教授、静岡高校校長を歴任した。

この当時ロイマンの許には⑩石川海浄（日蓮宗）⑪藤田（白石）真道（高野山）も加わっており、藤田によると、日本人留学生が多い時には五人にまで達したという。石川海浄は主としてパーリ・ニカーヤ、『法華経』を学び、その後留学先をフランスのシルヴァン・レヴィの許へと替えた。一九三一年に帰国し、立正大学で教鞭をとった。

藤田真道は川瀬、石川の二年前（一九二七年）から一九三一年まで当地に滞在し、藤田と石川とは親密な留学生活を送ったという。その後に⑫渡辺照宏（智山派）が加わり、彼らは『法華経』「観音品」（俗にいう観音経）の授業に参加した。藤田は仏伝文学の『マハーヴァストゥ』をもっぱらとし、途次、ロンドンにいた⑬干潟龍祥も五カ月間加わり、ともに学んでいる。

『マハーヴァストゥ』に関しては、藤田の帰国後、ロイマンが「第二の渡辺」（Watanabe der Zweite）と呼ぶ渡辺照宏が継続して学んだ。

一九二八年からは在家出身で女性の⑭徳永（のち宗）茅生もロイマンの許に赴いている。氏は帰国後、留学記（『袖ふりあうも――ドイツ留学の思い出』）を著したため、そこから多くを知ることができる。

氏は東北帝国大学でドイツ哲学と仏教を学んだ後、ドイツ留学を志した。出発に際して渡辺海旭からは大乗仏教を専門とするマックス・ヴァレザーを紹介され、一方、東北帝国大学の師、金倉円照からはロイマンへの紹介状をもらう。結局徳永はロイマンの許で梵語、仏伝『マハーヴァストゥ』、インド民話『パンチャタントラ』、劇作家で詩人のカーリダーサ作『ラグヴァンシャ』を学ぶ。

ところが徳永はボンで学ぶ留学生からの勧誘、それにはるばる欧州まで来たのに他を知らずして帰りたくないという想いに揺れ、ボン大学のキルフェルの許へ向かってしまう。ボンに向かう意向をロイマンに告げると、

「お前は長い旅をして来て疲れているからそんな考えを起したのだ。ここに腰を落着けて動くな」（『袖ふりあうも』）

とはっきり反対され、

「ではお前さんはフライブルクで梵語を学び、ボンへ行って世間見学をやり、日本に帰ったら女教師になるってわけか」（同）

とからかわれたという。とはいえいざ出発の段になるとロイマンは徳永の使い古した梵文法書のトビラにカーリダーサ劇の一節をはなむけに書き、激励してくれたという。しかし徳永は師を替えたことにとても悲しく悩み、ずっと「心が痛んだ」と述懐している。ちなみにボンのキルフェルの印象は「子供のように若い四十代終り頃」で「落着いた穏かな、一見商人のような感のある紳士」であったという。徳永がボンで学んだのもロイマンの同時期の授業と同じ『法華経』であった。

徳永が四年間の滞在を終え、いざ帰国する段になると、フライブルクからロイマン教授はわざわざプラットホームまで見送りに来てくれ、美しい小型の本（ロマン・ローランの詩篇）を取り出し、これを渡辺海旭に手渡すようにといった。その本の表紙には「東洋の菩薩へ」（Zum ostasiatischen Bodhisattva）と誌してあり、この点でも渡辺に対する深い情けが伝わり、心を打ったと記している。その時のロイマンの眼には涙が浮かんでいたという。このような一件や多くの門弟が一様に示すように、ロイマンはきわめて面倒見のいい情愛の人であったことが伝わってくる。

荻原と渡辺

多くの門下生の中でも荻原雲来、渡辺海旭の二人は傑出していた。大橋、若井の二人に至ってはロイマンから何かと荻原と比較されたというし、徳永芽生も自分より二十年前の大先輩である荻原、渡辺の両人が「勉学蛍雪の功を積んで故郷に錦を飾られた」のに反し、自分は亜流で、「何の顔あって両先輩にまみえ得ようか」と滞独中から自信喪失している。師であるロイマンは荻原の「技倆」に舌を巻き、渡辺海旭ともども「菩薩」と尊称していたことからも、両人の卓抜さが伝わってくる。

同時期に留学した荻原、渡辺の留学時における友情も感動を呼ぶものがある。渡辺からみた荻原（独有は雅号）は、

・こんな風に一面は覇気、一面には野心、野次馬にして純一無雑ならず、学問の方では荒むことが甚しくて進境の頗遅鈍であった予が、今日尚書巻を手にして、仏教古文学の前途におぼろげながら、尚一縷の光明を認めることの出来るのは、全く独有の感化である。

・予が夜三更、田舎政客と論談し、乱暴なる露国学生と飲み、教会の不平党とカッフェー店に気焔を吐いて盛に専制的風潮を痛罵し、教権主義に憤慨して、帰って来るときも、「ニーベ

ルンゲン」の大楽劇に恍惚として声曲の玅に自らなるジーグフリートの独吟を禁ずることが出来ずに下宿屋の階上に昇り来るとき何時も、独有の窓には静に明かな書灯が点って居るのを見るのだ。

（『壺月全集』下、三八六頁）

と、黙々と机に向かい精進するその姿を見て、渡辺はいつも襟を正したという。一方の荻原は渡辺について、

君の性甚だ仁侠に富む。同朋の衣食に窮するものあるときは率先して救済の途を講じ、或は帰国の旅費を与ふるの類なり。故に君の恩に感ずるもの少なからず。又君は人を款待交驩すること切なり。新来の本邦学生にして君の恩顧を蒙らざりしものは稀なり、或時は誘ふてストラス堡郊外なる橙園《オランジエリー》に杖を牽き、群芳研を競ふ中に麦酒の坏を奨め、或時はライン河畔の徜徉を勧め、風薫る涼蔭に倶に葡萄の芳醇に酔ふ、みなこれ異域望郷の旅情を慰むる一手段たり。

（『荻原雲来文集』三二六頁）

とあるように、人への思いやりを持ち、ドイツに溶け込み、闊達に行動する姿を伝えている。渡辺が故国に送った次の一篇は二人の日常を伝え、宝石を鏤めたような名文である。

午前は多く図書館にあり。華厳の梵文を読む。大乗の妙理は、壮麗にして幽遠の趣に富む。梵語の間に躍然として、身は毘盧遮那海蔵にあるの感あり。独有は机を隔て、般若を研む。大品の深趣、精研力学、彼が如きを以てす。その造詣や知るべからず。同寓共に食し同室

に寝ぬ。而も往々にして相話せざること数日に托るあり。此日窓外細雨濛々たり。エルザス郊外の菫花之によりて芳を益すべく、ライン河畔の楊柳青益青ならん。遥に思う故国、花頂（補、知恩院）の花、三縁（補、増上寺）の松、満足に光栄ある宗会の結了を祝して絳露いよ〳〵濃に涛声益清からんか。

（『教報』五四〇）

ふるさとの柳はいかに今日の雨

ともに心底から信頼し合っていた毎日の様子が彷彿としてくる。

ロイマンの学問分野への影響

当時、諸外国を歴訪した東京帝国大学の高楠順次郎は、西洋に学んだ日本の仏教学者の中でもとくにロイマン門下について、

博士の門下に在るもの、特殊点は何れも永い間、多くは十余年に渡り在学したるにも係らず、決して他の学園に移転せず、終始一貫、博士の膝下に留まりしことである。その如何なる理由たるかは審にすることは出来ないが、博士の熱誠なる指導は慥にその引力の中枢であろうと思ふ。兎に角、この師にしてこの弟子あり、何れも熱心な篤学者であることは我国の為欣幸とすべき所である。

（「明治仏教に影響を与えた西洋の仏教学者」）

と、長期に学ぶ者が多いのは師の熱意によるのだろうと評している。ロイマンの許に一時は五人まで達したという日本人留学生ではあるが、ロイマン自身、日本びいきで、高楠が師に会った時、もし日本人がいなければ仏教の研究は中止しただろうとまで述べたという。ロイマンの博士論文はジャイナ教研究であるし、当時ジャイナ教研究の世界的権威であったヘルマン・ヤコービもロイマンのジャイナ文献の理解の深さ、広範な知識の点で氏の右に出る者はないといったくらいである。ジャイナ教研究面でのロイマンの後継者には、のちにハンブルク大学教授となった令名高いシュープリンク（一八八一―一九六九）がいる。

そうした中で仏教を学ぶべく連綿と続く日本からの留学生の熱意がロイマンを動かし、氏の研究分野を仏教へと大きく傾注させた。これは高楠もいうように、日本の仏教学にとって「欣幸」であったというべきであろう。

5 近代における原始仏教学の導入
――『阿含経』に光を当てた人びと――

西洋のパーリ語研究

インド仏教史を「原始仏教」「アビダルマ仏教」「大乗仏教」の順に置くことは今では確定しているが、日本でそのように区分するようになったのは明治以後、西洋に学んだ仏教学者たちによって科学的研究方法が導入されてからのことである。もっとも当時、西洋に仏教文献学を学んだ学者は多かったけれども、ここでは原始仏教学を学び、帰国後もこの分野に寄与した人びとに注目してみたい。

当初西洋においてパーリ語仏典の研究といえば、一八二一年にデンマークのラスク（一七八七―一八三二）がセイロンを訪問して多数のパーリ語、シンハラ語写本を蒐集して以来、その首都コペンハーゲンがパーリ語研究の一大センターとなっていた。その後イギリス、ドイツ、フランスでもパーリ語学者を輩出するようになり、パーリ語仏典の校訂出版は飛躍的に進んでいた。

そうした状況の西洋に、日本人として初めて仏教を学ぶべくイギリスに留学したのは、南条文雄、笠原研寿の二人である。かれらはイギリスに到着後、パーリ語研究の第一人者であったリス・デヴィズ（一八四三―一九二二）に知遇を得たり、あるいはのちにかれらを受け入れたマックス・ミュラーからもパーリ語学習を強く勧められる。師のマックス・ミュラーはいう。

君たちの時間すべてを漢訳資料だけに費やしてはならない。今は、サンスクリット語を学ぶ時期である。法顕や玄奘や義浄よりもっとしっかりそれを学ぶべき時期なのだ。そうして君たちがサンスクリット語と偈頌方言（Gāthā Dialect）にかなり習熟した時には、われわれはパーリ語を始めねばならない。だから、英国滞在中に君たちの為すべきことはまだたくさんあるのだ。（『南条文雄著作選集』第一〇）

しかしながら南条らはそれを頑なに固辞する。この一件は南条が帰国後、赤沼智善がリス・デヴィズの書を翻訳出版する際、その序文をもとめられ、そこでも、

余の初めて教授と相見せしは、明治十一年龍動に在りし日にして、当時教授其第一版一部を持ち贈られ、且つ巴理語の仏典研究を勧められたり、蓋し巴理語の方法は簡易にして、

梵語のは詳密なるを以て、易より難に入るべき方法を示されしなり。然るに余は同学笠原研壽氏と謀り、留学の年限も長からざるを以て、寧ろ其難きものを先きにすべしと決して、教授の勧告に従はず、十二年意を決して牛津に移り、博士マックス・ミューラル氏の門に入りたり。

と記し、固辞したのは留学にも年限があったからだとする。しかし夭折してしまった笠原はともかく、南条は八年で、その滞在期間は長い。南条は晩年に及んで自身の回顧録（『懐旧録』）をしたためるが、そこでも、

これについて思い出すのは、リス・デヴィズ氏であるが、私がマ博士の門に投ずる前、すなわちロンドンのモリソン氏の家に寄寓していたとき、同氏はわざわざ私の寓居を尋ね、最近の著であると言って『Buddhism』一冊を私に与えられ、盛んに巴利語を研究すべく勧められたことを記憶しているが、私はどうしてもこれをがえんぜず、梵語研究の初志を貫徹したのである。

と、パーリ語を学ばなかったと回想する。

とりわけ西洋で留学が長期に渉れば、さまざまな仏教文献の言語を学ぶことが予想される。たとえばドイツのエルンスト・ロイマンの許に留学した日本人（渡辺海旭、若井信玄）の報告によると、かれらが当地で受講した講義科目の一端は次のようであった。

一九〇〇年（明治三十三年）―一九〇一年（明治三十四年）春学期
　梵語文法
　マヌ法典
　パーリ語
一九〇一年（明治三十四年）夏学期
　金七十論（サーンキャ）
　パーリ本生経抄録
　梵文シャクンタラー
　史詩ナラ及ダマヤンティー
一九二三年（大正十二年）四月――一九二四年（大正十三年）十二月　梵語文法
一九二五年（大正十四年）一月――一九二五年三月　プラークリット
一九二五年（大正十四年）四月――一九二五年十二月　楞伽経
一九二六年（大正十五年）一月――一九二六年三月　ヴェーダ
（『教報』、『大正大学学報』第一二）

少なくともサンスクリットを習得すれば、その方言で語形、文法の類似するパーリ語の独習はそれなりに可能であろう。南条の場合、パーリ語学習の指示を固辞したことが生涯、念頭にあっといっていい。

南条、笠原に次いでフランスに留学した藤島了穏は主に日本仏教の紹介本や論文の執筆に集中し、ロイマンに師事した常磐井堯猷はサンスクリット文のアヴァダーナ（Sumāgadhāvadāna）研究を仕上げ、帰国後は京都大学でサンスクリットを講じた。したがって、これらの人びとと原始仏教研究との関わりは薄いといっていい。

高楠順次郎

これに対し留学中から意図的にパーリ語を学び、原始仏教に関心を示した人に高楠順次郎（一八六六―一九四五）がいる。高楠は夭折した笠原にかわる「第二の笠原」という南条の紹介状を持ってイギリスに赴いた（当初イギリスで政治、経済を学びたいという強い決意を持っていたが）。

高楠が留学する前年（一八八九年）までに出版されたパーリ語テキストは、じつに多い。『法句経』（ファウスベル）、『長部・ニカーヤ』（主要七経、モーリス）、『ジャータカ』（ファウスベル）、『ヴィナヤ・ピタカ』（オルデンベルク）、『中部・ニカーヤ』（Part1、トレンクナー）、『チャリヤーピタカ』（モーリス）、『テーラガーター』（オルデンベルク）、『テーリーガーター』(ピッシェル)、『プッガラパンニャッテイ』(モーリス)、『ブッダヴァンサ』(モーリス)、『アビダンマッタ・サンガハ』(リス・デヴィズ)、『相応部・ニカーヤ』(Part1、フィーア)、『スッタニパータ』(Part1、ファウスベル)、『ウダーナ』(シュタインタール)、『増支部・ニカーヤ』(Parts1-3、モーリス)、『ダンマサンガニ』(E. ミュラー)、『ヴィマーナヴァッツ』(E. R. ゴーネーラトネー)、『中部・ニカーヤ』(Part1、トレンクナー)、『ペータヴァッツ』(ミナエフ)、『カターヴァッツ・アッタカター』(ミナエフ)。

留学の年(一八九〇年)にも『イティヴッタカ』(ヴィンディシュ)、『ミリンダパンハ』(トレンクナー)、『長部・ニカーヤ』(Part1、リス・デヴィズ)が出版されていた。

こうして高楠はオックスフォード大学でマックス・ミュラーに師事し、梵文学を学ぶ。その後ドイツ・キール大学ではドイセンからウパニシャッド、オルデンベルクからはヴェーダ、パーリ語を学んだ。氏はその後ベルリン大学でフートからチベット、蒙古語、ウラル・アルタイ語、ライプチッヒ大学ではインド・ゲルマン言語学、哲学史、政治地理を学んでいる。

一八九六年にパーリ律の注釈書『サマンタパーサーディカー』に対応する漢訳に『善見律毘婆沙』があると発表した。パーリ語からの漢訳が存在するということで、この発表は欧州の学会に驚きを与えた。その後、パリで学んで帰国する。

帰国後、一九〇〇年には『巴利語仏教講本』を出版した。これはパーリ文、パーリ字書、英訳、日本語訳、パーリ語に対応する梵語を付したもの。抄出した撰文は『ジャータカ』『ミリンダパンハー』『涅槃経』『ヴィナヤ』『サマンタパーサーディカー』などであり、いずれも短い一節ながらどれも興味深いものである。

一九〇五年、「有部アビダルマ文献について」、同年に「アビダルマ文献、パーリと漢訳」の二つを発表。この研究はパーリ経典の注釈書と漢訳アビダルマ論書とを対比したもので、論書の名称は類似するものの、内容はよほど異なることを論証したものである（これら二つの論文はのちに椎尾弁匡〈一八七六―一九七一〉が「六足論の発達」を著す大きなきっかけとなったものである）。

一九一〇年、師の一人であるオルデンベルクの*"Buddha"*（『仏陀』）を三並良と共訳する。この書はヴェーダ、ウパニシャッドから始まり、ブッダの伝記、思想、教団を論じたもので、原始仏教を研究するうえでの定本の一つとみられていた。渡辺海旭はこの書を評して、「パーリ仏教の傑作として上乗のものであるは学檀の定論」（『欧米の仏教』）という。オルデンベルクはかれ以前、ブッダはフランスのスナールによって架空の存在で太陽神話にすぎないとみられていたのに反し、実在の人物だとして世界で初めて論証したが、それがこの書にほかならない。この点については高楠も、「氏（オルデンベルク）をして明らかに仏陀の史的存在を認めしむるに至」（序）ったという。著者自身、版を重ねるごとに加筆を加えるほど熱の入れようであった。高楠はその本を初めて日本に紹介したのである。

高楠は仏教における原始仏教の重要性をただちに仏教叢書の刊行に反映させる。氏は渡辺海旭、小野玄妙とともに仏教典籍の一大叢書『大正新脩大蔵経』（全百巻）を企画するが、その第一に「阿含部」（原始経典）を置いた。これは、大乗こそが最上とみる日本仏教史上、画期的なものであった。ただ第二部門以下についてみれば本縁部、般若部、法華・華厳部、宝積部、涅槃部、大集部、経集部、密教部、律部、釈経論部、毘曇部などと続き、決して歴史順とはいえない。しかしその第一に「阿含部」を置くことは、従来考えられないものであった。ちなみに同じ高楠、渡辺らが編集したもう一つのシリーズに『大日本仏教全書』がある。これはわが国で著された主要な仏教文献を網羅したものであるが、むろん『阿含経』関係のものなどみられない。宗派と無関係な『阿含経』の注釈書など稀だからである。

もとより高楠の学問分野は広く、『リグ・ヴェーダ』『バガヴァッド・ギーター』、ハルシャ王作『ナーガーナンダ』などの翻訳研究もある。しかしながら高楠が留学先で直接パーリ語を学び、帰国後初めて公的、アカデミック機関（東京帝国大学）でパーリ語を教え、オルデンベルクの『仏陀』を翻訳したり、仏教叢書の一番目に「阿含部」を置いたことからも知られるとおり、高楠は原始仏教研究導入のうえで大きな役割を果たした人物である。

姉崎正治

やはり西洋でパーリ語を学び、それに対応する『阿含経』を本格的に研究しはじめたのは姉崎正治（一八七三―一九四九）である。

ちなみに姉崎の留学前年までに西洋で出版されたパーリ語テキストはさらに加わり、『ダートゥカターー』とそのアッタカターー、『ペータヴァッツ』とそのアッタカターがある。

姉崎も前述のように、留学中じつに多くの師に学んでいる。一九〇〇年、キール大学では老年に及んで眼疾のあったドイセンにつく。ドイセンはウパニシャッドの翻訳を三年前に終え、この時、東西の比較哲学史の大著『一般哲学史』の総仕上げ、それに並行してヒンドゥー教の聖典『ヴァガバッド・ギーター』を翻訳の最中であった。姉崎は後者の翻訳を手伝うこととなり、ドイセンが口述したものを姉崎が筆記するという、いわば助手のような仕事をした（『わが生涯』）。

一九〇一年にベルリンに移り、そこでインド学のリヒャルト・ガルベ、アルブレヒト・ヴェーバーに師事する（その後、ライプチッヒでエルンスト・ヴィンデイシュにも教えを受けた）。この年、原始仏教についての書、『現身仏と法身仏』を起稿しはじめる。

一九〇二年、ドイツからロンドン（半年間）にわたる。しかし大学に入ることなく、アジア学会の図書室、大英博物館を利用しながら、個人的にパーリ学のリス・デヴィズから『相応部』経典の「サガータ・ヴァッガ」を読んでもらう。師のリス・デヴィズは仏教信者を自認し、わが子にまでパーリ語学習を課し、私邸をインド総合大学の名であった「ナーランダー」と呼んでいた（『欧米の仏教』）。氏はパーリ仏典の伝える仏教こそブッダの教え、という立場を堅持した。その理由は、パーリ語経典はサンスクリット文献、すなわち当時までに出版されていた『マハーヴァストゥ』『ディヴヤアヴァダーナ』『ブッダチャリタ』『ラリタヴィスタラ』に比べ、はるかに空想、修飾が少なく信頼性が高いとみていたからだ。その結果、大乗経典はビュルヌフらと同様、仏説でないというのである（もっとも後年、この考えを引っ込めるが）。

姉崎は留学前（一八九九年）にすでに『仏教聖典史論』を著し、そこでは江戸時代の富永仲基と同様、デンマークのファウスベルの書（『東方聖書』第一〇巻）、パーリ語の『増支部』経典などを参照にしつつ、「大乗非仏説」の立場をとっていた。リス・デヴィズも同じ見解をとったので、姉崎はますます「大乗非仏説」に意を強くしたと思われる。

帰国する前年（一九〇四年）に『現身仏と法身仏』で学位を取得した。この書の序文には、

この研究の為に著者が渉猟したるは、主としてパーリ語仏典と漢文四阿含にあり。是れ仏教史の初期に現はれたる人心信仰の真歴史が此等仏典に特に保存せられしを見たるが為に

して、日本の仏教者が自ら大乗と称して独り高しとし、高遠の理論、迂闊の談理を弄びて、却て切実なる仏陀中心の信仰を忘れ、その極、終に影の如く空閣の如き仏教となしはてしは、歴史と信仰との二面より、共に民笑するに堪えたり。

とあり、仏教本来の思想を見るうえで大乗偏重から離れ、小乗と蔑称された『阿含経』こそ重要、と提唱した。その際にオルデンベルクなど西洋の仏教学者がパーリ語経典、ヴィナヤだけを用いるのに対し、漢訳として存在する『阿含経』と対比研究すべきとした。

一九〇八年、南条文雄らが完成させた「大蔵経」の目録の付篇として *"The Four Āgamas in Chinese"*（『漢巴四阿含経』）を著した。

一九一〇年には『根本仏教』を出版する。とりわけ書名の「根本」の語については師であったドイセンやオルデンベルクが der ursprüungliche Buddhismus、リス・デヴィズが the primitive system of Buddhism という表現を用いることに加え、姉崎自身、「聊か自ら恃む所ありて」（序文）とあるように、氏の矜持にほかならない。この点については晩年にも、

基礎からしっかりといふ着眼によって仏教の源泉といふ方に力を注いだ。ウパニシャッドやギーターと共に、パーリ仏典の研究はその方針から出た事であり、根本仏教といふ名称も此の見地から出た考である。

（「宗教学講座二十五年の想出」）

という。姉崎はこの書で思想を叙述する際の章立てとして、さとりの内容とされる四諦説（苦

集滅道）を使用した。もっともこの章立てはオルデンベルクが『仏陀』執筆に際して用いた方法を借用したものである。その結果、やはりさとりの内容とされる十二縁起については「集諦」の中で扱うというきわめて変則的な配置となっている。

荻原雲来

荻原雲来はドイツで『瑜伽論』「菩薩地」、『倶舎論』ヤショーミトラ釈、『現観荘厳論』の校訂を手がけ、その後、経典部門では『無量寿経』『阿弥陀経』『法華経』といった大乗経典など、幅広い分野のテキストを校訂出版している。パーリ語に関しても帰国直後からサンスクリットとともに教鞭をとった。原始仏教に直接関わるパーリ文『法句経』やパーリ・ニカーヤの翻訳出版は、亡くなる（六十九歳）二年前からである。

サンスクリット語原始経典の出現と渡辺海旭

ドイツ探検隊のグリュンヴェーデル（一八五六―一九三五）が中央アジアのイディクシャリ（Idykutšari、高昌）で入手したサンスクリット写本の中に『雑阿含経』の断片を発見したのは、リヒャルト・ピッシェルである。従来、原始経典といえばパーリ語のものだけとされていたが、サンスクリットによるものが出土したのである。この断片は同じ年（一九〇四年）にフランスのシルヴァン・レヴィも漢訳と対比して発表し、その後、椎尾弁匡（「雑阿含経に就いて」）により細部の異なりまで解明された。

さらにイギリスのバワー（Bower）大尉がカシュガル地方やコータンからサンスクリット断片を入手し、その解読についてはイギリス・インド局のヘルンレがロイマンに委嘱した。ちょうどその時、ロイマンの許に留学していた渡辺海旭は、その経緯を本国に次のように伝えている。

去歳予は大英印度局のヘルンル博士の嘱に依って恩師ロイマン翁と共に、主として于闐古経断片の解読及証定に従へり。此証定中、幸にして阿含諸部の梵文断片を発見することを得たり。（「新発見の阿含諸経の梵文」）

ロイマン、渡辺の二人の研究により、この断片は『長阿含経』『中阿含経』の断片であることが判明した。断片とはいえ、『阿含経』のサンスクリット本が発見されたことは、パーリ語仏典に基づく西洋のリス・デヴィズらの原始仏教研究に対する発想の転換を余儀なくさせることになった。

渡辺海旭はそのほか留学中に、『イティブッタカ』に対応する漢訳に『本事経』があると論証した。これも西洋の学会で注目を浴び、この研究も原始仏教学における看過し得ない寄与である。

木村泰賢

木村泰賢（一八八一―一九三〇）は当時（一九一四年）、全く未開拓であったインド哲学、仏教からは「外道」と呼ばれる分野の研究を志し、『印度哲学宗教史』を著す。ところがその当時は、いまだ廃仏毀釈の遺風が色濃く、仏教書はむろん、インド哲学に関する本など一顧だにされず、出版してくれる書店すらないありさまであった。そのためこの分野の研究プランを発案し、当時東京大学教授であった高楠順次郎との共著という形でようやく出版にこぎ着くことができた。木村自身はさらに進んでインドを代表する哲学の六派にテーマを絞った『印度六派哲学』を出版する。当時までインド思想一般といえば仏典に散見し得るもの（木村以前に井上円了はそれを集録して『外道哲学』の名で出版している）でしかなかった。しかしサンスクリット原典を駆使し、西洋の学風を受けた本格的研究により木村は学士院賞を受賞する。木村の原始仏教研究はその後に開始される。

最初の予定では、『印度六派哲学』の次に、全体としての印度仏教史を公にする考えであった。しかしながら、次に実際に着手して見ると、印度仏教史を一と纏めにして、遺憾なきを得るまでには、なお可なりの歳月を要するもののあるに気がついた。そこで最初の計画を変更して、先ず部分部分について、纏まり次第にこれを公にし、最後に全体に対して、一貫した歴史的体系を与える方針をとることにした。（『原始仏教思想論』）

こうしていよいよインド仏教に取り組むのである。木村は曹洞宗出身で、東京帝国大学以前に曹洞宗大学を卒業していたから仏教の心得は十分にあり、その本格的研究を留学とともに開始する。

一九一九年、ロンドンに赴き、そこで師事することになったのはパーリ語の大家であったリス・デヴィズ、およびステッド（一八八二―一九五八）の二人であった。宿は幸運にもステッドの家に寄宿することができた。そこはリス・デヴィズの家のすぐ近くでもあった。木村はベッドに寝そべって字を書く癖があったため、ベッド・カバーにインクが付いて困ったというステッド夫人の話まである（同、解説）。

ロンドンではまず、『阿毘達磨論の研究』を脱稿した。これは主に原始経典の注釈書である『ヴィバンガ』『プッガラパンニャティ』と漢訳『舎利弗阿毘曇論』などを比較研究したものである。もっともこの分野に関しては、木村が開始する五年前、すでに椎尾弁匡（一八七六―一九七一）が同じ手法で「六足論の発達」（一九一三年より一九一四年）を著していた。木村は椎尾の研究を参照できなかったことは遺憾である、と感想を洩らしている（長井真琴によれば木村が椎尾の研究を参照していたら「もっと大なる結果」〔巴利論蔵の研究に就いて〕が出たという）。

次いで『原始仏教思想論』もロンドンで起稿し、キールで脱稿する（序文）。木村がキール大学に向かったのは一九一九年七月であり、自身が六派哲学の執筆に際し、多大な影響を受けたドイセンが没する直前であった（その後ケルンに向かい、そこではインド哲学のヘルマン・ヤコービに師事した）。原始仏教研究のうえで資料となるのはパーリ経典、パーリ・ヴィナヤ、それに漢訳『阿含経』、漢訳の「律」である。これに関し木村は、

支那日本における昔流の学者は、阿含としいえば、直ちに小乗経と片附けて、これを仏教全体に渉る歴史的淵源と見なす用意を欠き、また専ら巴利語による近代の仏教学者は、大乗としいえば、後の添加にかかるものと片附けて、そは要するに原始仏教に内在する思想の論理開展に外ならざるに気がつかなかった。すなわち共に阿含思想と大乗思想との内面的連絡の論究に関して、殆ど資するところなしといって然るべきほどであったのである。

と、『阿含経』を小乗と貶称する先入観はもはや払拭すべきであり、大乗経典といえども『阿含経』と一脈通じるゆえ、『阿含経』を読むべきだという。こうして木村が『原始仏教思想論』を著す際に、その構成に採用した方法は、

教理を展開するその枠組みについても、従前の諸学者の行ったがごとくに、これを四諦に

分けて、枚挙的に説明し行くがごとき方法を避け、出来得る限り、いい得るならば、哲学的分類による方針をとり、……。（同、序文）

と、暗に姉崎正治（『根本仏教』）、オルデンベルク（『仏陀』）の四諦説に基づく構成を批判し、独自の方法を採用した。

ところでこの書の反響は大きく、とりわけ縁起説の解釈に対し、専門分野が倫理学で、当時京都大学教授であった和辻哲郎（『原始仏教の実践哲学』）が批判を加え、木村はこれに対し「原始仏教における縁起観の開展」を著して反論した。縁起説の解釈をめぐってはその後、宇井伯寿、赤沼智善も論戦に加わったことは周知のとおりである。

とはいえ『原始仏教思想論』の出版については宇井伯寿が、「倶舎に拠る小乗教理の知識を傾けて阿含の教理を纏め此に溌剌たる生気を吹入れて仏教史上に躍動せしめんとした」（「木村泰賢君の業績」）と、日本では従来「倶舎」だけが突出して読まれてきたが、それを基底におき『阿含経』の思想を蘇生させたと讃えた。

また渡辺媒雄も『原始仏教思想論』をオルデンベルクの著作『仏陀』と対比し、『仏陀』がそのサブタイトルにあるとおり「生涯」「思想」「教団」の三テーマを論じるのに対し、「思想」だけを扱った点で『原始仏教思想論』のスケールの大きさは世界で唯一と絶賛した。

原始仏教学の導入という観点からいえば、木村はさらに一九二八年にオルデンベルク著『仏陀』の本邦第二訳を景山哲雄とともに出版する。再訳したのは、初訳の高楠訳が絶版で、しかも原著にあった注の訳出が省略されていること、さらに本書が「原始仏教に関する標準的研究書」で、「初版出版以来已に約半世紀を経ているに関らず今尚ほ斯学に関する殆ど古典化の域にまで高められたもの」だからという。また「最近数年来、原始仏教研究熱の最も盛な時に当って、標準書の一たるこの書の全訳を欠くは学会の一欠陥」として、この再訳の出版が原始仏教研究の渦中であることも強調した。こうして木村の原始仏教研究は、この分野の進展に大きく貢献することになった。

赤沼智善

赤沼智善(一八八四—一九三七)は研究の出発点から原始仏教をめざした。パーリ語を独学で始めるだけでなく、留学の四年前にはオルデンベルクの『仏陀』と並んで原始仏教研究の代表的な研究書、リス・デヴィズ著『釈尊の生涯及びその教理』(原題 *"Buddha"*)を翻訳した。一九一五年からセイロンでパーリ語を学び(師はニャーニッサラ僧正)、一九一七年にはロンドンのリス・デヴィズの許へ向かう。リス・デヴィズには姉崎、木村も師事していた。一九一九年に帰国するや、ただちに大谷大学教授に就任、原始仏教学とパーリ語を講じた。

大谷大学はこの時点で、その後の仏教系大学でも例のない「原始仏教学科」（もう一つは「大乗仏教学科」）を設立し、原始仏教研究にことのほか力を入れた。

赤沼は「原始仏教」という語について、当初は「根本仏教」と同一概念で用いられたとし、その例としてリス・デヴィズの『原始仏教』（*Primitive Buddhism*）、姉崎の『根本仏教』をあげる。しかし（赤沼のいう）近年、「根本仏教」とはブッダ在世中の仏教をいい、それに対して「原始仏教」は、仏滅後からアショーカ王までの百年間をさすようになったとする（「原始仏教の教義」）。これは、宇井伯寿が提唱した見解でもある。

赤沼は後年、入門シリーズの一冊として『阿含経講話』を著す。もっともそこでとり上げられる思想内容は四諦、十二縁起だけにすぎない。四諦説を土台として原始仏教の思想を論じる方法論に対しては、木村泰賢が批判したいきさつがあったものの、この点で赤沼は木村ではなく姉崎、和辻、ひいてはオルデンベルク以来の方法をとったことになる。

語学としてのパーリ語

当時、原始仏教を研究する際に欠かせない語学であったパーリ語を習得し、その後の研究の礎を築いた人びとも多彩である。釈興然（一八四九—一九二四）はセイロンに七年、釈宗演

（一八五九―一九一九）も同じくセイロンに三年滞在し、サンスクリットのみならずパーリ語を学んだ。ただこの二人のパーリ語を学ぶ姿勢は、すでにとり上げた人びとと歴然と異なる。というのは、かれらは日本仏教の現状にすこぶる批判的で、真の仏教とは何かを問題とした。とりわけ釈興然の場合、セイロンの上座部仏教（インド仏教は滅亡）を日本仏教統一のモデルとしようと意気込んでいたからである。それゆえ二人とも帰国後、アカデミック機関などでパーリ語ないし原始仏教学を教えるというような意図は当初からなかった（私的には河口慧海らがパーリ語を習っている）。

これに対し、パーリ語を西洋やセイロンで学んだ後、大学で教鞭をとった人たちに次のような人びとがいる。立花俊道（一八七七―一九五五）は当初（一九〇三年）、セイロンのコロンボ（ピデョーダヤ・カレッジ）でパーリ語、サンスクリット、原始仏教を学び、その後（一九一九年）、オックスフォードへ向かう。木村泰賢がロンドンに出発したのは立花の翌年（一九二〇年）である。この二人の帰国は一九二二年（立花は一月遅れて）で同じ年である。立花について木村がいうには、『阿毘達磨論の研究』を著す際、夏季休暇中に同宿して種々助言を得たという（序文）。立花には原始仏教思想に関する『原始仏教と禅宗』、パーリ語のテキスト（『巴利語文典』）の出版、パーリ語の起源についての「パーリ語の郷土」という論文などがある。そして駒澤大学でパーリ語の教鞭をとった。またヘルマン・ヤコービについた金倉円照は東北大学、ロイマン、シルヴァン・レヴィについた石川海浄は立正大学、ステッドについた長井真琴は東京大学、立正大学、東洋大学と、それぞれの大学でパーリ語を教えた。いずれも原始仏教学の進展に寄与した人びとである。

『阿含経』に光を当てた人びと

『阿含経』に光が当てられた結果、その影響で俄然注目する人びとが国内でも現れはじめた。その代表的な人として、浄土真宗近代の思想家、清沢満之（一八六三—一九〇三）をあげねばならない。清沢は浄土系の宗派でことのほか重視する三つの経典、つまり「浄土三部経」にならって、

予の三部経は『阿含経』と『歎異鈔』と『エピクテタスの語録』である。釈尊御一代の御経はどれも結構であるが、別けて『阿含経』は、釈尊の諄々御弟子を教訓したまふやうすが見えて有りがたい。『歎異鈔』のことは申すに及ばず、『口伝鈔』なども中々有りがたい。

（『清沢全集』第三巻、無我山房）

という。これはいうまでもなく原始経典たる『阿含経』、親鸞の教えの精髄というべき『歎異抄』、それに西洋哲学を学んだ清沢の心を打ったギリシャのエピクテタスを強調したものであ

る。清沢の日記のうち、とりわけ昭和三十年頃をみると『増一阿含経』の引用で溢れている。『阿含経』全体を要約して次のようにいう。

予が『阿含』を読誦して特に感の深かりしは、喀血襲来の病床にありしが為か、然らば教法の妙味に達せんとせば、生死岩頭の観に住すること尤も必要たるを知るべし。

（『清沢満之全集』第七巻、法藏館）

清沢は東京帝国大学の学生の頃、年代的にちょうど南条文雄の講義（明治十八年から同二十四年まで）に出席し、その時点で『阿含経』に眼を開かれたのだろうとされる。南条は前述のようにイギリスでパーリ語を学ばなかったことをしきりに強調するが、その後学問の領域が広がったとみるべきであろう。

もう一人、『阿含経』重視を提唱した人に真宗大谷派の佐々木月樵（一八七五―一九二六）がいる。佐々木は大谷大学創立に当たって仏教の核に置くべき理念として『阿含経』と宗祖親鸞の教えを置いた。

第一学年には、阿含の釈尊と親鸞伝と其教義とを教授する。こは、仏教は常に釈尊に始まり、然も宗教としての仏教の極地は正に我真宗にありと確信するからである。

（「大谷大学樹立の精神」）

これは「本学樹立の精神」という大谷大学の建学理念となり、「原始仏教学科」の設立もこの趣旨に沿ったものであろう。当時の原始仏教学の思潮はこうした清沢、佐々木の『阿含経』重視の姿勢にまで及んだのである。

アビダルマ仏教学の受容

パーリ語の経典研究に平行した形で、その注釈書、すなわちアビダルマ論書群も西洋で研究が始まっていた。しかし経典に比べ、その注釈書に対する評価はきわめて低かった。たとえば『一般哲学史』を著したドイセンは、

これらの（アビダルマ）論蔵は以前から想定されているように、形而上学を含んでいない。その代わり名称が意味するように、（旧約聖書）モーゼ五書の第五書同様、補足の規則、法の規定を短く再説するのは何か、とか議論の余地ある点に詳細に立ち入っている。

（『一般哲学史』S. 124）

と、アビダルマは哲学のない詳細な注釈にすぎないという。あるいはまたインド全般の多様な文献類を研究した、チェコ出身のインド学者ヴィンテルニッツも、

アビダンマは形而上学と何の関係もなく、哲学に関しては経蔵に説かれるようなダンマというより以上の関係も以下の関係もない。論蔵と経蔵との相違は、実に、ただ前者がいっ

そう詳細で、面白みがなく学究的であり、一口に言えばスコラ的であるという点である。両者は同一の問題を取扱う。アビダンマの書物に独創性とか深奥性をみようとしても無益である。重点を置いているのは定義と分類とである。といっても定義は辞書として、また仏教術語の知識に対しては価値があるけれども同義語の無限の連続を主としているだけともいえ、失望させられる。

（中野義照訳『仏教文献』）

と、無味乾燥で独創性のない定義集であるという。注釈書の一つ『ダンマサンガニ』を英訳したリス・デヴィズ夫人（リス・デヴィズの教え子）でさえ、

閉ざされた伝承の中の、過去が現在と未来とを支配するようなこの隠棲生活の家を出るにあたって、わたしたちは、（その家について）掃除がゆきとどき、小綺麗に飾られ、きちんとした部屋ではあったが、その窓は閉ざされ鎧戸がおろされ曙光に向かって何の展望をももたらさないかのような印象をうける。

（中野義照訳、*JRAS.* 1923）

と、経典の注釈書などはさながら無用の長物という見方をした。

他方、サンスクリットによる『倶舎論』の注釈書（ヤショーミトラ作）が西洋に知られるや、チベット訳、漢訳と対比した研究のプロジェクトが起こった。一九一三年にロシアのシチェルバツキーが中心となり、同国のオットー・ローゼンベルク、フランスのシルヴァン・レヴィ、ベルギーのドゥ・ラ・ヴァレ・プサン、イギリスのダニエル・ロス、荻原雲来らが『倶舎論』

研究の一大プロジェクト「Encyclopedia of the Abhidharma」を立ち上げたのである。それゆえアビダルマ論書の中でも『倶舎論』だけが再び注目されることになった。

もっとも近代におけるアビダルマ仏教学の導入ということ、原始仏教学の場合と事情は同じではない。というのはわが国には漢訳の『倶舎論』だけが仏教の基礎学として学習されてきた歴史があるからである。前述のとおりパーリ語の注釈書に対応する多数の漢訳があることを最初に指摘したのは、高楠順次郎である。氏が欧文で発表した論文の一つ「有部アビダルマ文献について」について、渡辺海旭は次のようにドイツから伝えている。

こは約一百頁の大論文にて、蔵中に存する有部論蔵の全体を解題し、初め六足に付きて博く之を蕃蔵論部と比較し、次で其註疏及諸論に及びて其要旨を掲載し間有益なる評論を挿みて、一目有部論蔵の何物たるやを了せしめたり。論蔵智蔵の殆ど言ふに足らざる欧州の学会にありては、此論真に霧海の南斗、暗窖の明灯といふべし。

（『二楞学人の「婆沙結集の疑義」につきて』）

高楠によるこうしたアビダルマに関する論文は、椎尾弁匡に大きな影響を与えた。椎尾はすでに姉崎正治のパーリ『相応部』経典と漢訳『雑阿含経』の対比に協力し、ピッシェルが発表したサンスクリット文『雑阿含経』断片（荻原の教示）と漢訳との対比研究を発表していた。そうして成立史的にそれに続く漢訳の「六足論」と初期パーリ語論書の対比を「六足論の発達」

として発表した。

木村泰賢はロンドンで『阿毘達磨論の研究』を著す際に、直接リス・デヴィズ、あるいはステッドから「巴利文の阿毘達磨に関して種々の示教を得た」（序文）というように、パーリ語の注釈書、六足論・発智論にまで光を当てている。さらに漢訳論書中、浩瀚な『大毘婆沙論』、あるいは荻原雲来とともに『倶舎論』や『異部宗輪論』の訳という仕事も勢力的に遂行した。

木村の師でもあったステッドには、のちに渡辺媒雄、長井真琴らも学んでいる（ステッドはよほど面倒見がよかったとみえて、木村同様、渡辺もそこに下宿している）。渡辺は帰国後パーリ語の注釈書と漢訳論書を対比して大著『有部阿毘達磨論の研究』をまとめただけでなく、漢訳「六足論」すべてを訳した。

長井真琴はパーリ律を中心とした戒律方面に力を注ぐとともに、パーリ論書の中でももっとも大部な『清浄道論』と漢訳『解脱道論』との比較研究を残している。さらに赤沼智善も『順正理論』を、そして西尾京雄とともに『三弥底部論』『尊婆須蜜菩薩所集論』を訳した。

6　洋行前の荻原雲来

就学時代の師

　荻原は、浄土宗学東京支校卒業後、師雲台が教鞭をとる浄土宗学本校に進む。時の校長は黒田真洞（一八五五―一九一六）で倶舎と浄土学を専門とし、『法相以呂波目録』や『法然上人全集』を編纂した人である。

　本校での荻原の師は勤息義城（一八四八―一九二一）であり、発智、倶舎を講じていた。神谷大周（一八四一―一九二〇）は福田行誡の新見解に従って、浄土宗の教学の根幹となる「伝法」で使用するテキスト五種の第一に、伝統的な『往生記』に代わって『選択集』を採用しようとした。しかし勤息はそれに反論し、神谷の説を斥けた人でもある。

同じ頃、本校の教授には大鹿愍成（一八五七―一九二五）がおり、唯識・因明を講じていた。荻原は同年代の野上運外（一八六七―一九四五）、福原隆成（一八七二―一九三一）とともに勤息と大鹿を師とし、その講延に列した。大鹿はのち大正九（一九二〇）年には京都帝国大学でも唯識、因明を講じたが、このことは性相学分野での大鹿の学才を示すものといえる。

こうした黒田、勤息、大鹿の三人が倶舎、唯識を講じていたことが、荻原に自分の専門を倶舎とするうえで大きな影響を与えたのであろう。これら三人がいずれも京都・泉涌寺にいた性相学の大家・佐伯旭雅（一八二八―一八九一）に学んだことも注目してよい。旭雅の著作『冠導本倶舎論』は今でも『倶舎論』を学ぶうえで必須の手引書とされ、また『名所雑記』（倶舎の中で難解とされる箇所を摘出して論じたもの）も重視されている。してみると荻原の学んだ性相学は、少なくとも旭雅の学流そのものであったといえる。

就学時代の仲間

本校時代の荻原の同期には、のちに「三羽烏」といわれた渡辺海旭、望月信亨がいた。渡辺は荻原の翌年に同じくドイツに赴き、望月はのちに浄土学の初代教授となった。

荻原の本校時代の仲間で勤息義城について倶舎の学問を修めた者に、先の野上運外、福原隆成以外に、漆間徳定（一八六九―一九四四）、大谷愍成（一八七一―一九二八）、今岡達音（一八七一―一九二九）らがいた。宗学本校では荻原の二歳上の桑田寛随（一八六七―一九三九）が唯識を、一歳上の林彦明（一八六八―一九四五）は因明を専門とした。ちなみに林は昭和六（一九三一）年には京都帝国大学で日本浄土教史を講じている。

荻原は就学を終えてまもない二十五歳の時、この林彦明と因明の三支作法について論争し、一年の間に二度も林の論文に批判を加えている。この論争について林は、はるか後、荻原が没した際に当時を回顧し、「古いことにて其論旨は殆ど忘却、唯だ学兄の卓説にて大いに益する所あった事だけ想ひ出」すとした。後年に及ぶ荻原の論争精神は、すでにこの時からきざしていたといえよう。小石川での就学、新任教師時代の勉学ぶりについては、当時の仲間の回顧談からうかがうことができる。同期の望月信亨によれば、

荻原君は頭脳明晰な人で、且大の勉強家であつた。諸學科内で英語が最も得意であり、英語にかけては全校中、君に及ぶものはなかつた。君は東京支校在學以前から青山の英和學校に通って英語を習はれたそうで、これが他日大成の基礎をなしたのである。

（「小石川時代の回想」）

と、荻原は東京支校入学以前から英語を習得していたため、この点で全学中に荻原の右に出る者はいなかったという。また、

君は常に冷静であつて多くの友を作らず、學校時代から獨有の號を用ひて居られた。趣味はトランプであつて、舶來品を買込み、土曜の夜などには渡邊を始め、予等もしばく招集されたものである。將棋も趣味の一つであつたが、しかし餘り強くはなかった。（同）

と、荻原が生涯自分の雅号とした「独有」の語は学生時代から多くの友を作らないことにちなむとか、荻原の興味深い趣味まであげている。当時、小石川にあった本校の寮は一部屋五人もつめ込まれていたというが、

君の聲望の世界的であったことは、君を産んだ小石川の豚小屋と呼ばれた宗學本校の名譽とせなければならぬ。（同）

と、荻原がいたことは豚小屋の名誉になったという。あるいは荻原より七年年少の椎尾弁匡によると、

十七年宗派管長制度を設けられること丶なり、敎學を設定せられ、東西兩校が改められて淨土宗學本支校となり、君は東京支校に入り早く渡邊海旭君と麟兒鳳雛相並ぶこと丶なり、刎頸金蘭の交を以って終始すること丶なる。進みて廿九年六月淨土宗學本校を卒へ、三十二年十月十日擬講に叙せらる。（「荻原雲来君の思ひ出」）

と、すでに荻原は渡辺海旭とともにいずれも麒麟児、鳳雛であったとする。

長野の天台宗寺院出身で、のちにチベット語を専門とした池田澄達（一八七六―一九五〇）

は、

其時先生は既に小石川に在った淨土宗専門學院の教授で、傳通院の横にゐられたのである。私はまた其頃學林を止め、中學から高等に入學せんと志し、故鄉の學生等五人と一緒に同じく法藏院の部屋を借り、神田の正則英語學校に通ってゐた。先生は私等が出入りする道路に沿ひ柵があったが、それを隔てた南向の部屋で、三方におそらく佛書であったらうと思はれた夥しい書物の積れた中で、室にゐられた時はいつも南面して机に向ひ一心不亂に勉強してゐられた。實に私等のやうな者の眼にも、なんといふ勉強家だらうと、映じた程であつた。（同）

と、自身本校近隣の寺（法蔵院）に住み、他方、新任教師の荻原は道路をへだてた一室に住み、書物に埋もれ一心不乱に勉強していたと伝えている。十歳年下の矢吹慶輝（一八七九―一九三九）も、

自分が荻原博士に始めて御目にかゝつたのは、博士の法資であつた故松尾眞善君が小石川傳通院山内の法藏院で、博士と同室して雜用に當つてゐた時であつた。法藏院の別室には東北支校出身の同窓が寄宿してゐた關係などで、數々博士の室前の庭園を繞る杉垣を隔てて、いつも机に正座してゐる三十代の壯年學匠を見受けたが、當時淨土宗高等學院教授に新任されて間もない頃であつた。その時から荻原氏の居常を知つてゐるものは、皆同教授

が規律厳正で、在室時は明けても暮れても何時でも研究に没頭せられてゐる精進振りに関心しないものはなかつた。

（「荻原雲来博士」）

と、荻原の勤勉な姿を伝えている。

洋行二年前（一八九七年）

この年、荻原の師雲台は本校校長に就任した。教授としての雲来は倶舎、宗教史、英語の授業を担当するとともに、セイロン王統史である『マハーヴァンサ（大史）』を和訳しはじめた。もっとも原典のパーリ語から訳したわけでなく、一八三三年にウッパムによって英訳されたものからの重訳であった。当時、日本でパーリ語を修得した者に、セイロンに留学した真言宗の釈興然がいた。興然には河口慧海らがパーリ語を学んだ。しかし荻原は『マハーヴァンサ』を直接パーリ語から訳していないことから、当時、まだパーリ語を学んでいなかったと推測される。

この年の一つの大きな出来事は、高楠順次郎が長年にわたる欧州留学から帰国したことである。高楠はすでに述べたようにオックスフォードでマックス・ミュラーに師事したあと、ドイツのキール大学、ベルリン大学、さらにフランスへと渡り、帰国後東京帝国大学の梵語講師に着任した。

荻原は高楠からの見聞やヨーロッパの仏教研究に注目していた。そのことは、当時日本でマックス・ミュラー、ロックヒル、オルデンベルクなどの本を読んでいたことからも知られる。荻原によれば、ヨーロッパの仏教研究が「潮の如く涌き疾風の如く巻」（「仏教の研究」）きはじめたとし、荻原のブッダ生誕の地に関する論稿（「釈尊誕霊地」）にはフューラー（Führer）、ビューラー（Bühler）、カニンガムによる報告まで採用している。

この年、同輩の渡辺海旭はきわめてセンセーショナルな論文を発表した。それは「奮って聖典原文の研究に従事せよ」と題するもので、そこでは仏典研究のうえで、

經典原文の研究は古來區々煩鎖の解を一掃して、革新、實積を與ふべし。而して其言語學上より得る史的考證の偉大なるは更に完美の効果を收むることを斷言するに憚からず。歐西の學者が佛教を討究するや力を盡くして根本資料の討究に力む。其勵精の切なる實に人をして驚嘆せしむるもの存する也。（略）身佛徒として學解を研磨するものにありては、宜しく大に牢固堅實の討究をなし、奮うて根本資料に溯り、以て偉大なる討究を聖典の原文に試みよ。支那譯の經典を以て、滿足すべきの秋は既に過ぎぬ。巴利の小乘經典大に研むべし、梵文の大乘經典亦大に研むべし、西藏の二大藏も討究すべし、其討究の結果は實に大なる者あらむ也。

と、題名にあるとおり聖典原文そのものを研究すべきで、漢訳だけで満足する時代は過ぎたという。さらに浄土宗、浄土真宗の正依たる『無量寿経』『阿弥陀経』、天台、日蓮系で重視する『法華経』を具体的にあげ、

眼を放つて世界の學者が如何に佛典原文の討究に其全力を傾けしやを思へ。淨土の寶典原文はマクス・ミュラーの手を着くる所となり、法華經はビュルヌーフ、ケルム等の効果を收むる所となり、巴理の本生經及律藏は、デヴヰット、フウスベル等之が先鞭を着け、西藏も尼波爾も暹羅も緬甸も大抵歐人の研究する所となり了れり。古來羅什玄奘等の偉蹟を思ひて今佛徒の爲すなきを思ふに憤慨に勝へざるもの存するなり。吾人佛徒たるもの何ぞ此間に立ちて大に奮はざるを得むや。嗚呼聖典原文の討究は實に佛徒の至大責任なり。

と、いずれもすでに校訂本の出版があるではないかとし、写本といえどもいまやイギリス、ネパールに多数現存すると強調する。

聖典原文の散在するもの、尼波羅に大般若、密嚴、十地、三昧王、楞伽、法華、如來秘密、普曜、金光の所謂九部の大乘經、悲華、賢劫、孔雀王等の顯密諸經ありて現に英國の書庫に珍藏す。其他、大小乘諸論の一二の梵文西藏尼波爾に存する尠少にあらず。

渡辺海旭も荻原出発の翌年にドイツに赴くが、洋行以前の時点でこのような論文を発表していたことは驚きである。

洋行前年（一八九八年）

一八九八年、東京帝国大学の姉崎正治が浄土宗本校に出講し、印度史、宗教史を、同じく高楠順次郎も来講し、『金七十論』の梵本を講じた（梵本とあるから、これはインド六派哲学の『サーンキヤ・カーリカー』であろう）。高楠によれば、荻原が梵語研究を決心したのはこの授業からの影響が大きいだろうという（「荻原雲来博士の世界的学績に就て」）。

この年さらにフランスの梵語学者シルヴァン・レヴィがインドで戯曲、天文学、唯識関係の重要な仏教写本を発見し、次いで日本を訪問した。フランスを代表する仏教学者の来日は盛事であったにちがいない。レヴィの来日は氏自身の許に留学したことのある藤島、藤枝からの伝聞、さらにマックス・ミュラーが日本の寺院に現存していた『阿弥陀経』『金剛般若経』『尊勝陀羅尼』の梵語写本を校訂出版したことから日本仏教に対する興味、一層の写本の発見、慈雲尊者撰『梵学津梁』の調査、『倶舎論』の伝統的研究の知見が目的であった。荻原自身、来日時のレヴィについて次のように記している。

其研究の方たるや少數なる耶蘇宣教師を除いては皆宗派的偏見を離れ、博覧篤學著名の學匠にして唯だ人類知識の爲の之を研究し、畢生の能力を盡瘁するなり。故に其研究の結果は頗る依信すべきの價あり。彼に謬あらば我彼に教ゆべし、我に謬あらば彼に依るべし、何ぞ洋の東西と時の前後とを問はん。而して佛教歴史は其教理を除いては彼に取るべきもの甚だ多く、我の教ゆべきもの甚だ少し、彼等は實に學問の忠なるものと云べし。彼等の足跡は東洋各國之なきはなし。現に倶舎論研究の目的を以て遠く我國来遊中のモシュー、レヴィーの如き其一人なり。蝸牛角上兄弟相鬩ぐの佛子、煩瑣哲學に戀々たるの法孫、起つて世界の知識に寄與し、世界の幸福を助長するの勇氣なきか。（「印度仏教史綱要」）

ここではるばる欧州から研究調査のために来日したことを伝えるほか、事実は事実として学問に忠実であるべき「勇気」あれ、とまで主張している。この頃、渡辺、荻原とも意気盛んなことがうかがわれる。荻原はこの年、オランダ・インド学の創始者ケルン作『インド仏教入門』(*Manual of Indian Buddhism*) の冒頭部を邦訳しはじめた。「印度仏教史綱要」と題するのがそれである。

いよいよ荻原が高楠順次郎の紹介によってドイツ、シュトラースブルク大学のロイマンの許に赴くことになったのは、翌明治三十二（一八九九）年である。

荻原、渡辺ともに歩調を合わせるがごとく、原典研究すべきと強調するのは、当時、聖典を学問的に研究する動きに批判的な僧たちが多かったからでもある。

7 荻原雲来のドイツ

出発

明治三十二（一八九九）年九月、浄土宗からの給費留学生となった荻原は、高楠順次郎からの紹介状を持ってドイツ・シュトラースブルク大学にいたエルンスト・ロイマン（一八五九―一九三一）に師事するべく、横浜を出発した（船はザクセン号）。

紹介者となった高楠自身はすでにオックスフォード大学卒業後、キール、ベルリン、ライプチッヒ、それにフランスに留学し、二年前（一八九七年）に帰国していた。ロイマンの許にはすでに高田派の常磐井堯猷氏が師事していたが、留学を終え、荻原出発のわずか二カ月前、同三十二年の七月に帰国していた。それゆえロイマンに師事するのは荻原が初めてではなかった。

常磐井は近衛忠房の二男で、十四歳で真宗高田派専修寺に入室した。その後、兄二人がドイツに留学したため、自分もドイツ留学を希望し、シュトラースブルク大学に入る。そこでインド仏教学を自分で選択した結果、師がたまたまロイマンとなった。荻原はおそらく常磐井に相談し、何らかの留学談を聞くことがあったと思われる。しかし公式には高楠の紹介に従って常磐井同様、ロイマンに師事することになった。

高楠は当時、欧州に多くのインド学者がいたのを当然知っていたはずである。しかしその中からなぜロイマンを紹介したかを知る手だてはない。高楠はロイマンの許で学んだ常磐井（二人は同年生まれ）としきりに手紙のやりとりをしていたから（常磐井慈裕「武蔵野女子大仏教文化研究紀要」一一）、おそらくそれを踏まえたうえでロイマンを紹介するに至ったのであろう。

師ロイマン

ロイマンはスイス出身（のちにドイツに帰化）であるが、大学はジュネーヴ、チューリッヒ、ドイツのライプチッヒ、ベルリンで学んだ。インド学に関するロイマンの師はライプチッヒではヴィンデイシュ、ベルリンではヨハネス・シュミット、ヘルマン・オルデンベルク、アルブレヒト・ヴェーバーである。ジャイナ教の研究で学位を取得し、ヴェーバーとともにこの分野の、文字どおりパイオニアであった。一八八二年から一八八四年までオックスフォード大学のインド学教授モニエル・ウィリアムズの招請で当地に滞在し、"*Sanskrit-English Dictionary*"の改訂版に参画した。南条文雄はこの時期にイギリス留学中で、たまたまロイマンにも会ったと伝えている。

一八八四年、二十六歳の時からシュトラースブルク大学で教鞭をとりはじめた。ベルリン時代に知り合ったピアニストと結婚し、二人の息子の名前をそれぞれマヌ（Manu）、ハリ（Hari）というサンスクリットから名をつけるほど、インド学に心酔していた。なお渡辺海旭は、夫人の演奏を聴いている。

ロイマンは印度音楽に関する古き謄本を手に入れたり。これは面白さうなり。一寸ロイ翁夫人の之をピアノにのせたるを聞きたることあり。（姉崎正治宛書簡、明治三十七年）

ジャイナ教、プラークリットを専門としたロイマンが同じインド学とはいえ、仏典に関心をもつに至ったのは、常磐井の留学が大きく影響したと思われる。

荻原が師事した時、ロイマンは四十二歳であった。このことは荻原自身の報告がある。

ロイマン教授は時に四十二、氏は十九世紀欧州東洋学会の泰斗マクスミュラーと倶に双璧として、世界に珍敬せられたるヴェーバーの高弟にして、二十四歳の時、語学の天才は已にモニヤー・ウィリアムスの認むる所となり、同教授の招聘に応じ、英国に渡り、彼の梵英字典の改訂大増補の事業を助け、一年有半にして帰国せりと雖も、其後分担の事業を継続すること五年、ウィリヤムス梵英字典が今日の声値あるは実に教授の参助する所、多かりしに因る。ロイマン先生は二十六歳にして已にストラスブルヒ大学の助教授に挺でられたるを見て、其学殖の非凡なりしを知るべし。

（『荻原雲来文集』「余影」三五頁）

シュトラースブルクの街

荻原はシュトラースブルク到着後まもなく、伯父土橋丈三郎〈荻原の旧姓は土橋であり、父は早くに没した〉に次のような手紙（一八九九〈明治三十二〉年十一月）を送っている。

独逸国ストラスブルヒへ着到し居り当地の気候は日下は本邦と大差なく候。然れども極寒の時は余程寒き由の候。当地は仏国に境する一小市街なれども建築物は悉く宏大にして七階八階の家多く一家に二十、三十の家族住ひ居り候。道路は悉く石を敷き電気鉄道と馬車と通ひ居り候。小生は市外閑静の家の一室を借り居り候〈居間と寝室と二間〉。

ここには荻原が初めて目《ま》のあたりにした街の様子が報告されている。アルザスに位置するシュトラースブルクは現在フランス領であるが、十七世紀までは神聖ローマ帝国で、ドイツの版図であった。その後、太陽王ルイ十四世によってフランスに併合され、再びドイツ領になったのは一八七〇年から一九一八年までである。第一次世界大戦後はドイツ、第二次世界大戦後はフランスというように、近代百年のあいだに四回も国境争いを繰り広げた地である。現在でもドイツ式のファッハベルク（木組み造り）の建築様式の家が多く、通りの名もゲーテ（この大学で学んでいる）とかヘルダーリンを冠したものをそのままみることができる。市内にはイル川が流れ、そのほとりに柳が植えられ、街路樹と建物との調和がとれた美しい街である。街の中心部にはドイツが建てた高さ百四十二メートルのゴシック様式のカテドラルがある。尖塔は一つだけ（当初の計画では二本だったことが設計図に載っている）だが、威容を誇る、まさに壮麗な教会だ。一年後に到着した渡辺海旭は次のように形容する。

太陽が没する所が宛かも塔の右側に当るので、夕空の美はしさは絵にも筆にも及ばぬ美観なのだ。紺紫青白色々の雲が綿紋の如く大空を彩る間に屹然として立てる古塔は黄金の光につつまれて何とも言はれぬ崇高美妙の感がある。

（『壺月全集』下、四一一頁）

この塔は今もってストラスブール市のシンボルであることに変わりはない。荻原は土橋への手紙にあるように、市内から少し離れた「閑静」な所に宿を借りた。

勉学開始

一八九九（明治三十二）年の十二月にはドイツ語について次のようにいう。

小生にして独逸語は僅かに字書に由りて書物を了解せし位の力なれば独逸談話は九分了解不致候。文部の留学生も別に独逸語の教師を雇ひ語学の練習を致居候。小生もロイマン氏の世話にて明後日より会話、文法、作文など練習する積に候。

荻原は英語に関してはすでに留学前に青山の英語学校で習っていたから、よほどできた（同期の望月信亨の話）けれども、ドイツ語には面喰っている。

翌年（一九〇〇〈明治三十三〉年）二月の来信には、

当地に在りてホームシックを発するもの少なからざる由に候へども、四千里以上の異境に在る心地は更に無之。殊に日曜には他三名の日本留学生と郊外散歩を致居候。外出すれば独逸国なれども一室に在りて書をひもとけば本国に在ると更に異なく候。

とあり、異郷でホームシックに罹る者もいるが、部屋で書を読んでいる限り、日本にいる時と何ら変わらないという。その地から三月になると転居する（日本への葉書から知られる）。

明治三十三年三月二十三日　荻原雲来

独逸国エルザス州　ストラスブルヒ市ブランドガッセ　二二番
Brand Gasse 22 II Strassburg i/ Els. Deutschland
右ノ如ク転居致候

留学当初から始まったロイマンの授業科目は次の通りである。

明治三二年一一月～明治三三年二月
梵文典初歩 Elementarbuch der Sanskrit-Sprache von Stenzler
（シュテンツラーの文法書は今でもドイツで使用されているし、日本でも荻原の文法書が出版されるまで用いられた）
嘉訓　Hitopadesa
（インド民話の箴言集であるが、荻原が「嘉訓」と訳したのは言い得て妙である）
別に博士の自宅にて梵語を練習す。（『教報』四七二）

その後の知られる限りの講義は次のもの（報告のまま）である。

明治三三年四月～八月
Bhartrihari, Satakatrayam
仏所行讃　Buddhacarita
明治三三年一一月～三四年三月

梵文典練習
荷力吠陀　Rig-Veda
雲の使い　Megha-dhuta
土の小車　Mricchakatika
Divyavadana
Dharmasastra by Manu
Pali-Sprache
明治三四年四月〜十月
金七十論梵文　Sankhyakarika
カーリダーサ、シャクンタラー　Sakuntala
ナラ及ビダマヤンテイー
荷力吠陀
パーリ本生経抄録

ロイマンの許で同じ時期に荻原とともに学んだドイツ人学生に、シュープリンク（後年ハンブルク大学教授）がいる。彼によると、同じ頃にアショーカ王碑文、『マハーヴァストゥ』『ラリタビスタラ』も学んだとある（Erinnerungsworte.『文集』所収）。授業以外にも、個別の手ほどきがあったと思われる。

これらの授業内容はヴェーダ、インド文学、哲学（サーンクヤ）、パーリ語、仏教梵語と、きわめて多彩である。仏典には馬鳴《めみょう》作『ブッダチャリタ』（仏伝）、それに『デヴィヤアヴァダーナ』（比喩、伝説）、パーリ語の『ジャータカ』（説話）がある。してみると教理に関するテキストではなく、むしろ物語性の強いものであったことがうかがわれる。

荻原に先立ってイギリスでマックス・ミュラーに師事した南条文雄の場合、梵語と並行してパーリ語学修も師などから勧められたが、しかしそれを終始拒絶している。氏によると、梵語だけでも大変という判断からというが、それに比べて、荻原らは当初からパーリ語を修学したことが次の文面から知られる。

吾人（渡辺を含む）に最も密接なる関係のある印度の言語文学より着々進展するの予想を以て、其基礎学たる梵語、波利語を学修するがためロイマン教授に師事す。僕も半年前より同教授に業を受けつつあり。（『荻原雲来文集』三五頁）

独逸に留学を命ぜられ爾後六年間共にロイマン先生に師事し梵語波利語を学修し、……。（「渡辺海旭君を悼む」同、三八頁）

ロイマンは第一次世界大戦以後、戦禍を逃れてシュトラースブルクからフライブルクに転任した。その地でやはりロイマンの許に学んだ白石真道によれば、ロイマンは右手に梵語、左手にパーリ語を並修すべきといっていたという。

一年半後（一九〇一年）、二月の荻原の本国への手紙には順調に学修している旨が報告されている。

小生等幸に恙なく目下梵語専攻致し居り候。来学期即ち四月下旬よりは更に巴梨語を兼修する都合の候。（荻原）

この年（一九〇一年）九月からの修学仲間にシュープリンクのほかに、ニコライ・ミロノフ（ロシア）が加わった。ミロノフは後年、同じロシアのミナエフが校訂出版した『翻訳名義大集』に索引を付けて再版した人である。

ロイマンは学生たちとの親睦をはかるため、週に一度の夜、大学前にある料理店「ゲルマニア」に誘う（シュープリンクによる）。

此の大なる建物はゲルマニアと称し其の最下層は飲食店にて生等の日々昼食する処に候。是は大学の前方の角に在りて多くの学生、商人など会食するものに候。（明治三十四年二月）

渡辺もこのゲルマニアでの集いについて報告している。

毎火曜日の夜は大学前の酒店に梵学生相集り博士と共に麦酒を飲みて大に談ず。而して毎夕消する所二十銭位に過ぎず、清興此事に候。（『壺月全集』下、五四七頁）

週一度催される懇親の夕は、ロイマンがいかに親切で面倒見が良かったかを示すものである。

ロイマンの人となり

師となったエルンスト・ロイマンの人となりについては、ロイマンの人となりについては、留学生たちから知ることができる。

○渡辺海旭　博士ロイマン氏は実に親切なる人にて万事善く世話致し呉れ学者として忠実なる人なるは感心の至りに候。家は内室と可憐の幼童二人と下婢一名、極く質素なる生活をなし、常に材料の蒐集に怠らず、清貧力学の状人をして奮起せしむ。（同）

ロイマン博士は隔日態々生等の室迄来られ懇切に種種後進を提撕するの厚き感服の外なく候。（同）

○姉崎正治　ロイマンは中々多弁で世話やきであり、私もまけずに談合し、……。
（「荻原雲来兄の追懐」『荻原雲来文集』一〇七頁）

○大橋戒俊　下宿の世話から入学手続等一切一手に引き受けて果して下さった。
（「ロ教授の眺められた荻原先生」同、一〇二頁）

○白石真道　他人が病気になると何を措いても見舞に来られた。我々の如き弟子は誰でもその病床に直に来訪せられるのが常で、ドイツの如く大学教授が一般に非常な畏敬の眼を以って見らるる地では殆ど例のないことであるさうで皆驚いていた。世の習慣や、しきたりなどに必ずしも拘泥せぬのが、先生の基本性の一であるがそれは先生の人生観にも伺われる。

（『白石真道仏教学論文集』七六五頁）

弟子の病気の報を聞くやロイマンはさっそく見舞いに駆けつけた。この点を白石は「思い遣り」として示す。日本人として最後の留学生となった徳永（宗）茅生によるロイマン評は次のようである。

先生の思い出は尽きせぬものがあるが、頭脳の鋭く緻密な方であるだけによく学生を揶揄されたり皮肉、諧謔を以て励ましたり誡めたりされた、（略）実は慈父のような優しい心根の方であり、また堂々たる偉丈夫、人格者であることを明らかにしたので、のちには師弟特別に仲良くなった。

（『袖ふりあうも——ドイツ留学の思い出』一六二—一六三頁）

ただ徳永は留学先を自分でシュトラースブルクからボンに変更した。しかし出発の当日になってロイマンはわざわざプラットホームにまで見送りに来ている。師のその姿を見て、

一生恩に被ねばならぬ御懇情であり、尊いお師匠様を伏し拝む思いであった。

（同、二一六頁）

という。こうしてみるとロイマンは、学問に厳格である反面、人間的には面倒見のいい世話好きな人であったことが彷彿としてくる。

渡辺海旭

荻原留学の一年後に、同じく浄土宗留学生として渡辺海旭が、やはりロイマンに師事するためシュトラースブルクに到着した。荻原はその到着を楽しみにしている。

近日東京より小生の同輩一名本宗派遣留学生として当地に来る筈なれば同人当地着の上は好伴侶に候へば今より楽しみ居り候。

（明治三十三年三月）

七月十七日に渡辺がシュトラースブルクに着き、餞別としてもらった醬油を持参してきた。

其際は澤山の醬油御恵贈被り旱天の甘露と賞味到居候。当市日本人五名は同食卓にて晩餐する事なれば、此等の連中悉く恩澤に浴する次第に候。

（「井原法従宛手紙」『荻原雲来文集』六七頁）

久しぶりに日本の醬油を食卓で用い、嬉々する様子が伝わってくる。

到着した渡辺は宿について、

小弟の家は夫のミュンステル高塔の直下にあり。イル河畔に臨みたる一小古屋にて、目下大洋病院院長たりし望月医学士も同宿致居り、来月下旬より荻原君と共にロイマン博士の家に移転する筈に候。

（『教報』四〇八）

とあるように、当初、市の中心部それもミュンスター大聖堂のすぐ近くに宿をとった。なお半年後に移ったところ（ロイマン邸か）は中心部からかなり離れていた。

吾が南独の僑居は、西向きの一室で、大学植物園の枯池を眼底に瞰下し、枯樹千木重なり合へる中、天文台と理化学の教室とを隔て、遥に一百四十メートルのミュンステル大高塔を雲霧の間に望むのである。（『壼月全集』下、四一一頁）

シュトラースブルクの街の様子や大学について渡辺は次のようにいう。

此地エルザスはベルリンよりも、パリスを尊ぶの地、……。（『教報』五九九）

当地の生活は室代二十五馬より三十馬（一馬 Mark は五十銭）、食料朝飯五十片（一馬の半）、昼飯一馬半、晩食一馬は如何しても免れず。其他雑費中々相嵩み候。是でも独乙中、最勤倹の風ありと極称せらる。当地の日本留学生の費にて伯林あたりは月々四百馬はかかり候由、況や龍動をや、況や巴里をやに候。（同、四〇八）

独乙二十大学の中、神学科は何れの大学にありても其首位にあり、……。ストラスブルヒ大学は独乙唯一の帝国大学として（他の大学は伯林莱府を初め王国若くは大公国の大学のみ）従来純ら新教のみの神学科なりしに、今二者兼修の大学とならむとす。（同、五二五）

当時、シュトラースブルクはドイツ領であったとはいえ、むしろ花の都パリを志向していたという。一九〇〇年にパリでは万国博覧会が開催されている。

もっとも荻原はパリに一度も足を運ぶことがなかった。

荻原先生がストラースブルグに留学しながら目と鼻の間の所謂歓楽の都巴里に足を一歩も踏み入れなかった事は私の日本出発に際して親しく語られたところであった。

（大橋「ロ教授の眺められた荻原先生」『荻原雲来文集』一〇三頁）

荻原は本来の実直さとドイツ留学の使命で、パリに魅せられなかったのであろう。

ベンドールとの出会い

一九〇一年三月、冬休みとはいえ、荻原はロイマンから梵語の添削を受けている。

生等は目下冬季休業中に候。されど例の如く梵語添削を受け中々忙はしく候。（荻原）

留学二年目にしてケンブリッジのサンスクリット学教授であったベンドールとともにロシアから仏典の叢書第一巻目として出版された書（『大乗集菩薩学論』*Śikṣāsamuccaya*）について議論をしている。この点は渡辺の次の報告にあるとおりである。

荻原兄は種々大乗経の梵漢訳を試み居られ、現に英国龍敦大学のセシル・ベンダウル（C. Bendoll）博士と、露国首都にて出版せられし仏教文庫のある梵本大乗経に付考証の議論を闘はし居り候。其結果は追々当地の東洋学会雑誌に現はるべき事と存ぜられ候。

当時のベンドールと荻原との関係については渡辺が次のように回顧している。

友荻原雲来兄は特にベンドール教授と親交あり。同教授晩年の大作は漢訳蔵経の方面よりして兄の力を藉りしもの、頗る多かりき。余は教授の伝が遠からず、兄によりて本邦の学会に公表せらるべき機会あるを信ず。

（『壺月全集』下、五四七頁）

（同、下、四三〇頁）

ベンドールは一八九八年から九九年にかけてネパールへサンスクリットの写本調査に出かけ、カトマンドゥ王室（マハーラージャ）の書庫で『十地経』『比丘尼律』の注釈、『法華経』、パーリ律などの断片を発見した。

とりわけパーリ語の写本断片をインド、セイロン以外の地、つまりネパールで発見したことに驚嘆し、さっそく同国のパーリ学者リス・デヴィズに報告している。その興奮を伝える手紙は、王立アジア協会の年報（一八九九年）に掲載されたほどである。

姉崎来訪

一九〇一年秋、姉崎も洋行の途にあり、旅行中スイス・バーゼルの鉱泉で荻原・渡辺と会っている。姉崎は一九〇〇年（渡辺海旭と同年に出発）にキールに行き、翌一九〇一年に留学先をベルリンに替えた。この年の夏休みにはベルリンから、ミュンヘン、スイスを旅行する。その後三人でシュトラースブルクへ向かった。これについて姉崎はいう。

三人揃ったのは慥か一九〇一年の秋で私がラインフェルデンの鉱泉に居た時二人で来られ、三人でバーゼルを経てストラスへ往った。バーゼルで新教伝道館を見た時、案内の青年が始めは丁寧にしていたのに、何かの機会に三人が仏教徒だという事を語ったので、俄かに態度を一変して軽侮の言をなしたので、渡辺君と私は少々くってかかり、特に対手を詰責した。その時にも荻原君は黙々としていた。

（『荻原雲来文集』「余影」一〇六―七頁）

姉崎は自叙伝でもこの夏休みの三人の再会について次のようにふれている。

かくて二カ月ばかりすぎて、独りでラインフェルデンの温泉場に泊し、そこでストラスブルグから来た渡辺、荻原両君と会し、共にバーゼルを見て、そこの伝道博物館をも見た。それからストラスに行って、寺の塔にも登った。ロイマン Leumann 教授に会って研究上の話もきいた。かくて冬学期をすごすべきライプチッヒについたのは、十月初めであった。

（『自叙伝』八九頁）

この時、姉崎は二十八歳、渡辺は二十九歳、荻原は三十二歳であった。

学問の進展

シュトラースブルクにおけるその後の勉学については、渡辺の報告から知ることができる。

午前は多く図書館にありて、四十華厳の梵本を繙読す。此梵本の書写は実に西暦十一世紀の昔に就る。字体蒼頸、古色掬すべし、毎に謂ふ、九百年前の貝葉、之を一万里外の異郷にひもとくを得、何等の宿福ぞやと、大乗甚深の法、一句一偈難聴難得なり、明窓浄几、大慈行願の広大を誦し、大菩提心の勝功能を賛す、粉粉の雪花、皚々の玉樹、この大乗読誦の行者を供養するにあらざるや。（一九〇二年二月）

渡辺自身もこの頃（一九〇二年）、本格的な研究に没頭しはじめ、『華厳経』の梵本を書写している。異国においてインドの九百年前の写本を学ぶに至ったことは「宿福」だという。

一作寓を移して橙園（オランゼリー）の辺に来る、此家新に成り、我等其第一の住者たり、此新寓に新年を迎へて、吾同門先輩と大悲光中にあるを祝せむか、句あり、

居を換へて写経了らす年暮るる。

同日付の手紙にはさらに次のようにある。

貴重の梵筴は大英皇立亜細亜協会の珍蔵に係る、同会から一箇の珍籍を遠く異邦の図書館

に貸与し、日東の孤客をして自由に之が継続を得せしむ、其学徒を益するに吝かならざる感ずべきにあらずや、英国民の寛宏なる、よく其学問の大を致す所以か、大学に図書を封して得々たる小なる国民は憐笑すべきかな。

（『教報』五二五）

渡辺はイギリスの図書館が貴重な写本をいとも簡単に海外（むろんここではドイツ）にまで貸し出してくれることに驚きを隠さない。

我が普賢行願賛対校に用いし同賛尼波羅所伝の梵本は、英国ケムブリジ大学の所蔵なり、其書写は今より千一百年の前に就る、此梵筴もと尼波羅古刹の壁中に存す、古刹修繕の際塵土と共に出て、婆羅門僧の忌む所となり、殆ど火中のものたらんとして、同地にありし英人ライト博士の為に救はれ、他の十地経等の梵本と共にケムブリジに送致せられたるもの也。此珍書今や日東仏僧の為に読誦の勝縁を結はしむ。因縁実に不可思議にあらずや。

（同日付）

ちなみに渡辺はのちに自身の学位論文となる「普賢行願讃」の校訂を始めている。

午後は大学に出でて独有と共に、大荘厳経梵本の研究に従ふ、独有漢訳を読み、吾師は且つ論し且つ講ず、難句に遇ふときは一頌一時間を消することあり。

（同日付）

「大荘厳経」（ラリタビスタラ）の研究も荻原と一緒に開始した。

一九〇二年には荻原からの報告もある。

本日より夏休と相成候。少しく暇を得候。去頃より英国ケムブリッジ大学教授ベンドール氏と共同して郁迦問経（宝積の一部分）を英訳出版する筈に相成。ベ氏は梵語及西蔵語を対照し、生は漢語より訳出する筈にて既に着手致居候。又弥勒大士の作なる大品般若の略述（頌文）の梵文を出版する積にて是も着手旁中々忙しく候。（『教報』、五〇五）

荻原はベンドールと共著で『郁迦経』の出版、それと並行して『現観荘厳論』の校訂本出版の準備も始めている。

万国東洋学会に参加

同年八月五日、荻原、渡辺はロイマンから、ハンブルクで九月七日より四日間開催される万国東洋学会（International Oriental Congress）にぜひ出席せよといわれる。

特にロイマン翁も諸大家に照会する故是非行けとの事にて一面利益上、一面には体面上より参会の必要有之候。（同）

この点に関し、学会参加の許可証をわざわざ浄土宗から受けている。

辞令（各通）　独逸国留学生教師補擬講　荻原雲来
同　渡辺海旭

独逸ハンブルク市開設ノ万国東洋学会ニ出席ヲ命ス　（巳上　九月一日）

学会参加準備のためにロイマンとの夏の避暑を終え、九月一日にハンブルクに向かった。

ロイマン先生の避暑地に至り、同先生及家族と共に静遊を試みたる後、八月二十八日ストラスブルヒに帰りたる趣、其滞在中にロイマン博士と万般の打合わせをなして漢堡（ハンブルク）に於ける万国東洋学会出席の事を定め九月一日同地に出発したり……。　（同、五一〇）

この学会には荻原、渡辺、姉崎など日本人計九名が出席した。荻原は浄土宗高等学院教授という資格で参加し、漢訳仏典の一問題について発表している。

支那訳三蔵に付きて論せられたる一篇の論文を呈出し、其論文は九月九日付の会合に英国の「プロフェッソール」ベンドール氏代読して会員に報告せられ、非常なる喝采を博したる由。　（同）

一九〇三年三月、姉崎はベルリンからロンドンに移り、そこに半年滞在。その後インドへ渡った（渡辺の報告）。

旧本校関係の諸教授中姉崎氏は目下印度にあり前周二回の通信に接し候。氏は全く印度風の装をなし印度風の生活を営みつつ今は深くその内地に入り込み、アジャンタ、サンチなどの古蹟に仏教当年の盛を追懐され床しき至に候。

ドイツでの高い評価

ところで渡辺によれば、荻原は当地で徐々にその研究が認められはじめた。

荻原は学益進みて当地……重に英国の仏教学者間には漸く名を知られ来り候。荻原が次第に実際問題に遠かり哲学上の思弁や社会観なぞに毫も頓着せず、余りに仏教語学者（ブッディスティシェ・フィロログ）たるに傾かんとするは弟には余り面白からず、されど其深き仏教文学の知識と博覧大蔵経を自由に考証するの技量は他の到底及ぶべからざる長技にて、此点に於ては此地の学者等も荻原が我国従来の梵学者に比して遠く数頭地を超出するものたるを認め来しかの如く、衷心より嬉しく喜ばしく候。前記の大学教授某君の如きは此一人にて候。希くは荻原の此方面に於て着々研究を重ねて我国に於ける東洋学者として一流に立たんとは切望の事に候。（『教報』五二一）

渡辺は続けていう。

南条氏は老いて事をなさず其梵漢語彙の公刊（東洋学会会報）の如きは余りに◯◯憐むべきことに候。高楠氏の如きも其◯◯の◯◯するも遠からざるべし。かくて東洋学者として世界に日本を代表せむものは独有の独有たるべきに至るべくと存じ候。（同）

なお『浄土教報』に載ったこの報告では、編集者がプライバシーに触れるのを恐れたためか、あえて伏字があり、真相は知りえない。しかしながらここにははるか以前に留学した南条文雄、高楠順次郎に対する渡辺の揶揄のあることがうかがえる。

一方、荻原（独有）については研究がますます深まり、日本を代表する梵語学者になったときわめて高く評価している。

一九〇三年五月

独有は机を隔てて般若を研む。大品の深趣、精研力学、彼が如きを以てす。その造詣や知るべからず。同寓共に食し同室に寝ぬ。而も往々にして相話せざること数日に托るあり。

（同、五四〇）

荻原は図書館はいうに及ばず、下宿でも学問に打ち込み、渡辺と寝食をともにしながら数日話すことがないほどであった。

一九〇三年八月、二人揃って転居した（本国に連絡）。

独逸留学生　荻原渡辺の二氏は左記の地に移転せられたり

Schochstrasse 11 III

Strassburg i/e Germany

独逸ストラスブルク　ショホ町一一番三階

ロイマンは一般人を対象とした仏教の講義もし、人気を博していた。

頑陋なる旧教徒の間さへ仏陀の研究、仏経の討議も漸く盛ならんとす。吾師が今講じつつある仏陀伝には其教室立錐の余地だもなし。長剱鏘として軍服美はしき士官も来るなり、妙齢の婦人も来るなり、旧教の僧徒さへ来り聞くなり。（其梵語の講義とパーリの講義には聴者我と独有と露国の一哲学者のみなるに）一瓶氷らば天下皆寒しといはずや。（同、五五一）

これによると、ブッダの伝記に関する講義には軍人から妙齢の婦人、それにキリスト教の牧師までが聴講に来ているという。これは当時のドイツ人の仏教に対する関心とともに、ロイマンの人気を伝えるものである。ロイマンは原典研究ばかりの授業をしていたわけではないことが、ここからもうかがえる。

（前略）当地方は本年差したる暑気無之時候不順の為め農作不饒の由に候。小生例の如くシュヴァルツヴァルトの中クニービスと称する僻地に避暑を兼ね書冊を携え四週日閑棲中、昨日旧寓に帰り申候。（中略）小生昨年来従来し居りし八千頌般若の略論謄写終了、今浄写中にて不日指導教授ロイマン氏の助力を得て上梓の運に至る事と存候。本年末には右終結の上、英に渡り剣橋図書館に珍蔵せる瑜伽論の一部分「菩薩地」を謄写し其上能ふべくんば該書をも出版したき心組に御座候。該梵葉は紀元九世紀の書写にかかり字体大に近代のものと異なり且蠹蝕の部分も少なからず。此を読解するは稍や難渋なれども幸ひ同大学教授セシル・ベンドール氏は生の辱知にて切に生の渡英を促し来り且文字解釈には共に尽力し呉れ候約束なれば大に好都合に候。瑜伽論全部の梵文は欧州中何れの書庫にも無之恐くは尼波羅にも現存せざるならむ。唯其菩薩地の一部分貝葉にて百四十四枚剣橋書庫に珍襲するあるのみ。欧州或は印度にて仏典の出版有之候。得共南方仏書を除ては皆経文にて論部の出版せられたることなく、依て仏教の哲理的部分を論述せる原本は世人之を見ることを得ず、此時に当り此有名なる著作を印行せば東西の学仏者を益すること少なからざるべし。加之幸に翻訳の泰斗玄奘の漢訳あれば之に拠って大に梵文の晦渋を明暢はらしむるを得んか。兎に角本年末より之に着手し明年始に終結の見込に候。（同、五六二）

これによれば、荻原は『八千頌般若経』の理論書（ハリバドラ作『現観荘厳論』であろう）の筆写が終わり、それに続いて『瑜伽論』「菩薩地」を出版したいという決意がみられる。しかもベンドールからぜひイギリスに来なさいという催促があり、いよいよ年末になってからそれを開始する、とある。

一九〇三年、氏のいう『般若釈論』（ハリバドラ作『現観荘厳論』）を筆写し終え、その後、イギリスのケンブリッジに向かう。これについて本国に次のような葉書を送っている。

本年末英国剣橋に向ひ同地にて越年し其中瑜伽論中「菩薩地」の梵文筆写の心組に候。

留学の延長

留学期間は出発時に四年と決まっていた。しかし荻原のみならず、渡辺も本格的に研究を続行するために予定の年数を延ばす申請、それにイギリスに行く嘆願書が日本に届いた。

荻原渡辺両氏留学期の延長　独逸国留学中の両師の消息に就ては再三報導せしが尚ほ聞く所に依れば、荻原師は昨年九月、渡辺師は本年四月何れも留学期満了の筈なりしも両師の研修は極めて深邃に其範囲も該博なれば時を惜で奮励せらるるも到底年限内に修了し難ければ両師共期限延長を出願し、宗務所に於ても其成業を期し速に之を容れて各二ケ年延長を許可せられたりと。去れば荻原師は三十七年四月、渡辺師は同十二月末日にて満了の筈なり。因に今回渡辺師の留学延長願に添へられたる梵語学教授ロイマン博士の証明推薦状を左に訳載すべし。

（『教報』五六七）

渡辺海旭の延長願いにつき、ロイマンが日本に送った嘆願書は次のとおりである（原文はむろん欧文〈現存せず〉である）。

渡辺海旭氏のための証明書

わが親愛なる門弟子渡辺は非常な熱心と甚だ迅速な領悟とを以てシュトラースブルク大学

において数学期間梵語学及びその他の講席に列したり。彼はこれによりインド及び欧亜の思想を通じ、容易にその研究の進路を発見し、現に漸次その貢献により、各種仏教学の講究を策進することを得るに至ろうとす。彼は私の指導の下にすでに『普賢行讃』梵文の公刊を準備している。彼はまた *Mahāvyutpatti*（『翻訳名義大集』）のペテルブルク五語字彙よりして潜心梵語、チベット語及び中国語の部分を写得した。けだしこの本梵語の原文に添うるに後者を以てする企画となろう。この業は仏教言語学において真になされるべくして未だ之れないもの、彼はまた *Gaṇḍavyūha*（『四十華厳』原文）の梵文より偈頌全体を抄出した。この挙がついに科学科の公刊を見るに至るべく切望するところである。しかしながら上に記載したすべてこれらの努力が善美の結果を叶えるには、なお多少の時間を要することは、経験ある学者にはわかるであろう。原文謄本の講究は初めてこの業に従う者を往往過誤に陥らせることが多く、謄本を取り扱うに要するある種の老練を獲得した後、初めて善良で信憑すべき公刊をみることができる。渡辺氏は未だもとよりこの種の老練を得る機会がない。それゆえ彼に謄本及びその他の研究を継続すること、なお一、二年の機会を要するであろう。彼はむろん彼よりして科学的貢献を切望するものに対して恩恵これに過ぎることはない。私はまたこれを付記したい。いわく欧州学徒の信憑すべき学者として立つには大学の教練に五、六年を要し、外国の学徒であれば、少なくともこの時間は欧州で重要な二、三の国語を履修するには必然、別にこれを要するのである。

一九〇三年九月一一日

シュトラースブルク大学　梵語学教授　エルンスト・ロイマン

ロイマンが荻原について書いたであろう同内容の嘆願書のほうは残ってない。

ケンブリッジ大学訪問

荻原がイギリスに行くことは、『浄土教報』にもその予告が載った。

本宗留学生在独荻原雲来氏の渡英すべき事は既に記したる所なるが、頃日達したる報道に依れば同氏は去十二月二十八日、渡英の途に上り、翌二十九日英国剣橋に到着、目下博士ベンドール氏の許にて瑜伽梵文謄写中なり。滞在期は二ケ月の予定にて其間には右の外瑜伽菩薩の西蔵訳を対照し博士と共同して其中の一部分を見本として出版する筈なる上、同博士の出版に係る大乗集菩薩学論の漢訳対照をも依頼せられたる由なれば、極めて多忙なりと。尚右終了の上、再び独逸に帰り八千頌般若釈論の研覈に従ふ予定なりと。

（『教報』五七九）

一九〇三年十二月、荻原自身、「剣橋短信」と題して渡英について報告している。

昨年十二月二十八日ストラスブルヒの古巣を出て、ベルジャムを経、英国海峡の激浪に揺られ、二十九日晩、英国剣橋に着す。当市の人口は僅に四万なれども世界にて有名なる学校市なり。コレッジの数二十四、寺院二十余あり。建築物は三階或は四階にして他の新設市街の五階六階なる大厦高楼に比しては矮小なれども古色蒼然掬すべきもの多し。当市と牛津（オクスフォルド）との各コレッジは頗る古き者にしてチャペルなる者ありて学校に付属す。こは学校の寺にして往古は学生皆各自のチャペルに集り、朝夕祈祷を修し、其他諸種の集会場に充てたりと云う。

学生は独逸の自由主義に反して厳重に取締られ、学期は一年を三分し、三期とす（独逸にては夏と冬の二期なり）。制帽は我大学の角帽の如くにして更に大なり。又制服あり、普通洋服の上に纏ふ。此は学生のみならず学士、教授、皆之を用ゆ。唯だ其別を認むる為め、少しの差異あるのみ。

小生は当大学生に非れども、ストラスブルヒ大学梵語教授ロイマン氏よりの紹介あり、且又当大学梵語教授ベンドール氏の小生の知人なるを以て、当大学図書館を利用する制許を得、毎日登館す。蔵する書は五十万巻あり。其中古代珍奇の写本多く、生等に取りて重要なる仏教梵文の写本を蔵すること欧州第一と称す。（同、五八三）

ケンブリッジで図書館通いの毎日であることは荻原自身、さらに次のようにいう。

小生は学位を抛擲して、其を受得するに要する時間と費用を以て仏教梵文を専攻し、得らるる丈多く斯道の知識を得、材料を蒐めつつあり。当国は独逸と異なり、生計の費用も多かれど、生が此の行は止を得ざるに出づ。ストラスブルヒにて借り得らるるものは此地よりも其他重なる外国図書館より借りたれども、当大学に秘蔵せる写本類は館外へは何の地も何の時も貸出せず、此写本の中の瑜伽論菩薩地の梵文あり。従来其梵文は但だ仏教の書なる事を認めたれども其瑜伽なることを知らず、唯だ書写年代の古きが為、考古学上要用の品なること及び其中に多く仏教の学語を含有するを以て珍襲し来りたり。余独逸に在て当大学書庫の梵文仏書目録を検し、其瑜伽なる事を認め、喜躍禁ずる能はず。（同）

これによれば、荻原はシュトラースブルクでケンブリッジ大学書庫の目録を入手し、その目録中に『瑜伽論』「菩薩地」を発見し、驚喜したことも伝えている。

之を謄写せん事を企てたり。されど其秘蔵品なるを以て自ら書庫の入るに非れば目的を達する能はず。由て前條の次第にて今謄写中なり。

日々午前九時より午後五時迄、昼食時三十分を除て専心之に従事す。本邦とは事変り大晦日も元日も一般に休暇なし、唯だ日曜日休業するのみ。

瑜伽論貝葉は今より一千余年前の品にて、少と脱葉あり欠損と文字の消磨せし部分少なからず。来三月初旬に終了すべく、其上他の経論中、必要な部分をも抄録して還らんとす。

瑜伽は幸に翻訳の王玄奘三蔵の精妙なる漢訳あり。此を対照して文義通暢するを得べく、従来不明或は未定の意義なる梵語を明解確定し、且つ世に知られざりし仏教典語を発見する事多く、梵学界に多大の利益を与ふるものなり。

渡英以来巳に一閲月、未だ郊外のみならず市内の見物さへ怠り居る位にて、前條の事業に忙はしく委悉報道するに遑あらず。各位乞ふ之を恕せ。（同）

こうしてこの年はイギリスで年越しをすることとなり、ケンブリッジから新年の挨拶を日本に送った。

一九〇三年十二月　小生二十八日当地剣橋にて越年、其際該地の絵端書を以て新年の御祝賀可申上候。（葉書）

荻原はケンブリッジに二カ月過ごしたあと、ロンドンに向かい、一九〇四（明治三十七）年三月にパーリ学者のリス・デヴィズに会っている。

愈々龍動に出でリス・デヴィズ博士の請に由り同氏に面会し……。

その後、オランダ・ライデン大学教授のシュパイエルとも会い、再びシュトラースブルクに戻る。

一方の渡辺のほうはスイス・バーゼルで開催される第二回万国宗教歴史学会に参加のため、一人シュトラースブルクを出発した（『壺月全集』下、五五五頁）。この報告について渡辺は

「山湖録」と題し、「此篇を宗門の僧伽にして征露の軍に従ひ奮闘しつつある諸大士に捧ぐ」と副題をつけて本国に送った。「山湖録」とつけた理由については、

明治三十七年八月二十九日、ストラスブルクを発して瑞西バーゼル市開会の第二回万国宗教歴史大会に列席し、会終って後、数日をベルンの高地に送り、九月十日夜、旧寓に帰る。旬日の間、見聞したる大会の事態、旅中の雑興、録して之を「教報」に寄せ、以て一に故国の師友に書を致すの時を節せむとす。題して「山湖録」という。（『教報』、六一七）

とある。

ところで当時、日本はロシアと干戈を交えていた。いわゆる日露戦争である。渡辺は宗侶の中でも従軍していた者がいたため、そうした軍人への慰労の意も込めて書いたという。

シュヴァルツヴァルトでの避暑

この年（明治三十七〈一九〇四〉年）、すでにロイマン、荻原らは渡辺よりも一足早くシュヴァルツヴァルトの山村に行っていた。毎年夏、ロイマンは学生を連れてシュヴァルツヴァルトの借家に行っていた。この避暑については荻原が当時を振り返った後日談から知ることができる。

独逸大学の夏季休暇は七月よりして大抵十月初旬に渉る。此の間僕等は師と共に、年々瑞

西の山続き、黒林（シュヴァルツバルト）の簡素なる農家を賃借し、蒼林と緑草と牛羊と清水との間を徜徉し、且つ遊び且つ学ぶを恒とせり。（『荻原雲来文集』「余影」三六頁）

あるいはまた次のようにいう。

南独ストラスブルヒを距る二十里にして黒林（シュヴァルツ・ヴァルト）あり、アルプスの一枝脈にして逶迤五十里、概ね樅樹（タンネン）蓊鬱たり。夏期到る毎に暑を此の地に避く。軌道蜿蜒迂回螺線状を為す。火車且走り、且登る。幾十の隧道を過ぎて停車場に達す。飛瀑あり昼尚寒く、牧草蘚々、牛犢惘々、金髪緑眼の少女、俚調を謡うて此を護る。僕等はプイッフィリング（蕈の一種）を荷うて寓に帰る。暮靄林を罩めて晩鐘迷谷に響く、又一種の仙区なり。清涼の景を叙して情意俱に至れるものとして小生の感服せるは、彼の「古池や蛙とびこむ水の音」に候。（同、六頁）

この時、渡辺は一人あとから合流した。そこでの状況について渡辺独特の情趣に富み、臨場感溢れる報告がある。

八月二十九日　ラインの長江を渡りて、ケールの小停車場に着しつ。其所に吉田文学士（熊次氏）に会しぬ。同君と共に途黒森山を過ぎて、トリベルヒ（現在の正式な地名はTriberg im Schwarzwald）の山村に荻原氏と林医学士を訪ひ、次で同地附近に家族と共に閑臥するロイマン、チーグラー両先生が竹榻の夢驚かさむ約あれば也。（『教報』六一七）

列車は三等車。渡辺はとりわけこれを好んだ。乗客には日露戦争について論ずる者までいる。

吾等はエルザス線より南独乙の本線を連絡する交叉点アッペンワイヤーに車を換へて、所謂黒森鉄道（シュワルツバルトバーン）に上りぬ。今は旅人が回遊行楽の時機とて、吾等が三等客車には、老若男女怡然として其席を占め、商人らしき人、官吏らしき人、僧あり俗あり、案内記を繙くもの、日記を書するもの、梨子を剥くもの、ボンボンを購ふもの、日露戦争に口角沫を飛ばすもの百様千態の間、自ら和楽の気の車内に充溢するを覚ゆ。余は常に三等客車を愛して、其趣味に富み同情に豊かなる、他の貴族車（一、二等）に超ゆるものあるを快とすと雖、此快はバーデン大公国の三等客車に於て特に其深きものあるを感ず。蓋し同大公国の三等客車は、其構造の快適なる、その乗客に便を与ふるの多大なる、車掌其他役員の親切にして諧謔に富める、独乙中推して之を第一に置くを得べければなり。宜なり、乗客の皆欣欣として其席に安ずるや（略）。（同）

なお荻原は学問に没頭し過ぎて日露戦争を知らなかったのではないかという逸話まであった。のちにロイマンに学んだ若井信玄は昭和十二年の時点（荻原の没年）でこの点にふれるほどであった（『荻原雲来文集』一〇九頁、参考同、一五八頁）。

午前十一時半、吾等はトリベルヒに着しぬ。車を下れば山気颯爽として衣袂を払ひ、頓に脳底の清涼なるを覚ゆ。荻原、林の両君此処にあり。来たりて吾等を迎ふ。乃共に相携へて漫歩トリベルヒの小市街を過ぐ。町尽きる所、轤轆として途に大瀑音を聞く。

渡辺の臨場感あふれるトリベルヒの町の描写は次のとおり。

トリベルヒは邦訳して之を三峯山となすを得べし。市街三峯の谷底にありて、風光佳麗、空気清徹、特に其大瀑布を以て名欧州に高く、外国の遊覧者亦少なからず。市街之が為に頗殷富なり。住民は多く加特力（カトリック）教の熱摯なる信者にして、市中に広壮なる教会堂あり、亦山門の幽林深き処に聖母マリアを奉安したる一大寺院ありて、金碧煌曜たり。古昔より此処に来りて巡礼するもの多く、人其赫赫たる霊験を伝ふ。今尚巡礼寺院の名を存す。吾国名勝の地、往々観自在尊の霊地あるに似たり。（略）吾等は瀑下なる一小旗亭の園中に昼餐を終へて、大瀑に傍ふて上る。（略）

吾等はこの幽径を迂回し、前山の高地に上りて、山谷の幽趣を賞し、空林に嘯き、巌石に踞して、縦横の快談尽くるなく、薄暮漸く両友の寓に着して、胡瓜を割き日本飯を炊きて、満腹飽食、談弥快にして夜の既に闌なるを知らず、床に入れば窓に当る山頭半輪の缺月、蒼蒼然として林丘を照らし、湲々たる渓声絶へては亦起り、幽静人間にあるを忘れしむ。吾等は此夜、塵寰を離るる凡一千メートルの高林に眠りたるなり。

八月三十日朝。一行四名は蕭那坡（補、Schonach）より三駅を隔てたる寒村、ブッフェンベルヒにロイマン先生の閑居を訪はむとす。此地は吾両友が避暑の地に比して更に一層の僻邑なり。農家四、五十戸、林丘の間に散點し、牛肥へ麦秀で、果樹累々として実り、牧場菁々として豊に、村民鼓腹して田園の富を楽み、新に就りし新教の寺院に村の栄誉を傲ると雖、近代の文明的便利は甚多く此村に恩恵を与へず、翁媼子女依然として太古の遺風あり（略）。

同行四人は、村端の一客舎に就き、数塊の黒麪包と乾豚とに飢を癒し、庭前に横臥せる乳牛より新に乳を搾取せしめて之を飲む。粋美の味到底都府に見るべからず。食後村落を巡りてロイマン先生の閑居に至る。

先生の居は村内の一豪農の家なり。前面濶開せる麦隴を隔て遥に重々たる峰巒屏の如く列なるを望み、三辺は林丘起伏して数里に連り、牧歌相応し、鶏犬長閑に鳴きて真に田園平和の趣を極む。先生夫人令息と共に月余此地にあり。吾等が訪問を喜びて、歓待至らざるなく、机卓を牧草の上に安布して相談笑し、今、中学に業を修むる二人の令息は、其蒐集したる各種昆虫の標本を持ち来りて、人口もて卵子より毛虫を孵化し、毛虫より蝶と転化するの実地を説き、其標本を吾等の前に陳列し、甚得色あり。既にして夫人は茶菓の準備成れるを報じ、吾等は先生が書斎に就きて再たび談笑に興を加へ、先生家娘を呼びて曰く、「卿、何ぞ遠来の珍客に対して、此地の盛装を示さざるや」と。家娘乃黒森山処女の盛服を着け来りて、吾等に示す。花冠円筒形にして高きもの一尺計、各色の綵花玻璃之を装飾し、燦燗として人目を眩す。其状一向宗徒の盛儀に用ゆる「お高盛」に類す。衣服亦紅紫の流蘇色を雑へて頗異様なり。花冠の価凡そ二、三百マークといふ。凡そ此地一帯の処女婚嫁するあれば、各村の処女此盛装を着けて式に列なり、一夜踏舞して夜を徹すといふ。先生戯に家娘に謂て曰く、「卿が花冠の女友を宴せむ時の速ならむことを祈る」と。座客皆珈琲の大盞を挙げて祝酒に擬し、大に万歳を唱ふ。家娘嬌羞を発し早々室を辞して去りぬ。吾等が無邪気なる田園の半日は此の如くして将に尽きむとす。（同）

高原で色鮮やかに着飾った少女（メートヒェン）の恥じらいながらの踊りの様子、さながら夢幻劇のような光景が渡辺の生き生きした描写から伝わってくる。この少女の踊りについて荻原はわずかに「金髪緑眼の少女俚調を謡う」と短く伝えるだけである。

渡辺は続けていう。

ロイマン先生の寓にあるもの三時間計、先生は令息二人を従へて吾等をキヨエニグスフェルド（補、Königsfeld）に導かむと云ふ。乃ち相共に談笑して古城趾を過ぎ林丘を渡り、一時間余にして同地に達す。（略）吾等の一行は清潔にして快き小市街を散策し敬虔にして親切なる市民と街上に相揖して、街端の麦酒店に入り、ロイマン先生及其二令息と此処に閑話するもの少時、林、荻原の両氏はサントゲヲルゲン（補、St. Georgen）を過ぎてトリベルヒの帰路に就き、吾が老先生はその二愛児を携えてブッヘンベルヒに帰り、予と吉田氏とは留りてチーグレル先生を訪へり。

（同）

渡辺海旭・スイスでの学会に参加

渡辺はロイマン、荻原らと別れて、スイス・バーゼルで開催される万国歴史大会にひとり参加する。そこでパリのシルヴァン・レヴィやパウル・ドイセンなどに会っている。渡辺はドイツ語で「日本現在の宗教状態」（日本で改めて『新仏教』第六巻一号に発表したタイトルは「日本宗教界の現状と将来」）と題して研究発表をした。ひとりで果敢に発表したことを姉崎への手紙に、「盲人蛇を恐れず、吐出し得む怪気炎はドシドシ吐出せむ」と伝えている。その夕にはテュービンゲン大学のリヒャルト・ガルベ（一八五七―一九二七）などとともに会食した。

余は現時僧佉哲学の本據（オウソリティ）とも云ふべき、テュービンゲンのガルベ教授、維那（ウイーン）のシュレーダー教授及二三の神学者と一小卓を囲みて珍味芳醇に快談半ばはる時、火教の僧サンジャヤ来りて、亦一段の興を添えたり。会員は広壮なる屋中、電灯の彩火、晃々として百花芳を吐き、壁間の名画、灯光と相映じて甚盛観を極む。白髪の碩学、高徳の老僧、皆此中に陶然として酔ひ、怡然として喜び、午後十一時半の至り、園中の一大彩火の粧点を観賞し、各自主人の厚志に謝して、其寓に帰れり。

いずれも当時ヨーロッパ随一の学者たちであり、とりわけドイセンについて、

ドイセン博士は吾が姉崎嘲風兄の師にして二歳前、ハムブルヒにて嘲風兄に介せられて大に好遇を忝うしたるもの、優波尼沙土（ウパニシャッド）及吠檀多（ベーダンタ）の哲学に於ては欧米に於て先生と比肩するものあらず、先生講演の後、直にバーゼルを去りたるを以て、終に面会の機を失したるは、特に遺憾なりき。（『教報』六一八）

といい、姉崎自身へも書信を送った。

ドイセン先生は其講を終るの後、直にバーデンワイヤーの避暑地に去られたるを以て、開会一日を後れて行きたる僕はケムピンスキーの旧夢を温めて君の近時を話する能はざりしを深く遺憾とせり。ガルベ、シュレーダー、シーベク、ギメー等は何れも勃々たる元気なり。（『壺月全集』下、五五三頁）

と面会の機を逸し残念という。なおガルベはこの時四十七歳。のちに宇井伯寿がチュービンゲンで氏にインド哲学を学んでいる（テュービンゲンは南ドイツのシュトゥットガルトから電車で一時間ほど行った大学町。哲学者ヘーゲル、詩人ヘルダーリンがいたところ）。

ロイマン、荻原らとの避暑、それに学会参加、その後の懇親のありさまを渡辺は生き生きと伝えている。

黒田真洞著『大乗仏教大意』の独訳

浄土宗本校校長であった黒田真洞（一八五五―一九一六）は明治二十六年にアメリカ・シカゴで開かれた万国宗教大会の役員となり、その際自著『大乗仏教大意』を英訳した。それが好評でちょうどこの頃ドイツでも注目され、独訳が出版された。

黒田真洞老師著の「大乗仏教大意」が独国ライプチヒ府の独逸仏教伝道会（Buddhistische Mission = Verein in Deutschland）に依りて独逸語に翻訳せられ、続て大阪博覧会の際、第六教区の施本になれる「仏陀の光」が翻訳中とのことは、既に読者の知る所ならむか。同会にては右等重要なる仏教冊子を続々公刊して廉価に発売し、一ケ月二回ずつ公開講義を開きて、仏教の大意を演説し、月刊雑誌発行の挙も畧熟し、会員も続々増加の由にて、甚有望なる会なりと云ふ。会の有力者はブルノー・フライダンク氏及びカール・ザイデンスチュッケル氏にて前者には「仏教問答」「仏教及基督」等の甚有益なる小冊子の著書あり。後者は主として公開講義に従事し、ライプチヒ大学の学生等の間にも評判甚佳良なりとの事なり。

（『教報』五九八）

この本が渡辺海旭、荻原雲来らによって翻訳されたことは、この当時特筆さるべき出来事といっていい。この報告の二カ月後、著者である黒田の許に二冊目の独訳となった『仏陀の光』が届いた。

黒田老師の大乗仏教大意が独逸仏教伝道会の手にて独訳せられ好評嘖々たる事は既に読者の知る所なるが、今回亦「仏陀の光」の独訳同会より出たり。訳者は伝道会の驍将として名を知られたるザイデンスチュッケル氏にして製本其他非常の意匠を凝し、金縁の美本として発行せられたり。吾人は此挙に依って本宗の海外に宣揚せらるることを喜び並せて大阪寺院諸君の美挙が其目的を達したるを賀するものなり。因に本書黒田老師の手元まで一部到着したりと。（同、六〇七）

当時のヨーロッパではパーリ語に基づく原始仏教、また大乗については若干の仏典が校訂されていたが、大乗全般の教えとなると未知の分野であった。むろん黒田の概説書はよくまとまっていたこともあろうが、そうした局面で好評を博したと思われる。なおこの翌年（明治三十八年）、黒田は浄土宗大学学長に就任し、翌々年にはキャンパスを小石川から巣鴨に移すという手腕を発揮している。渡辺はこの本が、とりわけライプチッヒ大学の学生に好評という反響を伝えている。

学位授与式

当の荻原はもともと学位など取る気はなかった。そのことを渡辺は明治三十八年九月、次のように伝えている。

彼は勿論最初から「ドクトル」の学位などは眼中になかったのだ。勿論こんな児戯に類する看板が、真正の学者に必要な筈もないのだ。実際の所、彼の力量は紛々たる独逸の少壮「ドクトル」連に比して、どの位上だったか知れぬ。彼が師子賢(ハリバドラ)の大品般若釈論の研究の如き、彼の様な明晰な頭脳と、完全なる大蔵の智識がなければ、到底出来た仕事ではないのだ。称友(ヤショーミトラ)の倶舎釈論もそうで、論蔵智識の皆無なる欧州学者には一紙も読過することは出来まい。尤も吾宗学の為に祝してよいのは彼が瑜伽論の梵本を発見したことだ。是は確に仏教聖典史討究に一生面を開くべき大功績であると云ふても断じて誣言ではない。特に其発見した梵本が現存梵本中、最古に位するものの一であるのだから、彼の功績は一層大さを加えるのである(略)。

八月一日だった。彼はロイマン翁が重ね重ねの勧告に従ひて、形式的に「ドクトル」試験を通過することにした。彼と同時に試験に応じた各科独逸の受験生等は、絹帽と燕尾服に厳めしく身を固め、戦々兢々として試験場に上ったのに、彼は独り山高帽子に古きフロックコートを着け襟飾さへ雑色のものを用ひて茶会に招かれ様に「緑の卓子」（独逸大学では試験場に用ゆる卓子に緑色の布を掛けるのが古例だ）に着いたのだ。受験も極めて無雑作で、宗教史の受持某老教授の如きは、日本の宗教や、仏教などのことを一寸彼に問うて「御蔭で大分有益な談話を聞いてありがたう」と言ったそうで、是も丸で茶会といふ風だった。

（『教報』六六一）

これは博士論文の審査当日のありさまを渡辺が伝えたものであり、審査が終わった当日の祝宴は殷賑をきわめた。

其夜は久しぶりで沛然たる大雨だった。連日の炎暑にこの雨で疲れきって居る予が精神が蘇息した様な所へ、独有の受験が大満足を以て結了したので、余は何とも言えぬ愉快を感じた。其上吾がロイマン先生は特に其最愛の門生のために、此地在留の日本留学生は勿論、門生知己の人々を招いて、大学前の大料理店ゲルマニアの別室で、盛に彼が為に祝宴を開いてくれたのだから、予が喜悦は実に此上もなかった。ロイマン先生は主客杯を挙ぐる間に、独有が六年の精学と勤勉とを口を極めて賞嘆し、其上彼が「ドクトル」論文として提出した、瑜伽論梵文出版に関する顛末や、彼が積年の苦学蘊蓄を親切に記した刷物を来会の諸客に配布し、また広く欧州学壇の同僚に配布した。斯る厚意は固より特別の異例であって、門弟の「ドクトル」収得を賀する厚き此の如きは何処にも比類のないことであった。渡辺がいうには、他人を滅多に褒めないロイマンが荻原（独有は雅号）だけは絶賛した。

一体ロイマン翁は極めて勉強家で、学風も極めて綿密の人であり、軽々しく人に許さぬ側の人であるから、大抵の人はとても翁の賞嘆に価すると云ふことは出来ぬ。所が独有に対しては殆ど全幅の同情と称讃とを捧げて惜しまぬのは、全く彼が苦学と励精が非凡の為である。

（『壺月全集』下、三八五頁）

渡辺もこの日、朋友を祝って大いに祝杯をあげる。

予は固より独有の人物其物に対して親友として衷心の尊敬を捧げて居るので、学位とか称号とか階級とかには何の意味を持って居らぬ。が、吾々が仏教聖語の為には父とも云ふべきロイマン先生が非常に喜ばれて、何とも云へぬ満悦の色を浮べて愛弟の学位収得を祝せらるるのを見ると、実に嬉しくてたまらぬ。彼が学位は欧州第一流の学者が至愛至敬の記念として贈った勲章と見てよかろう。篤学温厚の老先生が賞讃と同情とを結晶せしめて衷心の喜悦から贈った記念品と見てよかろう。茲に於てか、予はこの特別の意味で、盛に彼が学位の収得を賀するのだ。かくて予は嬉しくてたまらぬので、衰弱した心身に害のあるのも委細かまはず、矢鱈にミュンヒネル麦酒の大杯を満引し、数本のライン酒をも打ち倒した。

（同、下、三八五―三八六頁）

渡辺もビールの本場ドイツで大ジョッキをあけ、ワインも数本飲み干した。

欧州学会での壮挙

荻原の学位論文となった『瑜伽論』「菩薩地」はその校訂がいかに困難であったかについて、それを実際に目《ま》のあたりにしていた渡辺は後日、次のようにいう。

彼がケムブリッヂの図書館で漢訳の瑜伽論と、一千年前の古貝葉とを対校して、驚くべき手腕を揮って、梵本の欠損を補足し、難句を通し、乱雑に堆積せる葉片を整理した技倆に至りては、白眉皓髪の老大家も唯、舌を捲て驚嘆するより外はなかった。

（同、下、三八四頁）

ここには「欧州第一流の学者が至愛至敬の記念として贈った勲章」とあるように、時の学者ベンドールをはじめ、同じイギリスのリス・デヴィズ、オランダのシュパイエル、ベルギーのプサンなどが絶賛し、その功績は高く評価された（同、下、一〇二頁）。

続けてこのようにいう。

眼のある学者連は夙に彼を畏敬して、窃に老学者を以て彼を遇して居った。「ケムブリッジ」のベンダヌル博士や「ガン」のプサン博士や「ライデン」のスパイヤー博士などは、現時仏教梵語学の大関横綱とも云ふべき人達であるが、彼に対して頗敬服して、時々著書を贈ったり質問をよこしたのである。ベンダヲル博士の出版した、近時の好書大乗集菩薩学論の序文や、附註を見るとこれがよく判る。吾がロイマン翁もまた彼を無二の愛弟とし、友人として彼が「ストラスブルク」にあるのを窃に誇って居った様だ。かくて彼は大学に一学生として籍を列ねて居たが優に無位の一教授であったのだ。彼にして若功名を欲することが急で、自ら売ることが巧であったならば、彼が名はとうに世界に知れて居たのであらう。然し彼は良賈の深く蔵して売らぬと云ふ流儀であった。十二分の力量を二三分しか露見せぬ人物であった。茲が彼が大に貴むべき所で軽薄自ら売ることの急なる今日、学者としての彼の品位は実に貴むべきものではないか。ロイマン翁が酷く彼を愛敬して居ったのは、無論彼が学問ばかりでなくこの奥床しい学者的の品格が確に其原因となって居る。

（同、下、三八四―三八五頁）

ロイマンも荻原のドクター論文を次のようにすこぶる高く評価している。

（略）荻原氏は比類ない精励をもって一、二年間サンスクリット書籍の訳読ともに学得した後、推敲を要する写本に自己の道を開こうとした。そうしてこの写本に向かって専心坐し、氏はわが大学図書館の全読書室使用者のなかでも有名であった。去年頭初の三ヶ月間、なかば事柄上、なかば個人的理由によりケンブリッジの写本を当地に借り出せない時、氏はその写本を書写するために、わが図書館を後にしてケンブリッジに赴いた。（略）荻原氏の踏み入ったのは全く新しくかつある意味で氏みずから発見した分野である。というのは、その写本は甚だ等閑に失した状態で、――現存の紙葉（Blätter）は大部分破損され、頁数がなく（unnumeriert）全く乱雑で順序のないもの――荻原氏のヨーロッパに将来した博識によって初めて現存の写本目録をもとに、漢訳文献中に原文内容を確定し得たものである。　（Referat über die Doctor-Arbeit von Unrai Wogihara.『荻原雲来文集』七七―七八頁）

写本が順序どおりでなく、乱雑をきわめたのを整然と校訂、解読した様子を伝えている。

渡辺はこの日に至るまでの荻原との日々を回想していう。

思へば永ひ間であった。予は五年といふ年月、彼と起居を同じくして仏教聖語の攻究に力めたが、彼が精にして専らに、力めて倦まざる非凡なる精力は、どの位予を警策したろうか。（略）学問の方では荒むことが甚しくて進境の頗遅鈍であった予が、今日尚一縷の光明を認めることの出来るのは、全く独有の感化である。此点から見れば彼は親友である計でなくて確に一の良師であるのだ。予が夜三更、（略）下宿屋の階上に昇り来るとき何時も、独有の窓には静に明かな書灯が点って居るを見るのだ。彼はかく学問の方面に円熟したのみでなく、道徳の方面にも非常に模範とすべき性格を、この六年の間に養ひ得た。彼が温厚の風や、謙譲の徳や、真摯にして多く語らぬが、幾多邦人の留学生をして君子人と

呼ばしむるに至った。（同）

荻原は勤勉であったばかりでなく、人格もすぐれ、当地では「君子」とまで呼ばれていた。

荻原、渡辺とともに同宿した医学生（足立文太郎）の話として、

私にはロイマン教授が先生か、荻原君が先生かと惑はしむる様な師弟関係で、ロイマン教授が断片を携へて荻原君の室へたづねて来ると、君は例の本箱の縮刷蔵経を引出して、色々と説明をなし、教授が納得して引上げて行かれるのが定例であった。教授は荻原君の為に、ロンドン大英博物館等から所蔵の資料を借出して、其の研究を指導資助して居られた。思ふに師弟相互に助け合って研究を進めて居たものと思はれる。（同、一三四頁）

とあるように、ロイマンは常づね弟子の荻原を「菩薩」と呼ぶほどであった。「君子」「菩薩」の呼称からも知られるように、当地での荻原の勤勉、誠実、真摯な行動が伝わってくる。

8　荻原雲来の帰朝

帰朝の途

留学期間を二年延長した荻原は一九〇五（明治三十八）年八月、いよいよ帰朝すべくイタリアのゼノアから乗船した（往路の際も、ここからシュトラースブルクに入っている）。

一九〇五年八月、荻原は帰朝に当たってドイツから日本に次のような一文を寄せた。

（略）本邦は目下未曾有の兵馬倥偬の折にて随て宗教界も百般の方面に其影響を受け多事の儀と存候。小衲殆んど六年に垂んとする歳月の間、主として南北仏教の研究に力を竭し、其源泉たる聖典原本の研究に従事致居候。尚、帰朝後には西蔵経典をも対読し得る様致度、現存せる世界の経文を比較研究し以て根本的に仏学界の薫蕕を弁折し仏学の大方針を講じ、純聖教の顕揚の一助たらしめんとのみ竊かに希望する所に御座候云々。

明治三十八年八月十日　在独乙ストラスブルヒ　荻原雲来

（『教報』六六二）

内容は日本では日露戦争の影響で多難であろうことから始まり、六年の留学中は南伝、北伝仏教を中心として原典研究に打ち込んだこと、帰朝後は加えてチベット所伝聖典をも解読し、邁進する所存というものである。

十月八日　横浜港到着

一九〇五年四月から浄土宗大学学長に就任した黒田真洞は、荻原の帰朝を歓迎して「荻原雲来師の帰朝に就て謹て宗侶に告ぐ」と題する一文を『浄土教報』に載せた。直接荻原にふれる部分をあげるとこうである。

（略）、七、八年前荻原、渡辺の二師一宗の輿望に推されて欧州に留学せり。宗侶は特に深く記憶するところなり。将に其功成りて帰朝の期酷た近きに在り。二師が研究するところ一言にし云へば、名利の研究にあらず、仏教の真理を研究して我々後進の者へ其真理に接触し開解悟了せしめんとの意に外ならず、世間の新智識を輸入して宗教界、文学界に衒ひて人を驚かさんが為にあらざりしなり（ここにはシュトラースブルクから送った先の荻原の帰朝に当たっての一文があるが略す）。此一節師平生の志望と其人格の一班を窺ひ得べし。其言の師に在て特に一段の光彩あるを覚ゆ。師の篤学篤行二十年来終始一日の如く其造詣の深遠なる私の言を俟たず。其抱負の偉大気力の豊富、洵に凌霄の勢あり。僧中の獅子と称して可なり。（略）則、宗侶は荻原師の帰朝を歓迎するの情を以て飽までも師を邀へ、師を遇し永久の更変するところなく、師が行動を自在ならしめんことを請はんと欲す。又師が帰朝恰も戦後に属す宗侶は望を師に属するに紛々たる俗事を以てせざるは勿論の事、将に聖者を以て遇せられんことを希望す。

宗侶が人を邀へ、人を遇する唯に一荻原師のみならず将に来るべき渡辺師其他、新進の学者及偉人に対し同一の雅量を以て之に接し、蛟龍をして遂に池中を脱せしめざらむと宗の為に之を望む。目下の情勢弥々切なるを感ず。（同）

当時、浄土宗内でサンスクリットやチベット語をもって仏典研究をする者はむろん皆無であり、荻原は名利のためでなく真理の研究をなし終えて帰朝するゆえ、「聖者」のように丁重に迎えるべき、という主張である。

浄土宗大学教授に就任

帰朝した荻原はさっそく浄土宗大学の教授に任命される。このポストはすでに洋行以前からのものであった。この時、ドクトル、フィロゾフィーエ、擬講という肩書きであった。

ただちに帰国の歓迎会が清国の宗教視察に向かう黒田、井原と合同の形で開催された。

荻原氏の新帰朝を歓迎し、黒田（真洞）、井原（法従）両氏の渡清を送らむ為め、在京学友相集り、去十三日午後二時より芝浜の某旗亭に送迎の宴を張りたるが、当日相会するもの三十六名、松濤氏の歓送迎の辞、黒田、荻原両氏の挨拶、道重其他会員三五の演説あり、学窓を出でてより幾年相会せざるもの、一堂に集りしこととて歓談清語時計の進むを知らず。斯くて各自歓を罄して、思ひ思ひに退散したるは午後八時過ぎなりき。

（『教報』六六六）

この歓迎会は午後二時から八時まで六時間に及ぶという盛会ぶりである。東京で帰朝の歓迎会が再び盛大に開催される。

会場となった両国回向院では国旗、仏旗が交互に飾られ、国歌斉唱の後、そこに荻原が入場して大喝采の歓迎となった。

洋々として起る奏楽裡に荻原氏は起つて極めて謙遜なる態度を以て、賞賛の言は溢美なる旨を演べて、感謝の意を表せられたり。是より酒は益々進み、興は愈愈湧く。此間、三五の祝歌並に祝辞演説あり、終って余興に移り、成田屋良坊、三遊亭右円次の落語、奇天斎栄一の手品ありて、歓殆ど極まらんとする頃、一先閉会を宣して荻原氏を胴揚にして万歳を唱え、主賓退場、以下思ひ思ひに退散したるが、途中廊下には歓迎の文字を独英仏三国語にて顕はせし幻燈にて客を送れり。来会者百三十名以上に達し、久保田氏指揮の下に少年音楽隊は奏楽清興を助けられ、非常に盛会を極めたり。（同、六六八）

この会場では落語、奇術の余興があり、胴上げ、万歳まで唱えられた。提灯には独英仏の三カ国語で歓迎と書かれ、少年音楽隊の演奏まであり、一宗あげての国賓並みの盛況である。

京都での報告会

荻原は日を改めて、祖山参拝に向かう（『浄土教報』六六八号）。ドイツ出発時における知恩院門跡は野上運海（一八二九―一九〇四）であったが、帰国時は山下現有（一八三二―一九三四）であった。

荻原は早速祖廟（知恩院）に参拝、その後、鹿ヶ谷にある浄土宗大学で数回にわたる講演をした。

日を改めて知恩院では大殿、諸廟に参拝の後、大方丈で猊下、黒谷吉水法主、同窓学友、市内有志寺院七十余名とともに茶話会が開催された。席上、吉水法主は猊下からの賞辞を朗読し、賜物を授与した。その後、荻原はドイツでの生活、梵語研究のありさまを演説し、閉会となった。

引き続き、丸山公園の吉野家で昼餐会となり、郁芳、井上（徳定）、神居、樋口氏の祝辞があり、最後に土川氏の発声で浄土宗万歳を唱え荻原氏の健康を祝して、夕刻五時頃の解散となった。

浄土宗大学での講演の具体的な内容は、『浄土教報』六七二号に荻原自身による報告がある。その見出しを示すと、（1）仏教の歴史的来歴を知る事、（2）翻訳の意の不明なる所を明瞭にする事を得、（3）翻訳の誤謬を正す事を得、（4）言語学上の利益、とある。

これについて『浄土教報』では次のように報告している。

仏者も仏教経典の原語たる梵語は必ずや研究せざる可らず。我が浄土宗は梵語学者たる荻原師を得たるを幸ひ、浄土宗大学に梵語学講座を設け独逸ストラスブルヒ大学にロイマン氏ありて梵学隆名、世に顕はるるごとく東西相対比して梵学の隻美たらんこと望む。師の講演畢りて学生の催しに係るビール会に出席し、学生の演説及び余興あり。最后に浄土宗及荻原師の万歳を唱へて解散せり。

これは仏典を読むうえで以後梵語を学習すべきこと、とりわけ浄土宗では荻原氏を得た以上、浄土宗大学はシュトラースブルク大学と並んで梵語研究のうえで東西に花咲くよう願うとある。

賀宴はその後も毎日のように続いた。

午后は医科大学教授、医学専門学校教授等の在独学友の京都ホテルに開ける晩餐会に出席

せり。　　　　　　　　　　　　　　　　　　　　　　　（同、六七〇）

シュトラースブルクにいた頃は、医学を学ぶ日本人留学生も多かった。その人たちとの祝宴である。

拾日拾一日は獅子谷法然院及智積院瑜珴僧正、泉涌寺鼎僧正等を訪問して将来の梵語経典及貝葉等を探求、

拾二日は京都大学の博士諸氏と共に三尾に紅葉を狩り、

拾三日は午前西加茂神光院に和田知満和上を訪問して将来の梵語経典等を尋ぬ。

拾四日午后、京都を発して大阪に向はれたり。

同師滞京中は寺町頭、上善寺に宿泊せり。因に同師は拾四、五両日大阪教校に滞在、拾六日、和歌山に墓参して帰東の予定なり。　　　　　　　　　　　　　　　　　（同）

荻原が京都滞在中の宿は鞍馬、賀茂川近くの上善寺であった。ここは門跡引退後の野上運海が隠棲していた元天台真盛宗の大きな寺。その後、荻原は生まれ故郷の和歌山に赴き、土橋家の墓参りをしている。

京都大学での歓迎会

京都大学でも歓迎会が開かれた。

於京都大学専門科荻原師歓迎会

外には曩に渡辺師が満腔の熱誠を以て推称して之れを送り、内には本宗の元勲たる黒田老師が僧中の獅子と称嘆して汎く宗侶に告げて以て大に之れを迎へられし荻原雲来師は悉達太子ならねど、勤苦六年の功空しからずしてドクトル・オブ・フィロゾフィー、てふ錦衣を纏ふて目出度帰朝せらる。

（『教報』六七〇）

ここでは留学の六年間はブッダが修行した期間と同じであり、そうした苦行を終えて哲学博士になったとある。

師が入京祖廟に詣づるの日は定かならねど、六七日の事なりと、生等畏敬すべき師の入京を千秋の思に住して七条停車場に歓迎せんと欲せしも、九日と云ふに已に師腕車を飛ばして来校せらる。而かも師東西歓迎会に接する頻々殆ど余暇なしとの事に俄然、十日午前中に歓迎会を催す事とせり。

歓迎当日は大学前及玄関には国旗、仏旗を交叉し、講堂入口には会場なる草花にて造りし文字の扁額を掛け、室内には中央に松に黄白の菊花を以てせし大活花あり。周囲には机椅子を以てし、天井の四周亦環らすに日英米同盟国の国旗あり。佳賓正面の彼方には菊花を以て歓迎の文字を顕はせる大額面を掛け、其清楚にして華美に衒はざる装飾に至ては自惚ながら学生の一夜の技倆としては感服すべく将た如何に師を憧憬して熱心に歓迎せしか其丹精を知るべし。　　　　　　　　　　　　　　　　　（同）

この日も英米ならびに日本の国旗、仏旗を飾っての歓迎ぶりである。

時辰器鏘然十時を報ずるや待ち受けし佳賓荻原師は、先づ仏前に三拝し、次で講堂に於て梵語研究の価値に付て講演あり。身て主賓設けの席に着するや、此間奏楽、総員起立、「君が代」三唱、次で学生総代の開会の辞、終て酒三行、続で三五の祝辞、演説、祝歌等ありて各熱心に祝意を弁ぜられ、或は後進の生等を提撕せられん事を希望するありて、献酬酣なる時、師起って本日の会の極めて質素なる所謂一盞のビール一個の林檎の祝宴は、軽薄者流の酒池肉林の馳走に勝れる萬々なりと、且つ賞賛の言は溢美にして博士等の世評あるも、之れ彼大学受験者の当然得る所にして、決して過称すべきにあらず、唯我帝国大学の学士の称号なると彼の大学の学位なると異なるのみ、何ぞ誇るに足らんと、謙譲せられしは実に生等をして「下れは下る程人の見上くる藤の花」の観ありき。

尚、師曰く、予は多少語学の素養ありし故、選ばれて海外に派遣せられしも之れ各分業にして内地には又それぞれ内典外典の研究者あり。然るに今独り賛辞に与かるは甚だ痛心に堪へずと。之れ師の師たる所以にして生等大に景慕に堪へざる所なり。猶、師は談笑の間に彼の地の風土風習の特徴等物語られ、又余興としてバイオリン等もありて頗る盛会、主客歓を罄して時の移るをも知らざりしか、午後一時を報ずるに驚き、無事閉会したり。

（同）

このように京都でも東京同様、盛大な歓迎を受けた。京都でのこの歓迎会（十七日）の主催者は、若き日イギリスに学んだ大谷教校の南条文雄（この時、五十一歳）、荻原、渡辺とドイツでも会った帝国大学教授姉崎正治、浄土宗大学長黒田真洞の三氏であった（同、六七四）。

渡辺海旭が洋行する際には十数回の送別会が開催されたということはさておき、当時の状況からみて荻原がいかに当時の仏教界、仏教学界を挙げて盛大に歓迎されたかがわかる。

9 荻原雲来の人と学問

学問形成

荻原の師僧は布教の泰斗にして浄土宗東京支校教授（のちに本校校長）荻原雲台（一八二八―一九〇三）であった。荻原は長じてこの浄土宗東京支校に入学、その後本校に進んだ。そこではのちに「三羽烏」と呼ばれる渡辺海旭、望月信亨と同級であった。荻原が仏門に入ったのは十歳、渡辺は十四歳、望月は十一歳であり、いずれも出家としてはゼロからの出発であった。

浄土宗が海外留学生制度を発足し、その第一回留学生として選ばれたのが荻原である。師荻原雲台は出発に際してただ一言「持戒堅固であれ」といっただけであったという。

荻原はシュトラースブルクで下宿にいなければ大学の図書館にいるといわれるほど、勤勉な毎日を送った。師であるロイマンは荻原を「菩薩」（Bodhisattva Wogihara）とまで呼び、のちにロイマンに学んだ日本人留学生たちの口からも、ロイマンが荻原をそう呼んでいたことを伝えている（同時期に留学した渡辺海旭もやはり「菩薩」と呼ばれていた）。留学中、荻原とほとんど宿を共にした渡辺によれば、「彼はかく学問の方面に円熟したのみでなく、道徳の方面にも非常に模範とすべき性格を、この六年の間に養い得た」とし、また「温厚の風」「謙譲の徳」「真摯」であったともいう。寺出身ではないが同時期に洋行した姉崎正治もいう。「黙々として静坐し、兀々として読書、執筆する。此が自分の印象に残る荻原君であった。

（『荻原雲来文集』一〇七頁）

当時、シュトラースブルクには医学の日本人留学生たちもいて、荻原はかれらから「君子」と呼ばれていた（『教報』六六一）。その一人、医学生足立文太郎がいうには、ある時点から師であるロイマン、荻原の二人のいずれが先生なのかわからないほどであったという。

私にはロイマン教授が先生か、荻原君が先生かと惑はしむる様な師弟関係で、ロイマン教授が断片を携えて荻原君の室へたづねて来ると、君は例の本箱の縮刷蔵経を引出して、色々と説明をなし、教授が納得して引き上て行かれるのが定例であった。教授は荻原君の為に、ロンドン大英博物館等から所蔵の資料を借出して、其の研究を指導資助して居られた。思ふに師弟相互に助け合って研究を進めて居たものと思はれる。

（同、一二四頁）

これは漢訳仏典の読めた荻原の許にロイマンがサンスクリットに対応する漢文の検索に頻繁に訪れる姿を目《ま》のあたりにした印象であろうが、しかしそれだけではなかったろう。

荻原の学風、生活態度までロイマンと酷似していたという伝聞もある。

その学風、態度は全くロ教授の再現としか思えず、二教授に親しく手を取って戴いた私などは、その性格の大部分までが、余りに相似して居るのに一驚を喫して居るのである。一子相伝と雖もこれ程瀉瓶の妙は伝へられまいと思へる。随って若し荻原先生が時代を異にして居られたならば、人はこれを眺めてロ教授の生れ変わりと云ひ得やう。

（大橋戒俊「ロ教授の眺められた荻原先生」同、一〇五頁）

ここには「一子相伝」とかロイマンの「生まれ変わり」とまである。これも荻原に対する単なる敬意だけであったとは思われない。

一方、ともに浄土宗から派遣された渡辺海旭といえば社交的でドイツ社会に溶け込み、街を闊歩する日々を送ったと渡辺自身がいう。

予が三更、田舎政客と論談し、乱暴なる露国学生と飲み、教会の不平党とカッフェー店に気焔を吐いて盛に専制的風潮を痛罵し、教権主義に憤慨して、帰って来るときも、「ニューベルンゲン」の大楽劇に恍惚として声曲の妙に自らなるジーグフリートの独吟を禁ずることが出来ずに下宿屋の階上に昇り来るとき何時も、独有の窓には静に明かな書灯が点って

居るのを見るのだ。（『壺月全集』下、三八六頁）

もっとも渡辺といえども当地で学位論文となった『普賢行願讃』を始めとして、きわめて多くの業績をあげている。その業績は、

密教発達論、孔雀王経の研究、毘沙門天王経の研究、翻訳名義大集、ヘルンレ教授の東洋古文書の解釈に力を貸す、ワレザー教授の中論の独訳に際し漢訳を担当。

（『荻原雲来文集』三九頁）

などがあり、ロイマンが渡辺をも「菩薩」と呼んだわけが知られよう。

荻原より七歳年下の椎尾弁匡はのちに荻原、渡辺の二人を対比していう。

壺月（補、渡辺の雅号）と提携同学するも、傾好必ずしも一ならず、一は慎密、他は奔放、一は専深、他は広汎、君が書斎に精読する時、他がビールの満を引きて世界を論ずることも少なくなかった。

（同、一一二頁）

帰朝後

荻原は帰朝後ただちに宗教大学の教授に就き、サンスクリット、チベット語、パーリ語、ドイツ語の講義を始めた。宗教大学にはすでに仏教学研究室があったけれども、これとは別に新

たに聖語学研究室を立ち上げた。別立てした理由は仏教の基礎的研究と国際的学術貢献を高めるためという（同、一二八頁）。

教育面では、短期間であるが芝学園の校長、そのほか淑徳高等女学校の校長を歴任した。寺の住職としては帰朝直後から師僧の後任として浅草の誓願寺（関東大震災後、多摩に移転）住職を務めた。社会事業（当時はキリスト教の慈善事業に対してそう表現した）についても、渡辺、矢吹慶輝などとともに力を入れた。すなわち荻原はこの方面でも仏教精神に基づく社会活動を実行したのである。これは渡辺からの強い影響であろうが、大乗仏教でいう菩薩の精神を社会的に実践したものにほかならない。

出版

荻原の学問の分野における業績は空前のものであった。数多くの仏典の校訂出版、翻訳はいうに及ばず、それ以外にもサンスクリット文法書の出版があげられる。シュトラースブルクでの基本的文法書はシュテンツラー（一八〇七―一八八七）のものであった。当時の日本にはパーリ語に関してはわずかに高楠順次郎による『巴利語仏教講本』（もっともこれは例文と簡便な文法、索引）があるにすぎず、ましてサンスクリットのものなど存在せず、そこで荻原が著したのが『実習梵語学』（大正五年刊）である。この本はのちに辻直四郎が『サンスクリット文法』（昭和四十九年）を刊行するまで、約六十年の長きにわたって重宝された書である。

梵語辞典の出版も企画した。当時、宗教大学では明治三十九年から望月信亭が学会の総力を挙げて仏教辞典（のちの『望月仏教大辞典』）を編纂しはじめていた。荻原は梵語辞典もそれに劣らず重要と考え、当初の計画ではヨーロッパ随一のベートリンクの『サンスクリット大辞典』（*Sanskrit-Wörterbuch*）を範とした（渡辺海旭「荻原還暦記念論集序」）。だからその企画意図は壮大なものだったといえる。むろんこれも一朝一夕に完遂できるものではなく、その完成は氏の没後、ずっと後の昭和五十三年のことであった。

学風

荻原は厳密な原典研究を貫いたが、そうした中で、荻原自身がその注釈を校訂した『倶舎論』を「学者の玩弄物」（『哲学大辞書』）と断じている。荻原は帰朝後、ロシアのシチェルバツキーの発案によりイギリス、ドイツ、ベルギーの学者らとともに『倶舎論』研究の国際的プロジェクトを立ち上げている。その立案に沿ってその後『倶舎論』の原典を中心とした多くの業績がそれぞれの国で続々と発表された。多くの成果を知ったうえでの発言である。日本でも『倶舎論』という教理書に対する古来からの研究はあったものの、大半は注釈に注釈を重ねるという訓詁的なものであったといっていい。荻原の発言は教理研究が深まれば深まるほど細密となり、民衆から遊離することを突いたのであろう。その一方で『般若経』に対する厖大な註釈書『現観荘厳論』の校訂を遂行した。荻原がこのように大部な『現観荘厳論』の校訂を決意するに至ったいきさつは、

帰朝後早々出版する予定なりしも、機縁未だ熟せず、今日まで篋底に蔵めありしが、余生幾何も無き今日にして尚此ままにして置くは、レヴィー教授の好意を空ふし、恩師の期待に背き、且又学会に不忠なる所以なるを惟ひ、意を決して出版刊行を企画、……。

（『荻原雲来文集』七二四頁）

という。すなわち師との約束をいまだ果たせず、「不忠」を恥じて意を決して遂行したという。

荻原の研究分野は原始仏教（『法句経』、ニカーヤ）、アビダルマ（『倶舎論』注釈書の校訂翻訳）、中観（『現観荘厳論』）、唯識（『瑜伽論』菩薩地）などと仏教学の大動脈を網羅するが、師ロイマンが授業でとり上げた仏伝、とりわけ大乗の馬鳴（アシュヴァゴーシャ）作『ブッダチャリタ』の研究には従事しなかった。この写本は当初パリ国立図書館にあったものをマックス・ミュラーがイギリス留学中の笠原研寿をパリに赴かせて書写させた（笠原はそれを不眠不休で書写し、体調をこわす遠因になった）ものである。すでに荻原留学前の一八九三年にはカウエルがその校

訂本を出版していた。しかしもとの写本が不完全であったため、その後もロイマン（二度にわたる）、キールホルン、シュパイエル、リューダース、フィノー、ホプキンスらが次々と論稿を発表していた。この『ブッダチャリタ』についてはむしろ渡辺海旭のほうが論文（英文）を発表した経緯がある。

学への信念

荻原の学問に対する厳格な姿勢は他人の研究にも向けられた。相手から反論があればこれに再三批判を加え、その論争は激しさを増した。たとえば、高野山大学で教鞭をとった長谷部隆諦が著書『梵漢対照般若理趣経和訳』を出版すると、荻原はそれに批判を加えた。二度目の批判の末尾には、

これで兜を脱で降参すればよい、若し尚ほ抵抗するなら、天に向って唾するも同じことだ、但し其は御随意だ、そして暇があったらまた其につきて書く、多罪多罪。

（『荻原雲来文集』一〇二〇頁）

と、「抵抗」せず「降参」せよとある。批判を受けた長谷部は再度インドに赴き、失意のまま当地で没してしまった。

あるいは『大唐西域記』をめぐっても京都帝国大学の当事者と少なくとも四回にわたって論争している。具体的な論争内容は主にインドの地名、人名、教理に関する音写語についてであるが、論争相手の京都帝国大学側はたえず匿名を通した（京都大学名誉教授桑山正進氏の御教示によれば、相手は羽田亨だという）。そのため荻原は名を挙げよといい、さらに梵語に関しては貴大学に敬服する榊（亮三郎）教授がいるではないか、と激しく論争した。

また宗教大学で性相学を講じていた加藤精神とは『倶舎論』の教理（業感縁起や極微論）の解釈をめぐって論争した。荻原は聖語学、加藤は仏教学とキャンパス内の研究室は隣同士であったが、論争は誌面において堂々とわたりあった。荻原の批判がつねに舌鋒鋭かったことについて、氏の没後、河口慧海は次のように回顧している。

博士は前記の如く篤学求知のみの人なりしかと云ふに決して然らず。斯学言論界に於ける破邪顕正の一大勇将にして、鋭利の筆を文殊の剣の如くに揮ひ、謬解邪会を破析して余す所なし。（同、一三七頁）

「勇将」にして筆を剣のごとく揮い、誤謬を破砕した。それゆえ批判された相手側からみると、荻原雲来博士の批判は秋月よりも明瞭に、秋霜よりも冷酷なりと。これ余（河口）の一家言に非ず、博士より厳酷なる批判を受けし或友人は余に云ひしことあり。荻原の頭脳は北極の氷山よりも猶冷酷なりと。

とあるように、徹底して冷酷ととられた。「徹底性」(Gründlichkeit)はドイツの学問研究の一特質であるゆえ、その意味で荻原は留学時にドイツの学風を体得したといえよう。渡辺海旭は荻原のこうした徹底性を評して仏典の『無量寿経』にある「深を窮め奥を尽くしてその涯底を究む」の語は、まさに荻原に通じるとした(『荻原還暦記念論集』序)。もっとも荻原は洋行前の二十五歳の時、すでに一歳年上の林彦明と因明論について再三論争していた。そうしてみると学問に厳しかったことは、氏の気質に根ざしていたこともあったろう。

友情

渡辺とともに「三羽烏」と呼ばれた、望月信亭と荻原との関わりについての資料は思いのほか少ない。わずかに望月が大辞典発刊を企画した時、発起人の一人になってもらったというくらいである。望月は浄土教に関する大部な著作を数多く著し、サンスクリット本『無量寿経』『阿弥陀経』への言及も『浄土教の起源及びその発達』『浄土教の研究』(大正十一年)のうえに確かに認められる。しかしながらサンスクリット本については前著で『無量寿経』にみられる本願の数が四十八でなく四十七とふれるだけであるし、後著でも「近代梵文無量寿経が尼波羅国に於て発見せられたる事実」(七三頁)とあるだけで反応がないも同然である。すなわち両書にはすでに出版されていた南条文雄の校訂本や荻原との接点は何も認められない。当時、浄土教研究としてもっとも大部で、高い評価があったはずの『浄土教の起源及その発達』ではあるが、サンスクリット原典と漢訳との比較検討が等閑視されたままである。そこにはサンスクリット原典にはいっさいふれないという望月のかたくなな信念が伝わってくる。いうなればサンスクリット原典との距離だけでなく、同僚であったはずの荻原との人間的距離までが透けてみえる。

他方、荻原と渡辺との友情は生涯にわたって変わることがなかった。最晩年、渡辺は自身の病が重かった（死に至る）にもかかわらず、病いに臥した荻原を見舞う。荻原は先に没してしまった渡辺を追悼していう。

最近君が病に臥すや小生亦病院に在り、一杯の氷果、一椀の菜羹、頒つて一々病院に持参せしめられ、自身病蓐に苦むを顧みず、小生の病状を憂ひ安否を訊ねらる。而して今や憂へられたる者恢復し、憂へたる者逝く、痛恨何ぞ勝へん。（『荻原雲来文集』四〇頁）

ここには自身の重い病いも顧みず、いつも何らかの見舞品を持参しながら来てくれたとある。渡辺の葬儀の日、荻原は発熱していた。荻原は医者（ドイツ時代に同宿したことのあった足立文太郎、〈『荻原雲来文集』一三五頁〉が止めるのをよそに出席したほど、この二人の間には生涯にわたる友情のあったことが知られる。

荻原の没後も、その評価は高かった。荻原、渡辺ののちにロイマンに師事した神林隆浄は荻原を「日本の仏教界の国宝的人物」「世界の仏教学者の重宝」（『荻原雲来文集』一四五頁）と評したが、これは決して誇張ではないであろう。

土井晩翠は一九〇一年、二高の教授を辞めてイギリスに出発し、荻原、渡辺、姉崎らと当地で一時期、交遊（姉崎と土井とはロンドンでは隣り合わせの建物に住み、窓越しに話し合ったという）があった。その土井が荻原を追悼して次のような弔詩を捧げている。

亜細亜大陸　風雲の荒るる昭和十二年　寒光凝ほる十二月
釈氏の忠臣　稀世の耆宿　梵語学界一等星　荻原博士逝く
二十五菩薩　来迎の紫雲に乗りて　迷海のあなた
浄土に光栄の門出尊し　今さらに何をか嘆く　然れども
情は煩悩の暗に泣く
四年のむかし　迷海の彼岸にゆける　海旭師諦誉上人壺月師を悼める博士下炬の文
「乞ふ　速かに還り来りて　人夫ひとしく度せよ」とぞ

その言ひとしく　今ここに　雲来博士尊霊の前に謹み　今捧ぐ

「四年のむかし」とあるのは渡辺海旭の死去の年であり、その際も土井は渡辺に弔詩を捧げている（渡辺海旭のプロフィール、一二二頁参照）。

荻原は教育界、社会事業でも多くの足跡を残したとはいえ、何にもまして学問一筋の生涯であった。現在に至るまで氏の仏教学における学業は抜きんでているし、当時、東京帝国大学助教授で宗教学専攻の矢吹慶輝は荻原を「活き字引」とまで評している。

教授は夙に語学の天才で、英、独等欧州語は勿論、梵、巴、蔵、漢に精通され、「活き字引」といふ言葉は最も同教授に相応しい名称であった。（『荻原雲来文集』一二九頁）

同時代の東京帝国大学教授高楠順次郎はそれまでの日本にない新分野としてインド哲学と仏教研究一般、同じく帝国大学教授であった姉崎正治は原始仏教の分野を日本に定着させた一人であった。これに対し、荻原は最晩年に至ってもパーリ語『ダンマパダ』の翻訳（岩波書店）を出版したほどであり、生涯にわたって写本解読、原典に基づく仏教研究を遂行し続け、他の追随を許さなかった。留学先のドイツでは「菩薩」「君子」と呼ばれ、帰朝後も学問上で相手を論破（仏教でいう「獅子吼」）し、生涯カイゼル髭をはやし、七条衣を着けた荻原。その生きざまはまさに菩薩の本領たる「勇猛精進」そのものであった。

10 渡辺海旭のドイツ

渡辺海旭は現在では、「教育者」「社会事業家」としての印象が強烈である。

しかし若き日には、ドイツ留学中といえども、日々の生活を存分に謳歌していた印象がある。たしかにロシア共産党の学生（露国革命党の健児）や「社会党の田舎政客」「乱暴なる露国学生」と飲んだり、政治にも一家言あったことなどによろう。しかし留学中、荻原に劣らず研究にも邁進したことは、以下の動静からもわかるであろう。荻原が日本へ送った手紙を含む報告は、いずれも「官報」さながらの必要事項のみの性格を帯びているが、渡辺のそれは当地で見聞するあらゆる分野に及び、日本へ送った情報はきわめて多い。そこでここでは当地での、主として渡辺の勉学に関するものだけに絞ってみていこう。

シュトラースブルクの下宿

明治三十三（一九〇〇）年五月、渡辺は讃岐丸に乗船し、シュトラースブルクに向かった。先に出発していた荻原雲来の九カ月後である。まず落ち着いた当初の宿は、

小弟の家は夫のミュンステル高塔の直下にあり。イル河畔に臨みたる一小古屋にて目下大洋病院長たりし望月医学士も同宿致居り。（『壺月全集』下、五四七頁）

と、街の中心にあるミュンスター大聖堂の真下でありイル河の見える建物とある。しかし翌月には、

来月下旬より荻原君と共にロイマン博士の家に移転する筈に候。（同）

と、荻原と一緒に師であるロイマンの家に下宿するとある。宿に関しては翌年五月には、

吾が南独の僑居は、西向の一室で、大学植物園の枯池を眼底に瞰下し、枯樹千木重なり合へる中、天文台と理化学の教室とを隔て、遥に一百四十メートルのミュンステル大高塔を雲霧の間に望むのである。（同、下、四一一頁）

と、大聖堂を遠望できるところに移っている。そこから大聖堂を見ると、陽が当たれば「黄金の光につつまれ」「崇高美妙」と感嘆し、仏教の観法にちなんで自分の住まいを「日想観楼」

と命名するほど満足したさまが伝わってくる（この書信そのものの題が「日想観楼雑感」である）。

渡辺から見た師ロイマン

渡辺の師は荻原と同じくシュトラースブルク大学教授エルンスト・ロイマンである。留学当初の師の印象は、

博士ロイマン氏は実に親切なる人にて万事善く世話致し呉れ学者として忠実なるは感心の至りに候。（『壺月全集』下、五四七頁）

と、非常に親切なことに感謝している。師に対する見方は留学二年目（明治三十四年三月）であろうと、

ロイマン博士は隔日態々生等の室迄来られ懇切に種々指揮され候。篤学後進を提撕するの厚き、感服の外なく候。小弟此間例の如くぼつぼつ梵学の研究罷在候。（同）

とあり、一日おきに部屋まで来てくれるほど親切、と感謝している。ただ三年目になると、

ロ翁は秋中神経痛にて悩み居たるが今は快方なり。相変らず勉強にて世話の焼すぎに聊閉口なり。（姉崎への書信、同、下、五五七頁）

と、親切を通り越して世話を焼きすぎると不平を漏らしはじめている。

留学一年目からさっそく梵語の授業を受けはじめた。科目は梵語入門、『リグ・ヴェーダ』、仏伝文学（『ブッダチャリタ』）、カーリダーサ作『雲の使い』（詩作品）などである。当初からバラモン教の根本聖典、仏伝、文学と多彩である。『リグ・ヴェーダ』などは語学的にかなり高度なものであるが、しかしその授業も受けている。

留学一年が経った明治三十四（一九〇一）年五月の日本への書信。

朝から晩まで古梵経を読む外には用もないので、之と言ふ珍談奇話はないのに限って居るが、眼に見耳に聞くことの数々は、遠来の孤客に取りて、どんなに感情を起さすだらう。

（同、下、四一一頁）

ここには日々、見聞するものすべてが心をとらえるとある。日曜日にはしばしば教会に出かけている。

日曜日には耶蘇寺に行って説教聴聞と出懸けるが、何だかやり方、口調、技術などの点から云ふとズット日本の和尚様の方が御上手の様だ。だが、其の品位のあることに至ると哀しいかな、碧眼和尚の方が十段も上の様だ。之らは学識にも拠る、品行にも拠る、言行の一致といふことにも拠る。実行上社会に尽して居るからにも拠るだらう。

（同、下、四一四頁）

説教に関しては牧師より日本の僧侶のほうがずっと上手であるが、品位の点では牧師のほうが数段上とみている。

明治三十四年十月

此の週に入りて雨甚だ多し。緑樹陰森たる処自らさみだれの趣も有之候。此間シャクンタラを初め候。鉤章棘句に頭を痛むる事少なからねど、又情趣津々として捨世味も有之候。此一年も半既に過ぎ、此夏は師に従ひてシュワルツワルドの山中に村翁と語らんか。

（同、下、五五九頁）

留学して一年半経った夏学期から、ロイマンは授業でカーリダーサの『シャクンタラー』（カーリダーサの最高傑作といわれ、純情なシャクンタラー姫の指輪と仙人の呪詛についての戯曲）を読みはじめた。この報告は姉崎正治（一八七三―一九四九）に送った書信に記した一節。渡辺は留学中、他の誰にもまして姉崎に丁重で長い書信を送り続けている。姉崎は渡辺より一歳年下であったが、二人の友情は帰朝後も変わらなかった（この点は姉崎による渡辺の追悼文からも知ることができる）。

明治三十四年（一九〇一）十一月

今朝は朝より脳の工合甚だあし、図書館に行きて例の華厳梵本を対校するも甚だ懶うし、此所恵贈の小冊にあり、長榻に臥して読み且つ笑ふ。よくもかく下らぬ雑誌が編纂出来たもの也。一昨昨日降雪ありて巳来頓に冬げしきとなりぬ。

（高島米峰宛書信、同、下、五六四頁）

高島米峰（一八七五―一九四九）は雑誌「新仏教」の主幹を務め、正論を吐くことで有名であった。渡辺は研究のうえでこの頃から『華厳経』に注目しはじめた。

同年十二月

ロイマン氏もマックス・ミュラー死しウエーベル老たる此時、先づ第一流の梵学者に候。

（松濤賢定宛、同、下、五五一―五五二頁）

南条文雄や笠原研寿の師であったマックス・ミューラーは一九〇〇年、つまり渡辺がドイツに出発した年に七十七歳で没している。マックス・ミューラーとベルリン大学のポストを争ったアルブレヒト・ヴェーバーも一九〇一年、七十六歳で没した。

午前は多く図書館にありて、四十華厳の梵本を繙読す。此梵本の書写は実に西暦十一世紀の昔に就る。（略）之を一万里外の異郷にひもとくを得、何等の宿福ぞやと。（略）午後は大学に出でて独有と共に、大荘厳経梵本の研究に従ふ、独有漢訳を読み、吾師は且つ論し且つ講ず、難句に遇ふときは一頌一時間を消することあり（一九〇二年二月）。

『華厳経』の梵本が出土したネパールや西域からはるかかなたのドイツで、それを読めることを「宿福」と呼んでいる。

明治三十五（一九〇二）年五月

例の如く「死語の研究」三昧なので面白い考も出ない、出た所が、碌なものでもないから当今は失敬仕ることと願ひたいのだ。（高島宛書信、同、下、五六六頁）

渡辺はインド古典語（サンスクリット）をここでは「死語」と呼び、この時期あまり面白い考えも出てこないという。しかし「研究三昧」とあるから勉学に打ち込む姿は伝わってこよう。

「普賢行願讃」研究に着手

留学二年目の明治三十五（一九〇二）年の春、渡辺はいよいよ自分が本格的に取り組むべき研究テーマをみつけた。のちに学位論文となる「普賢行願讃」（『華厳経』の一篇）である。

本日英国ケムブリジ大学教授ベンダウル氏より吾師に宛てたる書にて、四十華厳の原本中に同く普賢行願賛の梵文を含有することを知り候（是れ弟〈補、渡辺自身のこと〉がわざわざ吾師を経てベン博士に問ひ合わせし所なり）。同賛の研究も弥々面白く相成候。ロ翁は亦露国より蒙古版の行願賛を借り呉るの約有之、弥面白き結果に可至と、老兄（補、土川善澂）が日本版を恵与ありしを今更の如く感謝候。

恵与の普賢行願賛梵文は学術上非常に価値あることはロイマン先生も称し居られ候。過般同先生の厚志には英国剣舞利地大学珍蔵の同賛異本の全帙写真原版を得候に付、兼ての御厚配に聊か酬ゆる為、研究済次第一部を老兄に可進呈仕候。右は貝葉の古本にて頗る珍とすべく候。（略）今更ながら慈雲律師の梵学に苦心せしは可驚事に候。

（土川善澂宛、『壺月全集』、下、五四八頁）

ケンブリッジ大学のベンドールから「普賢行願讃」の写本（写真版）、日本の土川師からは慈雲尊者飲光蒐集の写本中「普賢行願讃」を入手、蒙古版もロイマンが借り出してくれる手はずだという。研究資料をあらゆる研究機関から博捜し、加えてロイマンの指導の許に準備が整った。

洋行後の第一論文

明治三十五年八月、早くも「華厳経普賢行願讃」と題する論文を仕上げ、それを日本に送った。

別封論文は帝国東洋学会の会報に投ぜむと欲す。会報は読者に僕と同好の士多きを思へばなり、而も其出版急ならざれば、寧ろ新仏教にても東洋哲学にても貴意に任せて紙面を借らむと思ふ。

（高島宛、同、下、五六六頁）

ドイツから投稿されたこの論文は「普賢行願讃の日本梵文に就いて」（明治三十五年十一月）

と題するもので『東洋哲学』第九編第一一号に載った。渡辺が留学中に仕上げた最初の論文である。この論文には出版に至るいきさつまで書き加えられている。

今春巳来、予はストラスブルグにありて、大荘厳経原文とパーリ律蔵とを研習するの余課、幸にも吾師ロイマン教授及び英国ケムブリッヂのベンドール教授の厚意によりて、此貴重なる日本梵文を尼波羅国所伝の梵筴と対校研究するの便を得たり。今や其調査略終を告げたるを以て茲に其公刊に先ち、聊か見る所を記し、以て諸賢の高教を乞はむとす（略）吾師ロイマン教授は此研究に就き、其得意のプラクリット語よりして、重要なる教示を与へられしこと甚だ多し。亦予を英露の諸碩学に介し、貴重なる古写本を借覧するを得せしめ、或は当に借覧を借べき約を得せしめられたり。同教授の厚意実に大と云ふべし。ベンドール教授は、終始同情を以てケムブリジ大学及び自家所蔵の珍籍を貸与し、華厳行願品原本に就きては、特に本讃捜索の労を取られたり。本讃研究中、予は自由に荻原雲来氏の縮刷大蔵及び欧文の書籍を使用せり。同氏の言に由りて、大に得る所のもの亦之あり。而して今に使用する梵本刊本は、浄土宗第五教校長土川善澂師が一年有余各地捜索して恵贈せられたるものに係る。是等諸先輩に対して、予が真摯の感謝を捧ぐるは、予が窃に光栄とする所なり。（略）シュワルツワルト　トリベルク在ショーナハ村に於て

（同、上、三〇〇―三一七頁）

刊記にあるシュヴァルツヴァルト・トリベルヒのショーナハ（Schonach）は、ロイマンが弟子たちと毎夏を過ごした避暑地。そこで最終的に「華厳経普賢行願讃」を仕上げている。同年十二月には「拙稿『普賢行願讃の日本梵文に就て』の補遺」を著した。サンスクリット資料については、この時点でイギリスのベンドールだけでなくリス・デヴィズから借覧することができたとある。

余は龍敦皇立亜細亜協会会長リス・デヴィヅ教授の厚意に依りて、四十華厳の原文Gandavyuha 健拏毘喩訶に含有する行願讃梵文をその日本梵本と対校するの幸を得たり。此梵本は Cowell 及び Lggeling 両教授編纂の皇立亜細亜協会仏教梵典目録に記する所の珍本にして現在四十華厳の梵本写本中最も古く、且つ最も貴重なるもの也。

（同、上、三二四―三二五頁）

チベット訳については、

此本今聖彼得堡大学に蔵す。予は同大学教授にして露都大乗仏典出版会主幹なる d. Oldenburg 氏の厚意に依り、此書を見ることを得たり。

と、ロシアのオルデンブルクからとある。貴重な原資料が師ロイマンを通じてベンドール、リス・デヴィズ、オルデンブルクなどから続々と渡辺の許に届けられた。

明治三十六（一九〇三）年四月、この頃の一日のスケジュールの報告が残っている。とりわけ『華厳経』を読み、さながらビルシャナ仏の蓮華蔵世界に入ったかのようだと伝えている。

午前は多く図書館にあり。華厳の梵文を読む。大乗の妙理は、壮麗にして幽遠の趣に富む。梵語の間に躍然として、身は毘盧遮那海蔵にあるの感あり。独有（荻原）は机を隔てて般若を研む。大品の深趣、精研力学、彼が如きを以てす。（『教報』五四〇）

この四月、渡辺はベルリンに行く。宗教学研究でベルリン大学に留学中の大谷瑩亮氏（真宗東本願寺派、門主光瑩の第六子）に次のような書信を送る。ここでも『華厳経』を読んでいる最中と伝えている。

仏於無量劫　勤苦為衆生　云何諸衆生　能報大師恩（華厳行願品）
明治三十六年四月八日独逸にありて三たびの聖誕日は来りぬ。莱茵河上春風漸く動きて桃紅李白の間、百鳥の和鳴する所独都に華厳を読みて、君と大悲の光中歓喜の充ちたるとを喜ぶ。（『壺月全集』下、五六二頁）

この二人の間にどのような交際があったかを伝える資料はないが、これで見る限り表敬の意を表したものといえるだろう。

この年、「華厳経の梵名に就きて」の論文を著す。「普賢行願讃」は『華厳経』の一節であるゆえ、それに関連して『華厳経』の未比定のサンスクリット・タイトルを検討した論文である。

明治三十六年八月、姉崎への書信の一節。

三年余所地にありて細かき町の名も熟知掌を見るが如くなるに至りしかば、今は市全体吾家の如き心地するなり。（略）荻原は此年末ケムブリジに去らむ。（同、下、五五七頁）

この頃、渡辺はシュトラースブルク市街にもすっかり慣れて細かい路地まで知り尽くし、わが家も同然とまでいう。市内を闊歩する渡辺の姿が眼前に浮かぶ。この年、荻原は『瑜伽論菩薩地』の写本調査のため、ケンブリッジに出発した。

中央アジア探検の開始

十九世紀中頃からロシアは国境の確定していない中央アジアについてその地政的位置（軍事、政治的な）に注目しはじめ、一八六七年に西トルキスタンを併合した。二年後の一八六九年、大英帝国はロシアの進出を阻止すべく動き出した。そうした領土問題はともかく、一九〇〇年（明治三十三年、渡辺がドイツに出発した年）に学術上の調査からロシアが中央アジアの探検を開始しはじめると、それに呼応するようにイギリス、フランス、それに日本も次々と探検隊を当地に派遣した。それぞれの探検隊によってもたらされたサンスクリット、コータン語、トハラ語、西夏語、漢文などの写本類の研究もにわかに活発となり、渡辺はドイツでその渦中に直面する。

ドイツは探検隊を計四回派遣したが、渡辺の滞在中に三回の探検が挙行された。
第一回　一九〇二年十一月〜〇三年三月　グリュンヴェーデル隊長　トゥルファンを調査。
第二回　一九〇四年十一月〜〇五年十二月　ル・コック隊長　トゥルファン、コムル調査。
探検隊とカシュガルで合流、ル・コックだけ一九〇六年六月に帰国。
第三回　一九〇五年十二月〜〇七年四月　グリュンヴェーデル隊長　ショルチュク、トゥルファン、コムルを調査。
ドイツ探検隊がもたらした出土品はベルリン大学教授リヒャルト・ピッシェルを中心として解読されはじめた。出土品の所在ならびにその解読状況について、渡辺は日本に次のように報告した。

中央亜細亜がかかる希望ある学術的の土地であるのだからかかる事には抜目のない普国（補、プロシア）政府は数年前七万ばかりの巨費を出して、有名なグリュンヴェーデルや、西蔵学者のフート（此人は惜ひ哉去年伯林のカッフェー店で卒中で没した）其他、有為の学者を派遣し、スタイン氏の功績に譲らぬ成熟をした。否写経類でははるかにスタイン氏を凌駕する立派な収得があった。古美術品も非常に立派なものがある。
美術品の方ではグリュンヴェーデルが、帝国学士会院の公報として Bericht über Archäologische Arbeiten in Idikutschari und Umgebung in Winter 1903, Müinchen 1906 を昨

年の冬出版した。氏が仏教美術に於ける一隻の眼光と、西蔵仏像に於ける該博の智識とは、よく此報告書（ベリヒト）に顕はれて居る。これは一部二十圓ばかりの書だが、スタインの大著と共に、仏教美術家考古学者は欠くべからざるものである。

古写経の方は、伯林大学教授ピッシェル博士が主任者で其門下の少壮ドクトル連が、時々有益な業績を主として普国学士会の公報に発表して居る。此中尤も珍しいのは雑阿含経の梵文（！）の断片だ。其他百蔵経文の断片も夥しくある。ドクトル・ベックや友人のドクトル・シューブリングが今は重にこの部分の攻究をして居る。然しこれはどうしても満足な仏教教理の智識と聖典史に於ける該博の頭のあるものが居らぬと、良好の結果は挙らぬことは勿論だ。特に支那蔵経を縦横に読み得て、大体の旨を得て居る人でなければ、労苦多くして結果は甚だ少ないことだろうか。予の如きものは、殆ど言ふにも足らないが、目下恩師からピッシェル博士に交渉して居るから、旨く行けば、右等紛然として乱麻のやうな材料中から、少しは面白い貢献を学会に致し得ることが或は出来るかも知れぬ。然し伯林大学は学術上のモンロー主義をきめ込むで居るのだから、贇をピッシェルの門に取ることとせば、材料はとても得ることは出来ぬかもしれぬ。

（同、上、四五四頁）

サンスクリット語原始経典の発見

ところで、出土写本の中から従来知られていなかったサンスクリットで書かれた原始経典の断片が出土した。この驚嘆すべき事実について渡辺はいう。

阿含は従来南伝パーリの原文のみと想像されて居たが、ピッシェル教授が伯林アカデミーの会報で、雑阿含の梵文を発表し、予もまた長含、中含の梵文の存せることを近時証明し得た。

（「大般涅槃経梵文断片」『壺月全集』上、五七一頁）

ピッシェルはこのサンスクリット断片について「中国領トルキスタン・イディクチャリ出土仏教サンスクリット聖典の断片」（一九〇四〈明治三十七〉年）、「イディクチャリ出土仏教サンスクリット聖典の新断片」（同年）と題して発表した。渡辺ものちに「新発見の阿含諸経の梵文」（一九〇九〈明治四十二〉年）と題して発表している。そこには、

阿含の原文が、其一部は少くとも梵文なりしことを証明した事は、伯林大学教授故ピッシュル博士なりき。博士は一千九百四年、普魯西学士院の会報、第二十五、八〇七頁已下八二七頁に亘る一論文に於て、高昌の故地より発見せられたる、版本新阿含の断片十八葉を公にしたり。

とあるように、サンスクリット語原始経典の第一発見者はピッシェルであることを強調する。

昨例の于闐古経の断片中より中阿含優波離経の小片一つ証定し得たり、喜び少なからず。右を嘗て発見したる長雑阿含の断片凡七葉を合して「梵文の阿含」の題下に一小編を草すべし。此篇中阿含を論ずる下に老兄のに巧僕に送りし哲学雑誌の論文を引証する栄を得べし。般若の証定は六百巻の中より幾個の小断片を摘出することとて困難少からざりしが漸く昨を以て一切を了れり。悉く二萬五千頌般若なりき、唯断裂せる金剛般若の一葉を除きては。（姉崎宛、同、下、五五六―五五七頁）

姉崎にも『阿含経』のサンスクリット断片が次々と発見されたこと、さらに『二万五千頌般若経』に対応する断片の整理が終わったと伝えた。原始仏教をもっぱらパーリ語資料だけに基づいて構築していた時代に、断片とはいえサンスクリットのものが出土したことは、とりわけイギリスのリス・デヴィズなどに大きな衝撃を与えることになった。

街のカーニバル

例年開催される街のカーニバルではあるが、この年初めて報告している。

寒雨菲々たるこの日曜は、杖を郊外に引かむ勇気あらず。カーニバル祭は明後日として、異形の服装したる男女は階下を往きつ来つつ此処も彼処も仮装舞踏の催盛なれど、之に就かむは吾稍老ゐて且囊底の甚軽きをや。いで炉火紅なる所、長く双脚を伸べて一昨着せし日本の新刊書籍を読まむ。

（『壺月全集』、下、四一五頁）

ところで明治三十七年二月刊の「新仏教」に投稿した次の論評は、大乗仏教徒の使用した言語という、当時としては大きな問題にふれている。

大乗仏教の聖典が、其原始一種の俗語方言、即所謂プラクリットの一種を以て伝誦せられ、時を経て梵語に改訳筆録せられて、現在の形体をなせしものなるは、大乗聖典の原文を読みし人の容易に首肯する所なり。蓋大乗聖典の中にはその梵語中、俗語方言の全然醇化せられずして残留するもの多く、其文法の如きも往々にして雅語の常規を逸するものあり。諸聖典偈頌の部分に於ては此特点特に其甚しきを見る。故に現時梵語語学史を論ずるもの、別に仏教梵語の一目を設けて、之を他の純雅なる梵文学と別てり。而して此等醇化せざる聖典中の俗語方言、若くは其特異の文法は、明に其前身の如何なるものなりしやを示すに足るものにして、之に由りて大乗聖典が、源一種の方言に依りて伝持せられしを証する甚難からず。

（同、下、四一七頁）

ここでは大乗経典はその当初からサンスクリットで書かれたわけでなく、「俗語方言」（プラークリット）を使用したことを提示している。これはすでにドイツのレフマンなどが「ガーター・

ダイアレクト」（詩俗語）として注目しはじめていた大きな問題でもあった。

この年九月、「陳那及び其の出現時代」を著す。これは因明学（大乗の論理学）の林彦明が「陳那出現の年代及其学系」（明治三十七年一月）を著したことに触発されて書いたもの。荻原のほうもすでに留学前に林彦明と因明について論争していた。渡辺もこの分野について考究しており、学問分野の広さがうかがえる。

第二回万国宗教史学会参加

僕は八月の二十九日より両三日を黒森山に送りて後バーゼルの第二回万国宗教史会に臨み、帰路少しくバルヌの高地に入りて少女峰の雪を噛みルッツエンを過ぎて再たび此地に帰りぬ。（略）旅中の志興と大会の雑事とは一々故国の師友に報ずるの煩を省きて之を浄土教報に投じぬ。野味その中に君が味豊なる膳に上るの時もあらむか。少しく時間あらば更に詳しく大会の記事を君にも送らんを念ひ居たり。雑含に関してはロイマン、荻原その中之に関する研究を公表すべし。レヴィは小編を刊行したれども完と云ふを得ず。

（姉崎宛書信、同、下、五五二―五五三頁）


渡辺によるこの年のシュヴァルツヴァルトにおける夏の休暇、それにスイスにおける万国宗教史学会についての詳細な報告は「荻原雲来のドイツ」の中でふれたが、この学会のいきさつは姉崎にも書信を送っている。その中で姉崎に直接関わるくだりは次のもの。

宗教大会にて頗る多く君の知人に会しぬ。グーテンホーフ伯の如きは終始相往来して大に相談じたり。キリストリーブにも会したり。ドイセン先生は其講を終るの後直にバーデンワイヤーの避暑地に去られたるを以て開会一日を後れて行きたる僕はケムピンスキーの旧夢を温めて君の近時を話する能はざりしを深く遺憾とせり。ガルベ、シュレーダー、シーベク、ギメー等は何れも勃々たる元気なり。（姉崎宛、同、下、五五三頁）

姉崎の最初の師であるキールのドイセンと話すことができず遺憾であったと伝えている。

明治三十七年（一九〇四）十月　姉崎宛書信。

東洋学の方はセミトロギーの旺盛に比してインドロギーの気概甚揚らず。ロイマンは印度音楽に関する古き謄本を手に入れたり。これは面白さうなり。一寸ロイ翁夫人の之をピアノにのせたるを聞きたることあり。友人某ミリンダの独訳を完了す。僕その乞に応じてパーリと漢訳との比較をなしたり。パーリの現行本はどうも漢訳に比して新しき様なり。其中君の教を乞はむ。（同、下、五五八頁）

これによれば、この頃インド学より中国学のほうが活発なこと、ロイマンはインド音楽に関する写本を見つけ出し、その譜面をロイマン夫人がピアノで弾いたこと、ドイツ人（セイロンに帰化）ニヤーナティローカが『ミリンダパンハー』の独訳を試み、対応する漢訳を見てやったとある。ニヤーナティローカは大戦後、渡辺を頼って来日し、諸大学で教鞭をとったことはすでにふれたとおりである。

シュトラースブルクのマリア祭

明治三十七（一九〇四）年十二月。この冬、シュトラースブルクで五十年に一度というマリア祭が開催された。

朝からガンガンヂャンヂャン大小寺院の鐘が市内に響き渡りて、行列、讃唄、説教と、所有る宗教的の儀式が、日の中は盛に行はれたが、夜はそれこそ観物だった。一百五十メートルの高塔は、暮方から瓦斯、電気、灯油で、イルミネーションを始め、九時になると種種の薬品を盛に燃し立て、唯見る、壮大なる高塔は、或は赤く或は蒼く、或は緑に或は紫に、全体を燦然たる火炎に裹むで、殿堂其他の棟々一斎に彩火を点じ出したのだから其壮観と云ったら蓋無類だった。六七万を数ふる信徒の家にも貧きは豆ランプ提灯、富めるは電灯瓦斯で、夫々相応な彩火粧点をなし、中には頗る美麗な聖母の像を店頭に飾ってある家も少くはなかった。

（『壺月全集』、下、四二〇頁）

教会の鐘が鳴り響き、ミュンスター大聖堂の装飾はいつになく壮観を極め、この日は終日光の饗宴と感嘆している。

ところで渡辺は姉崎に男子誕生の報を聞き、慶賀の書信を出す。注目すべきは、その誕生祝いにサンスクリットでシュローカ（詩）を一片添えている。そのサンスクリット詩は残ってない（同、下、五六〇頁）が、

別封の梵詩は其時より稿を起して今漸くになれるもの。（略）梵詩は韻律に縛られて思ふ様には行かず首路迦と云へば最易き韻律なれどこれさへ思ふままに行かぬなり。

（同、下、五五六頁）

とあるように、この文面からも渡辺がサンスクリットに対して意欲的な姿勢が看取されよう。

明治三十八（一九〇五）年二月。

（略）柄にもなき政治論憤慨の余りに発したれば是より少しく学術上の報道を試みむ。雑阿含の面白き発見が中央亜細亜にありしことは君に報じたりと覚ゆ。今亦金光明経の断片及び漢伝に有せざるドハルマシャリラスートラ法身経といふ小経の研究報告ありたり。文字はブラフミー体にして言語は頗困難なる方言なり。伯林の学者は今や全力を此等中央亜細亜発見の古経断片に集中し之が為に西蔵語なども講を聞くもの頗多しと云ふ。今他に尚数十枚の支那文の断片あり。皆唐代の仏経なり。あまり価のあるべしとも思はざれど僕は

之が解読と考証に当り且つ梵文の方にも漢訳よりする智識を用立てんことを申しやり。且つ断片の貸与をロイ翁と共に請求したるも右の研究は伯林大学及人類学博物館の専売として勿論材料貸出の如きは固く許さず。尤も僕にして伯林に来らば材料の観覧を許容せむといふ。右古経断片の研究成績に付きては多少本国仏教史家の資補ともなるべきを思ふが故に近日其概略を記して兄（補、姉崎）まで送り何れかの雑誌に公表を乞はむと思ひ居るなり。

（同、下、五六七頁）

この姉崎への長文の書信は政治談議（省略）のみならず、勉学について報告している。ベルリンの学者たちが中央アジア出土写本の研究にいま全力をあげていると報告。

明治三十八年三月

この頃インドロギーに就きては面白き書もなし。アールブルグ教授某氏の梵語文典出でたり。希羅諸語を対照しある所、博言学者には便利なるべし。伯林のフランケと巴里のレヴィと佉沙といふ語には劇しき論争あり。荻原は之が解決の為一文を公にすべく力めつつあり。

（姉崎宛、同、下、五七一頁）

この書信では中央アジア出土文献中の一語をめぐって、ベルリンのオットー・フランケとフランスのシルヴァン・レヴィとが論争を始めたことを伝えている。

荻原雲来の帰朝

明治三十八（一九〇五）年八月、五年間ともに過ごし、同じ浄土宗から派遣された荻原がいよいよ帰朝する。渡辺にとっては感慨ひとしおである。

思へば永い間であった。予は五年といふ年月、彼と起居を同じくして仏教聖語の攻究に力めたが、彼が精にして専に、力めて倦まざる非凡なる精力は、どの位予を警策したろうか。

（「独有の帰郷を送る」『壺月全集』下、三八六頁）

帰朝した荻原は翌年、ドイツの日々を回顧しながら渡辺の学業にふれている。

回顧すれば去年の此頃僕尚ストラスブルヒに在り、滞欧の余日幾もなく帰朝の行李を調へつつあり。君は当時頗る大孔雀王経原文の研鑽に努む。七月末日僕同地を去り帰朝以来今に殆ど一年に垂んとす。君は依然従前の快事業を継け博引捜大に得る所あり。僕一事の成なく、旬日の中、君と故郷に相見んとす、慙愧胡ぞ勝へん。

明治三十三年七月君の初てストラスブルヒに着してより以来三十八年七月迄満五年間恒に食卓を共にし、恒に同大学に出入し、僕は恒に梵語研究に齷齪し、一意専心一定の軌道を進行し来りしのみ。君亦主として梵語を攻究し、傍ら哲学文学諸種の科程を修む。

シュトラースブルクでの渡辺の仏教研究についてさらに仔細に報告している。

（『教報』七〇七）

普賢行願賛諸梵本の比較研究を始とし、十地経、華厳入法界品、梵語西蔵語漢語対訳仏教字書、孔雀王経は、悉とく君の書写する所となる。印度に欧州に米国に諸種の仏教書類出版せらると雖も是等は未だ嘗て刊行せられず、僅に写本として有数の書庫に蔵せるのみ。今や日ならずして是等仏教研究の根本材料は君の手に由りて世に現はれんとす。学者須らく刮目して待べきなり。此中特に孔雀王経本文の研究は君の最も深く詣れる所、彼の哲学雑誌（二百三十一号二百三十二号）に載たる「真言秘経の起源及発達の実例」の如き孔雀王経研究の副産物の随一に過ぎず、聞く君は此研究全体の論文を彼地にて刊行せんとすと。欧州学者を驚歎せしむること理在不疑。

（同）

明治三十八年十二月。

今日は散歩の途次、一寸新教徒の慈善市をのぞき申候。寒気漸く強く相成りたる今日、貧家の薪炭の費の為にとて良家の夫人令嬢などが、親ら種種の自製品を売り、麦酒カフェーの給仕迄も致して、其売上を一切窮民を賑すの料となさんとてに候。吾宗の諸大徳、願くば其檀信徒を説きて、時にこの趣味ある慈善事業を行ひ玉はむこと、切望の至りに候。

（『壺月全集』下、四二八―四二九頁）

渡辺は散歩の途次、慈善市に出くわす。そこで、貧しい者のために裕福な夫人や令嬢らが盛んにボランテイア活動に励んでいるのを目《ま》のあたりにする。渡辺は帰朝後、こうしたキリスト教（新教徒）精神に基づく「慈善事業」に呼応するように「社会事業」と名打って同志とともに社会活動を始めた。その一つのきっかけをここに見ることができよう。

ベンドール教授の死

ベンドール教授の悲報に接し、渡辺海旭は次のように述べている。

> 仏教古典研究の声、漸く吾邦に盛ならむとするとき、予は茲に欧州に於ける一大仏教古典研究家を失ひたる悲報を伝へざるを得ず。一九〇六年三月十三日ケンブリジ大学梵語教授セシル・ベンダウル氏逝きたり。（略）友荻原雲来兄は特にベンドール教授と親交あり。同教授晩年の大作は漢訳蔵経の方面よりして兄の力を藉りしもの頗る多かりき。
>
> （『壺月全集』下、四三〇頁）

ケンブリッジ大学のベンドール教授は、荻原と学問上で親しく交流した人。ベンドールが『大乗集菩薩学論』を出版する際には、荻原が氏の求めに応じて対応する漢訳を調べあげたほどである。ベンドール死去の報に接した荻原も、改めて当時を回顧しつつ次のようにいう。

僕曾て独国ストラスブルヒに在り、此時氏はケムブリッジ大学梵語講師として斯学の研究に身を委ねたり。一九〇一年に龍動なる皇立亜細亜協会雑誌に氏が曾て尼波羅にて発見せしSiksasamuccaya の中の灸身塗炭等苦行に関する引文を掲げ古代宗派に就き論ぜしことあり。僕偶此を読み漢訳に対照し異点を指摘し氏に送り、且同書は北宋の代法護等に由りて漢に訳せられ、題して大乗集菩薩学論（縮蔵暑三）と云ふものなることを知り、此事を氏に通ず。これ僕が氏と相知の始なり。（略）尚不審の件は一々書を僕に致して漢訳に対照せんことを依頼し来れり。僕書来る毎に同本の漢訳と所引経論の原文を英訳し、一葦帯水を隔てたる彼地に送るを例とせり。（哲学雑誌二三二号『欧米の仏教』九九頁）

渡辺は後年、『欧米の仏教』の中で改めてベンドールの人となりを振り返っている。

ベンドウル（C. Bendall）は安政三年に生れ、学者としては実に短命とも云ふべき五十一歳で死むだ。此人は前後両回の尼波羅旅行で、聖典蒐集の功労非常に大なるのみならず、熱心精鋭の仏教研究家で、業績も前に述べた如く大雲経校刊ケンブリッジ大学所蔵仏教梵書目録で其一班を了すべく、量に於ても決して少くはないが、其中一生の傑作とも云ふべきは、此大乗集菩薩学論だ。（略）此書は此年第一冊が出て、六年の後漸く全部四冊が完結したが、出版に就きてはベン氏が其の序文に極筆称賛の辞を呈した如く、実に記者の親友荻原雲来君の力与って大であった。（同、上、九八頁）

明治三十九（一九〇六）年。

ライン河畔も、今や杏花の雲、梨花の雨、本国の好景転た偲ばれ申候。「此頃ぞ、桜ちるらむ隅田川、ライン少女の菫つむ朝」。歌には無論相なり申さず候へども、三十一字に縮めたる実地の情景は件の如く候。

（『教報』六九九）

ライン川を故国の隅田川に見立て、それを三十一字の短歌で詠み上げたりして、故国への想いは何かにつけよみがえっている。

明治四十（一九〇七）年。

予は荻原雲来氏とミナエーフの刊本を読みて、共にその漢訳（補、これは菩提行経をいう）を検出しぬ。当時荻原氏は恰も故ベンドール教授、大乗集菩薩学論出版に関し、同論中に存する、諸大乗経の要文を漢訳よりして、証義する任に当り居りしかば、（略）此事を先づベン教授に報じ次でプサン教授にも通信したり。荻原氏帰朝の際、某所にて演じたる講話に欧州印度にて出版せられし、大乗諸経典の名を列しある中、また菩提行経原文の名を列して、其漢訳あることをも添え記しありしと覚ゆ。講話の公刊せられし雑誌は何なりしか、記憶に存せず。多分「宗教界」などなるべきや。烏兎匇々三閲年、ベン氏去歳登仙し、荻原氏一昨年（補、一九〇五年）帰朝し孤客独り此地にありて、尚古経を読む。

（『壺月全集』上、四〇六―四〇七頁）

これは大宮孝潤氏の論文に対して渡辺が論評（「菩提行経梵本につきて〈大宮孝潤君に寄す〉」）を加えた中の一節。ベンドールが死去し、荻原も帰朝してしまい、とうとう一人になってしまったと感慨している。

ドイツ満喫

明治四十（一九〇七）年一月。闊達な渡辺はその後、独り身をかこつわけではない。その後も当地の政治情勢や街の様子など、じつに多くを次々と日本へ伝えている。次はドイツのドイツたる面目を物語る短評。

独逸ビール酔ふべし。独逸音楽酔ふべし。その学芸また或は酔ふべし。而も断じてその陸軍万能主義、海軍万能主義に酔ふ勿れ。兵器を祭りて、餓えんことを強ゆ。

（同、下、四四四頁）

これは渡辺がドイツビール、音楽、学芸にすっかり心酔し切ったありさまを彷彿とさせることば。まさにドイツ讃歌である。ロイマンが週一回、学生を連れて行く居酒屋ゲルマニアについても次のようにじっくり観察している。

M、是我がゲルマニア酒楼の定卓に侍して、麦酒を進むる女也。我始めて此地に来るや、妙齢華顔、よく幾多の年少士官を悩殺せしめ、大学書生を翻弄して、嬌艶の名一時高かりき。今や色漸く衰へ、粉華凋落して、唯々の清声伎体に、立秋前の俤を留むるを見るのみ。時恰も誕生祭に際して、百千の花灯彩燭、満堂の翠葉緑樹と映発する所、粛然渠に対して、稍司馬青衫の感動く、再盞のピルスネル白泡沸々とて甚佳なるを取りて曰く「どうだ御祭に面白い事でもあるかね」「あ!、可愛想に(アハ、アルメスメートヘン)、また厭な誕生祭が来ましたね」肺肝より発せし此数語は、遂に予をして小琵琶行の主人公たらずんば止まざりき。「ミンナ老ひぬ、クリスマス酒寒くして」。(同、下、四四六頁)

ゲルマニヤに通って八年、いつも給仕する女性ミンナについての嘆息。酔客の注目の的であった彼女が月日が経つにつれ耀きを失い、いつしか老け込んでしまったさまを冷静に観察している。こうした報告自体が渡辺らしい一面といえよう。

マックス・ヴァレザーとの出会い

渡辺は、マックス・ヴァレザーのことを次のように記している。

ドクトル・ワレザーがゼッキンゲンからケールに栄転して来たので、話相手が出来て頗愉快になった。ケールといふとライン河一ツ越せば、直向ふのバーデン大公園の一小市で僕の健脚なら三十分で先十分、小奇麗な人気のよい物の旨いよい町だ。金曜日には梵学会で大抵やって来る。図書館でもよく遇ふ。土曜か日曜には此方から出かけて行く。

（『壺月全集』下、四六一―四六二頁）

ケール（Kehl）はライン川沿いの小さな街（いまはライン河を境にケールはドイツ、シュトラースブルクはフランス）。渡辺のいたシュトラースブルクから徒歩で行けば三十分という。そこにヴァレザーが栄転してきて、対等（氏は渡辺より二歳年下）の話し相手ができたことに満足している。

西蔵蔵経の一部を英国印度局と伯林大学から取寄せ勉強して居る。（略）高楠教授に頼むで縮刷蔵経一部買込むだのでも、其遠大な熱心な研究態度が知れるだらう。今独乙で仏教語学者は少くない。偉大の人物も此方面には随分ある。然し仏教哲学特に大乗哲学者として、光輝ある未来を有するのは、先此人だらう。

（同）

大乗仏教研究に関しヴァレザーはこれからきわめて有望な学者という。

明治四十（一九〇七）年。

今や我がドクトル・ワレザー氏と机を一にして、氏が独訳したる漢本中論四巻の証義と訂正とを終りたる也。日曜の極めて静かなる朝、リンデの香帯べる微風の窓より入りて、石欄の雛菊美人草など、種々の花に、露まだ重きに、何処に奏すらむ幽なる軍楽の断続響き来りて、静趣一層味深きを加ふるとき、此最後の偈を講じて、聖龍樹の崇高なる信念を仰ぐ。いかでか限りなき法喜禅悦なかるべき。

我が極めて完からざる独逸語が、よく八不中道の真意を伝へ得べしとは固より信ぜず。羅什が簡潔にして而も含蓄多き妙訳を、自由に翻じ出さむ困難の至大なることも亦予想せざりしにあらず。且つ病残の客、精力甚欠け、為すべきこと山積して、時間の常に乏しきを恨む身の、此至難の業に当らむこと、頗疑はしき処ありしかど、ワレザー氏が三年已来、独力漢文を学びて、辛酸尅苦、邦人猶通読を難しとするこの仏教古典を訳出したる精力と精進とに感奮し、譾劣我が如きものにも礼を厚うして、来り問はんとの書を見ては、殆ど一切を忘れて、氏が為に一臂の力を揮はむと決心しつつ心窃に此業が多少は大法宣揚の因縁にもなれかしと祈りつつ、同寓茲に此業に随ふこと十有五日。

（同、下、四四七―四四八頁）

この頃、ヴァレザーは龍樹の「中論」を独訳しはじめていた。相対する渡辺は対応する漢訳を逐一独訳している。ただ漢訳語の空とか中道とかが果たして正確に訳し得たかどうか心もとないといい、ヴァレザーも独力で漢文を学びつつありとする。

漢訳蔵経を右にし、観自在の聖像を左にし、梵典洋籍、紛然として机上に堆き我狭く穢き書室には、偉大六尺の好漢、美髯巨腹音吐鐘の如き独逸の学究と、短髪蒼顔、風采甚揚らざる日東の一仏僧は、終日兀坐相対して且つ論じ且つ説き、且つ書し且つ証す。空や有や、非空や非無や、梵語に次ぐに独語を以てし、独語に間ゆるに西蔵語を以てす。傍人之を見れば殆ど両者囈語を闘はすに過ぎざる観ありしならむ。（略）氏が中論の研究は、実に其起稿せむとする仏教哲学体系の第二篇の基礎材料たるもの也。氏今や去りて、白耳義のゲントにあり。仏教哲学者として学界に雄視する同地の教授、ラ・ヴレ・プサンと共に其論稿の材料を整理せむがため也。（同、下、四四八頁）

二人のいる部屋には観音像が置かれ、身の丈六尺にして巨漢、美しい髯をたくわえたヴァレザーは鐘の響きのような声を出し、かたや渡辺は短髪、青白、風采あがらずと自嘲している。こうして二人が終日、「中論」をドイツ語で論じあう光景がこの文面からわれわれの眼前にまで浮かんでくる。

ヴァレザーと意気投合

渡辺はこのヴァレザーにことのほか親近感を抱く理由を、

何は兎もあれ、僕には此人の酒好きなのと無妻主義なのが、大に意気投合した点だ。（『壺月全集』下、同、四六二頁）

と、ともに酒神バッカスの徒であり、また渡辺は留学前から生涯独身で通す腹づもりでいたが、ヴァレザーも独身であることが意気投合した理由だという。ヴァレザーは一九〇九年からハイデルベルク大学教授となった。

研究分野が渡辺のいうとおり大乗仏教哲学であったことは、氏の主な著作から知ることができる。

『我の問題』（*Das Problem des Ich*）

『古代仏教の哲学的基盤』（*Die philosophische Grundlage des aeltern Buddhismus*）

『龍樹の中観思想』（*Die Lehre des Nagarjuna*）

『古代仏教の部派』（*Die Sekten des alten Buddhismus*）

後年、渡辺の紹介によりヴァレザーの許に留学した人に、豊山派の増田慈良（インド留学の後）、浄土宗の友松円諦（パリでも学ぶ）がいる。

修道院通い

渡辺はさまざまな教会にもよく通い、牧師の家にまで泊まり込んでいる。

僕一昨年来好むで基教牧師の家に出入し、或は宿泊して其家族と起臥を同せしことも幾度ぞ、羨むべきは彼等が家庭なり、貴むべきは彼等が信仰なり。浄土宗徒に真正の信仰あるものあらば区区の形式必竟何物ぞ。各教校を見よ、本山を見よ、虚仮何の状ぞ。

（『教報』五八六）

この教会に住む家族は「真正」だという。渡辺がとりわけ好むのはカフテイン派の修道院である。

なんて、無茶に加特力（補、カトリック）教の悪口を叩きながら、僕は近来ちょくちょくカフテイン派の修道院に遊びに行くのだ。――此派の一教父が心やすいので、町から電車で凡五十分ばかりの、女人禁制といふ厳重な修道院によく行くのさ。――院内には七十余名の修道僧と、百五六十の沙弥が居って、食料品は勿論、衣服雑具の類まで、院内で調整し、ビールの醸造まで自家でやるので、畠もあれば、工場もある。随分広大な構で、全く社会と隔絶して一城郭をなして居るのだ。僕はこの建築物から、器具から、酒掃応対の総てが、一切中世式で微塵も近世臭味がない別天地で、院製のビール――ミュンヘン某庵の直伝だといふ御自慢の――を飲み乍ら、罪もない話をして半日を消するのを非常に愉快に感ずるのだ。ゴチック式の廊下に出ると、香の匂が何処ともなく来て、苦行僧が本堂で誦して居る聖母の羅甸礼讃が断続に聞へる。庭を歩くと、古風な石十字架が寒林の間紅葉にからまれて、落葉堆き下から、小鳥が飛び出すなど、実に平日の俗気を一洗して余りありだ。若し宗教の感化力が、十のものとすれば、恐くこんな中世趣味、脱俗趣味も、その一、二分は占めて居るのだらう。（『壺月全集』下、四五一頁）

この修道院は中世の雰囲気をそのまま保ち、女人禁制でビールまで醸造する異色の存在である。渡辺はそこで半日過ごすのを楽しみにしている。香気分馥、時に讃美歌が聞こえ、俗気が洗われる思いという。ただ醸造されたばかりのビールを飲みながらというのが何とも興趣深い。ミュンヘンのビール祭りはいまや世界的に知られるが、もとはミュンヘンの修道院でビールを醸造していたのがその発祥。このカフテイン派の修道院でも醸造していた（帰朝後の渡辺は正反対に、禁酒を断行し禁酒連合会の役員まで務めた）。

サンスクリット断片類の比定

明治四十（一九〇七）年、渡辺は『新仏教』に「古于闐及其珍貴の古物」と題する論文を載せた。次はその一節である。

古写経の中で、最も完全に近く保存されて出たのは、金剛経の原文である。これは一昨々年荻原氏の注意で今ヘルンル博士が研究中だ。此他に般若の一部であらうと思はるる一断片（今机右に大般若がなければ之を検出することは出来ぬ）と、他に未知の語で書かれた一経文がある。これは波斯語から転訛した一種の方言で、多分于闐の俗語であったらしいが、文字がブラフミー梵語でありて、語中に劫、大乗（マハーヤーナ）、一切勇（サルバシュオ）菩薩、などの語が間雑して居るので、夫が仏経であること丈は分った。恩師ロイマン先生は、其得意の技倆で、文字の摩滅して奇古な奴を読むこと丈は難なくやって退けられたが、其中に一切勇とか一切勇菩薩とか云ふ語が度々出るので、恐くこの菩薩のことを書いた経文であろうといふ考がつき、予にそんな経文があるかとの問合わせであったが、読者も知らるる通り、此菩薩の名は大乗荘厳宝王経（カーランダヴューハ）の原本に一度出る位で其他には甚稀なものであるから、予も大に答弁に窮したが、兎に角右の断片の原文を見ることとした。すると其断片の中に Samghata Sūtra といふ字があったので、漸く捜索の端緒が付き、漢訳の僧伽吒経の新旧両訳を対校して見ると、茲処には一切勇菩薩が、全経の問者で、其名は殆ど毎紙に数十回も出るのだから、しめたと思ふて、恩師と其名の数や、劫や大乗などの語を目当てにして、種々比較した結果、終にこの未知の国語で書かれた古経の断片は漢訳僧伽吒経の一処と全然符合することを証し得た。尚大さと書体は少し差異するが、此経の断片が他に二枚あることをも確め得て、それで恩師の該博な語学の力と、その語原研究に於ける鋭い能力とで、未知の語を漢訳と精細に比較して行くと、十中の二三までは朦朧ながら語原も確正し得られた。この研究の結果は、恩師の筆で十月出版の独逸東洋学会の雑誌に報告することにした。予はこの研究につき不完全な蔵経が、少なからず恩師の役に立ったことを窃に喜むだ。恩師も近来にない面白い結果を得たと大変満足の様であった。

予は此他に今一つ希有な大乗経の原文断片を検出し得た。これは大乗入諸仏境界智光明荘厳経（大分長い題だ）の一小断片だ。（同、上、四五一―四五二頁）

その後サンスクリット断片の比定のうえで、渡辺はもっぱらロイマンに請われて漢訳との対照を遂行している。渡辺の力によって多くの断片が突き止められたため、ロイマンは近年にない発見だと大いに喜んださまを伝える。

学位取得

明治四十（一九〇七）年十月、「普賢行願讃」の研究で学位を取得する。このいきさつを後年渡辺は回顧していう。

学苑の母ロイマン先生の慈愛と先輩の指導で、日本所伝四梵本の中、故笠原師が出版の素志あり乍ら遺稿離散して誰も手を着けなかった、普賢行願讃 Bhadracarīpraṇidhāna の梵本を幸にも先輩土川善澂師の厚意で慈雲尊者手写六本校合の珍本を手に入れる幸運などがあった為、之を尼波羅西蔵の写経や刊本と対校して漸くに公刊を終ることが出来た。
（『欧米の仏教』一〇二―一〇三頁）

荻原の学位授与式当日の様子については渡辺が詳しく伝えている（第7章「荻原雲来のドイツ」一二六頁参照）。が、渡辺自身のそれについての記録は残ってない。しかし荻原の場合同様、大学での式典、それに続く居酒屋ゲルマニアでの盛大な賀宴があったはずである。

大乗仏教研究の隆盛

渡辺の「現存漢訳秘密聖典の原本」（『新仏教』明治四十年十一月）によれば、この頃大乗仏教の研究がヴァレザーをはじめとして俄然盛んになってきたという。

今や欧州大乗教の研究を以て、一家をなせるもの其人に乏しからず。ケルン漸く老ゐたりと雖も、衣鉢を伝ふるに足るべきスパイエルの活動するあり。ヲルデンブルグはチュルバトスコイ、ミロノーフ等と露都仏教聖典出版会に拠りて盛に攻究し、プサンはガンに其博大精邁の名を縦にし、レヴィは尚論部の研鑽に力めて、ビュルヌーフ、セナール、フェル等古名将の盛名を恥しめず。ワレザー独にあり、此等の碩学に対峙して、優に一方の驍将として立てり。此等の碩儒或は聖典批評に、或は大乗教理に、幾多の貢献ありと雖、密乗の方面に至りては、ヲルデンブルグが中央亜細亜発見の密教断片を公刊し、プサンが其大著「仏教」の中、少しく密教経典に触れたる外、未だ詳密なる業績の学会に公表せられたるものを見ず。惜むべからずや。

（『壺月全集』上、四五九頁）

ここにはオランダのケルン、シュパイエル、ロシアのオルデンブルク、ベルギーのプサン、フランスのレヴィ、それにドイツのヴァレザーの名をあげている。

明治四十一（一九〇八）年一月十日　姉崎宛の書信。

此週は少しく起艸急ぐものあり。来週より大品般若の梵漢対照にかからむ。此業稍時を要すべきも奮ふて之に従ふべし。

（同、下、五八〇頁）

学位取得後、『大品般若経』にとりかかり始める。

明治四十一年一月二十七日。

閑暇の時は、ちょいちょいと独逸最近美術史の講義を聞きに行く。公開であるので、五六百はいる。講義室の半分は、女達である。士官や、教授や、実業家といった様な人の細君と娘で随分きらびやかなものだ。講義は幻燈を使用して代表的な名画を見せるので頗面白い。

多少の余裕ができたせいか、渡辺はインド学以外に美術史の講義も時々聴講している。受講者に女性が多いばかりでなく、そのきらびやかさに感嘆の声をあげている。

本国からの送金打ち切り

渡辺は延長して六年という留学期間を過ぎても滞在し続けたため、ついに日本（浄土宗）からの送金を打ち切られてしまった。

新聞や雑誌も、近来は多くは見ない。珈琲か麦酒屋で、あれこれと拾読みする位のものだ。（略）去年の冬から惨酷に財布が空だった。然し銭がないと交際をする世話もなく、手紙を書く必要も生ぜず。酒を飲むことさへ全く入らず。一向三昧に古文に親しむことが出来て、自然に戒律を守れる。（略）何でも坊主や学者は銭なしに限る。（同、下、四五四頁）

ここには去年とあるから、金銭面で実際に困窮しはじめたのは明治四十年以後であろう。もっともその点を嘆くものの、なければないなりに僧や学者本来の姿に戻れてよいではないかと自戒する。

明治四十一（一九〇八）年一月二十九日　姉崎宛。

老兄が帰朝の後約一年なりき。僕は華厳諸部の梵漢対照の業と夫の浩瀚なる謄本臨写とを修り、直ちに秘密経典の研究を開始しぬ。資料はロンドンの亜細亜協会ケムブリッヂ大学甲谷池文庫よりして頗る寛大に供給せられむ。僕はこの材料に依りて研究の大綱を二大時期に別ち、第一は原始的秘密経とし、第二を成熟したる秘密経となしたり。第一の代表者としては孔雀王経を撰み主として秘密経と四阿含との関係及両大史詩との連鎖を討究し、之に他の原始時代に属する密経を湊合集中しぬ。（略）第一の研究は其骨子既に一年の前に就り其材料も略具足して残る所は唯ケムブリッヂに門外不出として珍蔵する二種の古貝葉経を既に校定したる甲谷池本と対比するに過ぎず。

此地に留まり窮を忍び困乏を耐へて師と共に専心干闐研究に従ひぬ。即ち中央亜細亜古文の研究及其亡滅せる古語の討究にして十月已来漢訳の助によく証定し得たる古経断片、三十余種に上りぬ。此討究は実に僕が困厄の間、至大の慰籍たりしのみならず、また僕に新しき聖典史の智識と材料とを与えたり。僕が言ふにも足らざる漢訳蔵経の頭脳も古経を証定する必要に逼られて稍博大を加へし感なきにあらず。（同、下、五七五頁）

この頃から渡辺は大きな研究分野の一つ、密教経典に打ち込みはじめた。それとともに中央アジア出土断片の研究も続行している。後者の研究は順調で、その後さらに三十以上にのぼる未知のサンスクリット断片を特定し、いっそう多くの新知識を得るに至った喜びを噛みしめつつ、さらにいう。

かくして僕は終日兀坐経を読み古文を翫び古文字の漂滅消磨して腐蝕甚しきも苦読しつつ今に至れるなり。先月の末より今月始なりしが師はこの研究のために僕が盧に来り訪ひしこと一日五回余なりしことすらありき。今尚日に一、二回は師の訪問を受けざるを得ず。かくして僕がこのストラスブルグに於ける最後の半歳は吾師との最密最深の学術的交際に依り、憐れむべき吾が日誌に多少の色彩あらしめぬ。（同、下、五七五―五七六頁）

ロイマンはサンスクリット断片を比定すべくこの時期、渡辺を頼って多い時には日に五、六回、そうでなくとも一、二回訪問し、それがもとでロイマンといっそう親密になったという。渡辺は留学を延長して研究を続け、その結果多くの新発見をし、師とさらに親密となった喜びを伝えている。

僕が一生故エドモンド・ハーディの如くなるべく、極めて進歩せる思想と忠実真摯の研究的態度を取り、而も忠実なる加特力（補、カトリック）教の一僧として浄戒を守り寂然として書斎に圓寂したる彼は、僕が最近の模範なり。妻拏なく児孫なく麻衣綿衣一生を送了せむと誓ひし僕には帰東の後は費を要すべきものあらず。（同、下、五七六―五七七頁）

これは姉崎宛の書信であるが、ここでも再度、生涯独身で送る所信を表明している。

明治四十一年二月、やはり姉崎宛の書信。

昨来また宝積を読み、傍ら入諸仏境界経の英訳に従事す。（同、下、五七八頁）

この頃、密教研究と並行して『大宝積経』ならびに『入諸仏境界経』の英訳に従事しはじめた。学位取得後の精進はまったく衰えをみせることがない。

大拙居士は今ロンドンにあり。昨、書を得たり。老兄の動静につきて問ふ所ありしかば今これを答へ了りぬ。今週は般若のみ読みたり。五大部般若の対合表を作らむが為なりき。（同）

明治四十一年二月、鈴木大拙（一八七〇―一九六六）は長期にわたるアメリカ滞在を切り上げ、ロンドンでの世界比較宗教史会に出席した。この時点で二人は書信を数回やりとりしている。ただ二人にどのような交遊があったか、ここからは知り得ない。

明治四十一年三月十九日　姉崎宛の書信。

此地春実に厭ふべし、一昨も昨も淡雪ありて炉辺尚去り難し。師（補、ロイマン）は今パリにあり。フェールの目次したる西蔵経を対照せむが為、去る日曜飄然として此地を発せり。夫人は事の甚急なるに驚きたる様なりき。（略）僕は恐く来週に女主人に従ひ居を移すべし。今の家僕には過ぎたれど入口の狭く闇きために新しき家に移るなりといふ。新寓は一階今より高けれど清潔にして快適なり。空晴れたるときは我好める黒森の連峰も指呼の間に望み得べし。浴室は明くして極めて佳なり。（略）同寓者二人あり。共に医学士なり。一人は鴎外氏の家にありて稍独逸文学をも解す。語るには極めて無害の人々なる。（同、下、五七九頁）

この年、四六時中、入口が狭く暗いという下宿から、日本人医学生と三人で宿を借り替えた。

移転先の家からはシュヴァルツヴァルトが遠望でき、清潔で浴室も明るいという。

明治四十一年三月。

昨日までは、例の于闐から出た、般若断片の証定で、六百巻、片端から操るといふ随分御苦労の労働をやったが、かなり面白い結果が出た。今日の土曜は、春雨は降るし、頭は痛むしするから、図書館はやめて、濫読か濫艸に充てようとしたとき、潮風兄の書と「新仏教」と、ルサックの目録が来た。（同、下、四五五頁）

渡辺はこの頃、『般若経』断片の研究に打ち込む。次の一節はロンドンでの「世界比較宗教史会」開催の予告。

第一は五月にロンドンで万国仏教会が開催される事だ。パーリ語界では一方の驍将であるキャピテンロスト氏が万事世話をして居り、リス・デヴィズ教授など有力な後援もあるし、欧人で緬甸派の大比丘となった歓喜慈（アナンダマッテイヤ）や智三界（ニャーナテイロカ）など云ふ人々も非常な尽力であるから、極めて着実な右教友会が成立するだらう。独逸仏教伝道会は例のサイデンステュッケル等大挙して参列するだらうし、瑞西や仏国の仏教徒も之を機会に、大連合の基礎を造るだらう。僕も是非行く。潮風兄もイタリアから参列するだらう。大拙居士は恰もその当時ロンドンに滞在中の筈だ。（同）

この学会には日本人として鈴木大拙、姉崎正治が参加予定だと伝えている。

リヒャルト・ピッシェルの死

プラークリット文法の金字塔というべき書（*Grammatik der Prakrit-Sprachen*）を著したベルリン大学教授リヒャルト・ピッシェル（一八四九—一九〇八）がインド・マドラスに滞在中、風土病に罹り、にわかに没した。渡辺は衝撃を受け、さっそく追悼文「リヒャード・ピッシェル教授を弔す」を『東洋哲学』に寄稿する。降誕祭の翌日、ロイマン宅で友人二人と「棋」（チェスか）に興じていた時は皆でピッシェル教授のインド出発を知り、その前途を祝していた。ところがわずかその一週間後、ベルリンから悲報が届く。

この闘棋会の後、一週ならずして、一封の悲報は、伯林波蓮湖（ハレンゼー）の畔から来れり。曰く、普魯西王国学士院会員、伯林大学教授、ドクトル、リヒャード・ピッシェル印度マドラス病院に於て重患の後逝くと。事悪夢の忽現し来りたるに似たり。（略）獰猛なる風土病の竦手は、今やまた其毒爪を磨き、利牙を鳴らして、この老碩学をして、不帰の客たらしめしにあらざるなきを得むや。聞け。梨倶の諸神、大史詩の仙群。爾等は、爾が栄光を讃じ爾が祖国の古文化を嘆ぜるこの老碩学を、何すれぞ爾が聖域の中に、守護する能はざりしか。

（『壺月全集』下、三九二頁）

急死はまさに悪夢であり、インドの風土病が牙をむいたとし、ヴェーダの神々、大叙事詩の聖なる仙人たちはなぜその学芸を究める老碩学を守護できなかったのか、と嘆くことしきりである。渡辺はピッシェルの略歴をあげて次のように追悼する。

翌年平和克復し、普魯西王国、全独逸を統一するに及びて、教授は伯林に出で、大ウェーベル翁鉗槌の下にありて、其百錬の精金をして、層々光輝あらしめぬ。次で教授は英国に趣き、牛津と龍動とにありて、主としてカーリダーサの戯曲を研究し、力を古謄本の繙読に専にせり。千八百七十四年、郷里の大学に入りて始めて講師となり、幾もなくキール大学の聘する所となりて、助教授に挙げられ、次で正教授に陞進し、同八十五年に至り、ハルレ大学に栄進したり。一千九百二年、大ウェーベル翁逝きて伯林大学の梵学講座空席を生ずるに及び、推されて、この栄誉ある講壇を担任し、普国のケハイメル、レギールングス、ラート（枢密顧問）の重職に叙し、又伯林学士会院の会員となれり。

教授の得意とする所は、古印度俗語、即プラクリットにありき。晩年仏教の研究に力めて、頗有望の著作あり。グリュンヴェーデル博士、及ルコック氏が高昌の故地を発掘して、巨多の仏教古文書の断片を伯林に齎らし帰るに及び、教授は主として之が研究に当り、仏教聖典史上、没すべからざるの貢献をなしぬ。

（同、下、三九三―三九四頁）

ピッシェルは若き日にキール、ハレ、「大ヴェーバー」没後、ベルリン大学第三代インド学教授に就任。もっとも得意とする研究分野はプラークリットであるが、中央アジア出土品をはじめ仏教文献でも多大な貢献をなしはじめた矢先であったという。

予、教授と相識る甚深からず。而も教授の稿出づる毎に、多く恵贈の恩を荷ひぬ。五年前、雑含の研究出でしとき、予は恵与を謝せむが為に、黒田真洞老師の「仏陀の光」英訳一部を呈したりしに、教授は懇に之を謝して、此書を賞讃し、且一二の評語を寄せられき。

（同、下、三九五頁）

生前、ピッシェルは論文出版のたびに自分にも送ってくれたという。ピッシェルの死はカルカッタ大学に招聘された直後のことであった。その後、カルカッタ大学ではピッシェルの栄誉を顕彰すべく氏の蔵書を買い上げ、特別室を設け、そこに陳列した（シュタッヘ・ローゼン『ドイツのインド学者』一〇八頁）。

明治四十一（一九〇八）年四月三十日　姉崎宛書信。

此三歳の間、母を喪い亡師を哭し心に百憂を懐き身に疾病の苦を受け衣鉢常に乏しく薪米の資も欠くる所多かりしも、些許の信念と介爾の研究とは日に慰籍と生命を授けて、病残の衰躯尚大に為すべきの自覚あらしめぬ。

（同、下、五八〇頁）

この書信ではすでに三年前から故国の母や師（雲台）を亡くし、経済的にも窮状しつつも研究が慰めであることを伝える。そうして姉崎にもピッシェルの死を伝えた。

三時過、恩師（補、ロイマン）来られ候。午前に続きて、金剛智の理趣般若の訳を筆受せられんために候。覚束なき独逸語にて、小衲訳すを、師は之を正確なる独逸語にて写得せらるるに候。訳全く了りたる後、かの遺稿を示し、故人の事何くれとなく語り申し候。小照（補、ピッシェルのこと）及びベナレス大学朶士林の画など相示し、且其遺稿の一なる七仏通誡偈梵文と共に読みて、互に泫然たるもの有之候。ウエンツエル、フート、トレンクネル等、中道摧折せる師が友人の上を語られ候ては、今昔の感深く有之様に見られ候。

（姉崎宛、同、下、五八一頁）

ピッシェルを悼んで研究室で、ロイマンとともにピッシェルが校訂した「七仏通誡偈」の梵文を読んだ。

ヴィゴー・ファウスベルの死

同じ明治四十一（一九〇八）年六月、パーリ語学者ファウスベルが没した。二カ月後にコペンハーゲンで開催される第十五回万国東洋学会を控えてのことであった。

而して此等の名流大家は、開会の劈頭、丁抹（補、デンマーク）学芸の淵叢として、斗然北海の雄鎮たるコーペンハーゲン大学に対して、盛に其栄誉を頌すると共に、亦必ずや同大学の元老として東洋学の泰斗として、学徒の瞻仰する一老教授に、功労旌表の辞を捧ぐる其参列目的の随一に数へたりしや疑なし。然るに此老碩徳は、盛典に先つ僅に十週、忽然として白玉楼中の客となれり。世界の学者は、洋々たる歓声の裡、荘厳なる式場に、雪白の頭上、月桂冠を受くるの人を見る能はずして、却て深痛なる悲を籠めたる花環を、新しき墓前に捧げざるを得ず。

（「ヴィゴー・ファウスボェール先生を哭す」『壺月全集』下、三八八頁）

学会当初の予定では、ファウスベルに栄誉を捧げる祝典となる手はずであった。それが逆に追悼会と化してしまう。

夫苟くも東洋学の一端を窺ひ、若くは宗教学の多少の知識を有するもの、誰かファウスボェール先生の名を耳にせざるあらむや。先生がパーリ語学に於ける、長に東洋史学の重要なる紙幅を充填すべきもの。萬世に亘りて朽ちざる開拓の功勳に至りては固より永く学者の感銘すべき所たり。特に仏教徒にありては、先生が真摯にして同情溢るるが如きパーリ聖経の公刊に対しては、殆ど宣教弘法の大徳使徒として尊敬を捧ぐるの責なしとせず。独勉梵学の大祖アルブレヒト・ウェーバーが仏教倫理の宝函と讃揚したる、法句経の原文を、甫めて欧州に公刊したるは誰ぞ。厖然たる本生経全集を出版して大に仏教聖語研究の根基を強固にしたるは誰ぞ。是我がファウスボェール先生にあらずや。

（同）

渡辺自身はファウスベルの弟子のアンデルセンと知り合いだった。

予や先生の高足アンデルゼン教授と相識る。トレンクネル謄本に就きて、同教授の労に負ふもの少しとせず。而も先生が童顔仙骨の温容に至りては、夫の雄偉壮大なるスカンディナビヤの風光と共に、渇仰の情、寤寐徒らに馳せて、相接するの縁熟せず。小論文出づる毎に、之を呈して聊か景慕の情を慰めたるのみ。（同、下、三九一―三九二頁）

ファウスベルを追悼して次の詩を捧げている。

北海洪濤、雲烟万里、雄景空しく存して、講閣人空し、悲しい哉
白百合や過ぎにし夢に月宮を　かいまみしことありきとおもふ

中央アジア出土写本解読の渦中

明治四十一（一九〇八）年、中央アジア出土文書の解読は着々と進んでいた。この頃になるとロイマンはロシアやイギリスで保管され、いまだ特定し得ていない出土品をシュトラースブルク大学に集めるべく、それぞれの学者に提案した。

茲に於てか、恩師は右の結果（補、コータン語断片が僧伽吒経と確定）を、中央亜細亜研究の二大元老、即露のヲルデンブルグと、英のヘルンルに報告し、書を送って、スタイン其

他の梵文や、例の死語で書かれたもので証定を要するものは、ストラスの大学に送付したらば如何との提議をした。学問に忠実で、公益の為に吝ならざる両碩学は、直に之を快諾し、十数日の後には、恩師の書斎は、ペーテルスブルグ大学、大英博物館其他から着した珍奇至宝の古写本断片で累々として机上に空地のない様になった。

（「新に発見せられたる西域古語聖典の研究」同、上、四七九頁）

ロイマンの提案を受けて十数日後にはロシアのオルデンブルク、イギリスのヘルンレから断片類が送られてきた。その断片類でロイマンの書斎はいっぱいとなり、ロイマン、渡辺らはさっそくその解読作業にとりかかりはじめた。

其処で吾々は易きに従って、先づ梵文から片付けることにして、業を二部に分ち、恩師は第一に熟練な言語学的、字象学的の方面から精確なる音訳を作成すること、即断片の全文を、羅馬字に改写することに当り、予はこの精確な音訳に依り、間原本をも見て、教理的文学史的に之が何経なるを断定し、且つ精確に其符合した箇所を、漢経の中から探し出すので、即証定の事業に当ったのだ。

かくして、余は法華や、金光明や般若のような、極めて普通の古写経断片、十余葉の外に、象腋、大白傘蓋、宝積迦葉会、縁起聖道経等、顕密の諸大乗経を証定し、更に雑阿含月喩経及婆耆奢経、長阿含の大集法門経、阿吒曩胝経等極めて珍奇な梵文も得、あまり仏学者の知らぬ、首迦長者所問経の様な小乗経の原文も出、法句経の異本も多数の断片を見出した。
（同、上、四七九頁）

ロイマンと渡辺の協力によって『法句経』の異本、『阿含経』、小乗仏典、大乗経典、密教経典の断片が次々と同定された。

去年の秋であった。ヲックスフオードのヘルンル博士から、大英印度局のトオマス氏が研究した西域古文書の断片十数葉を、恩師ロイマン先生宛に送致して来た。（略）尚見当がつかぬものが、数枚あったので、言語学上の是正を恩師に請ふと共に、証定の方面では、予が取るに足らぬ助言を乞ふとの事であったのだ。茲に於てこの未定の断片を調べて見ると、大集部に属するものが四枚——賢護分のが一つ、賢幢分のが一つ、日蔵月蔵各一枚宛——と、舎利弗陀羅尼経（略）のが一葉、何れも珍品の珍であった。それが即大涅槃経の一断片であった。
（「大般涅槃経梵文断片」同、上、五七二頁）

オックスフォードのヘルンレは再度、未比定の断片を送付してきた。それも二人によって次々に解読されている。ところでこの「大般涅槃経梵文断片」と題する論文では日本の仏教学者も今後、こうした漢訳と西域出土サンスクリット本との対比研究をすべきであると次のように付言する。

西域古聖典学は、今や漸く呱々の声を挙げた計りで、之が成人の暁までは、まだ幾多の星霜を要する事であらうが、この折り研究が仏教全体に及ぼす影響の大なることは、已上の涅槃梵文の断片一つでも、識者は必らず首肯することと思ふ。而してこの新研究につきて、最も有力の利器は、即漢訳の蔵経である。予はこの稿を終るに臨みて、漢訳を講究するに最有利有益の地位にある日本仏教徒に、今一段の奮起と勉励とを切望するの情、太だ切である。古代の諸三蔵が千辛萬苦、骨を粉にし身を砕いて歴訪探求した古西域の聖典は今や雲の如く学人の前に其研究を要求して居るのではないか。（同、上、五八四―五八五頁）

渡辺が日本の仏教学者もサンスクリットなどの原典研究に従事すべきというのは、留学前からの持論（「奮って聖典原文の研究に従事せよ」明治三十年）であった。ここでは改めてこの持論を提唱している。

この頃、ドイツ探検隊が持参した出土品でロイマンの手元にないものは渡辺自身、経済的に困窮の最中ながらもベルリンにまで赴き、実見している。

グリュンヴェーデル蒐集の無数の珍品は教授リューデルスや博士ミューレルの厚意とル・コック老爺の非常の親切で充分に見ることを得たが、伯林滞在の時間が頗る短かった為に一つも手を着ける事が出来なかった。（同、上、五四〇頁）

その際、実際に探検に赴いたル・コックに会うことができ、氏の親切さに感謝している。渡辺はル・コックから直接中央アジアの情報を聞くことができたはずである。

非公開の大谷探検隊出土品

ロイマンは中央アジアから出土した写本類をロシア、イギリスから取り寄せ、次々と解読していったが、日本にも大谷探検隊が中央アジアから見出した写本類が存在した。そこでロイマンと渡辺は、さっそくそれらを日本から取り寄せて研究しようと、探検隊長大谷光瑞に書信を送った。その経緯の一端は渡辺の次の論文から知られる。

吾々は今この新研究につき実に多きが上にも多く、完きが上にも完き資料を要するのである。そこで恩師と余は、西本願寺法主に書を呈して、其蒐集せられた材料の中、この死語に関するもの丈、短期の恩借を申し出た。法主の返書は、極めて感謝すべきものであったが惜い哉、其珍奇の資料は、今や内務省の保管に属して容易に原物を貸借することは出来ぬとのことであった。

凡そかかる精微な字象学上の研究が、現物に臨むにあらざれば、往々所謂隔靴掻痒の点が多くて、完全なことは到底不可能のことは、此種のことに従事したものの、明かに経験する所である。故に恩師は再度書を法主に呈して、寛大なる恩借を世界学術のために、懇願した。ペータースブルグの大学も、大英の博物館も、公共のため学術のためには喜むで前記巨大多数の珍品を頗る寛大に貸与して呉れたのであるから、吾が内務省も徒らに珍品を宝庫に秘蔵するの愚をなさず、奮ふてこの新研究の為め、万国的学術の交際を開始せらるることは偏に予の信ずる所である。

（「新に発見せられたる西域古語聖典の研究」同、上、四八四—四八五頁）

ところが大谷探検隊が中央アジアからもたらした出土品は西本願寺側から内務省側に渡ってしまい、しかも非公開とされてしまった愚を嘆いている（日本側の非公開の立場は渡辺が帰朝した後の明治四十五年の時点でも同じであった）。ロシア、イギリス、ドイツ、フランスではいずれも出土品の研究が順調に進展しているのに反し、日本だけが非公開の立場をとっていた。

スタインが前後二回の蒐集は既に幾多の報告も出て厖然たる大巻の出版さへ出来た。最近第三回の大成功で得た材料はまだ手が着かぬ様だが、これも遠からず続々報告が発表される事だらう。独逸蒐集の資料はリューデルス、ミューラー等諸学者を先鋒として伯林学士会や大学の連中が鋭意の研究は報告毎に学会を驚かして居る。ペリオの集材はセナール門下の俊才やレヴィ一派の学者が着々研究に従事中との事だから伯林アカデミーにまさか一着を輸する様な不様はあるまいと思ふ。

而して吾国西本願寺の蒐集は未だに何とも世界の学壇に報告もなければ其研究の分担さへも一向世に知られて居らぬ。一体折角集めた好材料だから宝の持腐れにせずに吾国で出来るものは力限り研究し、吾国で少し手の届かぬと思ふものは英でも独でも露でも相応な学者に遠慮なく使用させて学界の利益を計ったらよからう。英国でも露国でも現にそれを実行して居るではないか。兎に角西本願寺或は私人の大谷伯爵家では今少し其蒐集の材料を学術界に利用し世界的に文運開展の道を講ずる様に願へぬものか。

（「干闐発見の大品般若断片」同、上、五三九―五四〇頁）

この時点ではベルリンのリューダース、ミュラーらが引き続き写本解読に従事し、フランスでもセナール門下、レヴィ一派が着々と研究中とある。これに対し日本の場合、問題は内務省よりむしろ西本願寺側にありとし、非公開は宝の持ち腐れと断ずる。

帰朝

渡辺は帰朝の前の年（一九〇九年）に、「新発見の阿含諸経梵文」「天台山の古梵文に就きて」「大般若経概論をよむ」「漢代仏教古経典の発見」「普明王本生に就きて」「大般若経の伝来」と、論文を精力的に発表した。

あしかけ十一年の留学を終え、三十八歳で明治四十三（一九一〇）年三月、ついに帰朝した。浄土宗から送金を打ち切られても帰らなかったことについて、高楠順次郎はこう回顧する。

君の洋行は随分長い間で、十三年間も居った。帰れと云っても帰らない。旅費を送れば、平気で滞在して還らない。後には浄土宗務所も閉口して、旅費も滞在費も送らない。君の下宿費は幾月経っても支払はれない。やかましく催促すると、そんなに催促するなら自殺すると云ふ。それでは最早催促しないと云ふことになった。結局、それでは治まらない。宗務所は、遂に、時の駐独珍田大使（編者云大使は渡辺先生外国語の師）に頼んで、君を送り還へしてもらうこととなった。これは不可抗力と思ったか、遂に帰朝した。

（『壺月和尚の面影』三九頁）

とうとう駐独大使の催促でようやく帰朝するに至ったという。

諸家のみた渡辺海旭

渡辺は留学中、師ロイマン以外にもドイセン、ガルベ、ベンドール、ヴァレザー、アンデルセンをはじめ、きわめての多くの学者と交流し、勉学に励んだ。そのありさまは以上のいきさつから知ることができよう。姉崎は渡辺の追悼文（「人間ばなれのした自然児」）の中で、当時を回顧しつつ次のようにいう。

学者として壺月君の研究は梵漢の古典であり、ストラス在学十年は多くその方に没頭した訳である。然し如何なる古典も壺月君の手にふれては単に古典でなく字句文書の研究の中にも人情味の光がさし、温味が加はる。普賢行願讃は即ち仏徒行願の光と熱とを示し、一角仙人の物語を典籍の間に探っては、そこに仙と人との交渉が見える。或時（一九〇一年）の書信に曰く、

此間シャクンタラを初め候。鉤章錬句に頭を痛むる事少なからねども、又情趣津々として捨て難き味も有之候。

君の古典研究に於ける心持は、つまり此にあったので、古書を比べ章句を尋ねつつ、その間常に人情の微妙な階調が心に響いて来たのである。されば、その心が交友に対しては友情となり、社会に対しては熱情となり、三宝に対しては虔信となって動いたのであらう。

（『壺月全集』下、六一九頁）

渡辺はその研究にまで氏自身の温かい人間味がにじみ出ているという。あるいはまた荻原は自身の帰朝直後、留学当時の渡辺にふれ、

君天然の烱眼卓識を具し、一聞千倍の量あり。尚課余は彼地の民情風俗を観、教会の組織を探り、社会の趨勢を察し、君の挙措実に端倪すべからざるものあり。君が是の如き多方面に趣味を有し観察怠らざるは、謂つべし天稟なりと。これ敢て僕の諛辞に非ず、従来君と交際せる人、君の性格を知れる人は咸僕の此言の誣ざるを知らん。

（『教報』七〇七）

という。荻原は再度、『大正大学学報』（昭和八年刊）に「独逸遊学時代の渡辺教授」と題して、

ロイマン教授の学風は、水の徐ろに地中に滲透するが如く、精緻にして着実、漸漸進行し、深く涯底に達せずんば止まざるに比し、渡辺君の智解は、猛火の炎々たるが如く、猛利にして勇鋭、踊躍して瞬時も止まらず、才気横溢して、博く渉猟せんとす。故にロイマン翁の慇懃懇篤なる干渉には却て辟易せしこと一再ならず。駿馬の槽櫪の間に困惑するの概ありき。両氏は是の如く風格を異にすれども、君の旺盛なる知識欲、細心の注意、進取の気魄、鬱勃たる研究心は、師の言辞を少しも忽緒にせず、悉く取り納れて、巧に自家薬籠中のものとなせり。

という。これは師ロイマンと気質は異なるものの、学風はすべて伝授され、自家薬籠中のものにしたというもの。荻原はまた留学時の交友について次のようにいう。

君の性甚だ任侠に富む。同朋の衣食に窮するものあるときは率先して救済の途を講じ、或は帰国の旅費を与ふるの類なり。故に君の恩に感ずるもの少なからず。又君は人を款待交驩すること切なり。新来の本邦学生にして君の恩顧を蒙らざりしものは稀なり、或時は誘ふてストラス堡郊外なる橙園《オランジェリー》に杖を牽き、群芳研を競ふ中に麦酒の坏を奨め、或時はライン河畔の徜徉を勧め、風薫る涼蔭に倶に葡萄の芳醇に酔ふ、みなこれ異域望郷の旅情を慰むる一手段たり。医師、文学者、教育家、軍人、記者等公私の諸氏、交友の親附せる

もの甚だ多し。（略）君は苟も余暇あらば、沿道各地を訪ひ、足跡を印せざる無く、見聞を博くし、交際を繁くし、広く社会相を視察し、新知識を納れ、以て帰朝後活躍する素因を蓄積したり。

（『荻原雲来文集』三五―三七頁）

五年間同宿した者の観察ゆえ、ドイツ時代の渡辺海旭の生きざまが、ここに集約されていると思われる。

11 荻原、渡辺とローゼンベルク

一九一二（大正元）年、ロシアから一人の若き仏教研究者が日本に到着した。その名はオットー・ローゼンベルク（一八八八―一九一九）。日露戦争（一九〇五年）が終わり、日露講和条約が締結されて七年目のことである。

当時、仏教研究の目的でロシアからわが国に留学生が来ることなど前代未聞であったが、ローゼンベルクは四年余滞在し、帰国した。帰国後は当時ロシアの首都であったサンクト・ペテルブルク大学の教授に着任している。かれの滞在の目的および日本での足跡を追ってみよう。

ロシアと日本の仏教界

ロシアのインド学はミナエフ（一八四〇―一八九〇）によって開始された。その後、インド仏教学の基礎を築き上げたのはセルゲイ・オルデンブルク（一八六三―一九三四）である。ロシアは一九世紀になると南下政策を取りはじめ、中央アジア、とりわけトルキスタンから西域にかけての文化を把握する気運が急速に高まり、パミール高原寄りに位置するカシュガルに領事（ペトロフスキー）をおいた。

領事に着任したペトロフスキーは当地で紀元五世紀頃のインド古語の断片を見出し、それがきわめて珍重すべき資料であることがわかり、ロシア政府は一八九八年に中央アジアの遺跡を調査する探検隊を派遣した。この調査は前後三回にわたったが、第二次、第三次の隊長となったのは当時ペテルブルク大教授であったセルゲイ・オルデンブルクである。

ロシアに刺激されてその後ドイツ、フランス以外に日本も大谷探検隊を一九〇二年に派遣したことは広く知られている。

こうして当地から発見されるサンスクリット語、チベット語で書かれた古い断片を中心としたいわゆる北方仏教に対する研究熱がロシアでにわかに高まった。これはすでにリス・デヴィズ、ヘルマン・オルデンベルク、チルダースらが主にパーリ語資料に基づいて研究していた南方仏教の主潮とは別の、新しい仏教研究の流れとなった。

ペテルブルク大学のオルデンブルクの弟子がシチェルバツキーである。シチェルバツキーはウィーン大学でビューラーにインド詩学、パーニニ文法、法典類を学んだ後、ドイツのボン大学でヘルマン・ヤコービにつきインド哲学を学んだ。このシチェルバツキー門下から東洋学のエルンシュタット、蒙古学のウラジミールツォフ、仏教学とインド哲学のローゼンベルクとオーバーミラーが輩出した。

ローゼンベルクも師同様、ドイツのボン大学でヘルマン・ヤコービに師事したが、まもなくペテルブルクに戻ってしまう。仏教に興味を示したローゼンベルクにとってインド哲学とジャイナ教を専門とするヤコービには違和感があったと思われる。しかし翌年、ベルリン大学で今度は日本学を修めたのち、ペテルブルク大学を卒業するに至る。その後、師のシチェルバツキーは世親のとりわけ『倶舎論』の重要性に注目した。そのきっかけとなったのはシチェルバツキーがインド滞在中（一九一〇年から一九一一年）、カルカッタで一人の日本僧山上曹源（氏はカルカッタ大学講師をし、当地で *Systems of Buddhistic Thought.* を出版している）に会い、日本には『倶舎論』研究の伝統が今もって続いていると聞いたことによる。シチェルバツキーはそのことをローゼンベルクに書き送るとローゼンベルクはにわかに日本行きを決断したのである。

ローゼンベルクは日本留学と研究の目的を次のように述べている。

○一九一二に東洋科が私を日本へ派遣したのであったが、それによって私に課せられた課題は、日本語の講義に対する準備に必要である日本言語学の領域における一般的問題とともに、きわめて限定された特殊研究をも包括し、しかも日本における宗教的および哲学的文献、とくに仏教の生きた伝統の精通を包括し、もってこの伝統がインド仏教ならびにインドの宗教と哲学の研究にたいして有している意味を確定することであった。

○日本の生きたスコラ的伝統、日本の教学的文献ならびに彼らの力で開かれたアビダルマ文献を熟知することによって見出した成果を叙述したいと思った。そうすることによって仏教の叙述を従来ほとんどあるいは全然利用されなかった典拠にもとづいて与えんとする試みをなしたのである（以下、佐々木現順訳『仏教哲学の諸問題』による）。

日本には「仏教の生きた伝統」があり、その伝統がインドの仏教、宗教、哲学をみるうえでどのように関わるか、具体的には日本にみられる「スコラ的伝統」を熟知することにあるという。また、

日本および中国の古典によって仏教を研究する際、今までヨーロッパで全く未知であったこの哲学的センターに伝持されている伝統を利用しつくさなければならない。インド哲学に関する他の労作の成果とともに、その諸記録も収集されなければならない。仏教および中国におけるその伝統の現状については、ただわずかな記録だけで判断しなければならない。明らかなことは中国における仏教は傾斜を辿っており、日本の積極的仏教と比較され得ないことである。

と、当時、ヨーロッパでは中国、日本の仏教について全く未知であり、また、

究極的結果として、インドと東アジアを包括し、さらにインド、中国、日本の最盛期にあれほどまで大きな役割を果たした宗教的文化的現象がはっきりと顕わになるであろう。これらの国々の文化史的研究は仏教の知識なくしては不可能なのである。ちょうどギリシャ哲学やキリスト教の知識なくしてヨーロッパ文化の研究が考えられないと同じである。と、それを知ることによってインドから東アジアに伝播した仏教がどういうものであったかがわかるという。かれは日本には様々な宗派が信仰上大きな役割を占めることも承知していた。しかしローゼンベルクはそれらの宗派よりも、古来宗派で横断的に重視されてきた学問、つまり「倶舎・唯識」を学ぶために来日したのである。

事実、北方仏教圏で倶舎・唯識の生きた伝統が連綿と続いているのは日本だけであった。日本仏教の母体であった中国にもスコラ的仏教の伝統があり、それが日本に移植されたのも事実である。しかし中国では元の時代以後、戦乱によって中国僧の著した重要な著作のほとんどが自国から失われていた。たとえば、日本の浄土宗系で重視する曇鸞、道綽、善導の著作、唯識系では基の『成唯識論述記』、華厳系では法蔵の『大乗起信論義記』などのごときは、五百年このかた中国人が眼にすることすらできなかった（陳継東「近代仏教の夜明け」『思想』九四三）。「大蔵経」の上海版は明治時代に日本から逆輸入されたものである。

ローゼンベルクによれば中国の文化史と仏教とはもはや何ら接点がなくなり、したがって仏教の政治的社会的影響の点では日本と比べものにならないという。ローゼンベルクの注目する玄奘およびその門下の基、普光の著作が中国に存在せず、研究の伝統すらないのが現状であれば、ローゼンベルクのめざす留学先は日本以外にないことになり、こうして氏の日本行きが決まったのである。それに加えて、日本では僧は文化の伝持者の立場にあり続けているから、ともいう。

では、ローゼンベルクが日本に来た一九一二年当時の日本仏教界の状況はどうであったか。この年は明治から大正に変わった年でもある。すでに示したように、ヨーロッパにサンスクリット、パーリ語などの原典研究の伝統があることを知った日本仏教界は、一八七六年にイギリスへ初めての留学生を送り出した。南条文雄、笠原研寿を手始めに、以後、フランスへ藤島了穏らを、その後常磐井堯猷、高楠順次郎、さらに浄土宗では一八九九年にドイツへ荻原雲来、一九〇〇年に渡辺海旭を送っている。ローゼンベルクの来日は、このうち最後に留学した渡辺海旭が一九一〇年に帰国してからである。いずれもサンスクリット仏典を学ぶためであり、それまでの仏典の資料が漢訳だけであったことからも知られるとおり、仏教学界では大きな転換期を迎えていた。

日本人が海外へ留学したことがきっかけとなって来日するヨーロッパの仏教学者もいた。その人はシルヴァン・レヴィである。かれはフランスの自分の許に留学した藤島了穏、藤枝沢通の影響で日本仏教に興味を示し、一八九七年から翌年にかけてインド、ネパール、日本を歴訪した。インドでの成果はドイツのロイマン（*Kleine Schriften.* S. 555）をして、今までのビューラー、ピーターソン、キールホルンの研究旅行を影の薄いものとしてしまったといわしめた。この点は渡辺によると、

仏教聖語学の巨匠として学梵漢に亘り、屡々世界の仏教国を歴訪して、其研鑽の透徹、学識の深玄、毎に世界学会の尊敬を一身に鍾めつゝあるパリのシルヴァン・レヴィ教授は、両三年前再び尼波羅の首府、カトマンドーに入り、王室図書館に於て図らずも、仏教学界に五十葉に満たずと雖、大乗仏教特に瑜伽仏教の研究に於ては、一大彗星の光芒陸離、突如、黒暗の空中に出現したりしに似て学界の驚愕讃嘆、近時殆ど之に集中したるの観あり。吾国に於ける法相の学壇は論なし。（「仏教梵文学の研究と巨匠の精進」）

とある。何しろ唯識で重要な『唯識二十論』『唯識三十頌』『大乗荘厳経論』、あるいはハリバドラの『現観荘厳論』などを発見したのはこのレヴィである。

レヴィは日本には漢訳仏典が多数あることや一部の梵文断片が存在することに惹かれた。この梵文断片とは東寺、海竜王寺、高貴寺、知恩寺にあるものをいい、いずれも中国から伝来したもので、その内容は当時『倶舎論』の「世間品」などとみられていたものである。レヴィは自身の晩年の回顧によると、とりわけ『倶舎論』に関心を寄せたという。それは、

なんといっても一番さかんなのは仏教の教義や諸派のインド哲学の研究である。キリスト教が段々にさかんになるにつれて、それに刺激されて西洋の科学的方法をもって、インド思想を見なおすふうがさかんになった。ことに自分は以前から『阿毘達磨倶舎論』にしたしみ、その翻訳を出版しようと思っているので、日本におけるこの研究にとくに注意したわけである。『倶舎論』の研究は千三百年も前から発達して来て、今に至るも衰えないので、おびただしい注釈が中国や日本でできている。それらについて自分は優秀な専門家に指導してもらうことができた。その結果豊富な資料をフランスへ持ち帰ることができたから、今とりかかっている翻訳にはおおいに役立つであろう。（前嶋信次『インド学の曙』）

といっていることからもわかる。レヴィの研究分野は広範であるが、荻原によれば、レヴィの第一回の来日の時点、つまり一八九八年に、

現に倶舎論研究の目的を以て遠く我国来遊中のモシュー・レヴィの如き其一人なり。（「印度仏教史綱要」）

とあるように、その目的の一つはやはり『倶舎論』であったとする（このレヴィがローゼンベルクや荻原とも関わることについては後述する）。

アビダルマ研究のプロジェクト

ローゼンベルクが来日した翌年（一九一三年）、ロシアの仏教学界で大きな動きが起こった。中央アジア・イギリス探検隊のA・スタインによってウイグル語訳の『倶舎論』断片が発見されたことにちなみ、シチェルバツキーが『倶舎論』研究の国際的プロジェクト（正式名はEncyclopedia of the Abhidharma）を立ち上げたのである。このプロジェクトにはちょうど倶舎に興味を示していたフランスのシルヴァン・レヴィ、イギリスのD・ロス、ベルギーのドゥ・ラ・ヴァレ・プサン、わが国の荻原雲来、ロシアのシチェルバツキー、それにローゼンベルクが参加した。

このメンバーに荻原が入ったいきさつは、メンバーの大半と旧知の間柄だったからだろう。荻原の留学先のシュトラースブルク大学ではロイマンの許にロシアのオルデンブルクから中央アジア出土資料が続々と送られてきていたし（後述）、『現観荘厳論』の写本をロイマンを介してレヴィから借覧したりしていた。あるいは荻原が当地で校訂出版した『瑜伽論』「菩薩地」に対し、プサンらが絶賛していることからも知られるように、荻原からみれば、メンバーの大半は旧知の者であった。こうして結成された『倶舎論』研究のメンバーは当時世界の錚々たる学者の集まりであり、今からみても一偉観である。

研究対象となった『倶舎論』は、スコラ哲学を説くアビダルマ文献である。もっとも当時ヨーロッパにはこうしたアビダルマを軽視、もしくは無視する学者がいた。ドイツのドイセン（一八四五―一九一九）は『一般哲学史』を著し、比較哲学のうえで偉大な学者で、わが国の哲学者にも大きな影響を及ぼしたものの、アビダルマに関しては、

> これらのピタカ（アビダルマ聖典）は以前から想定されているように、形而上学を含んでいない。その代わり名称が意味するように、（旧約聖書）モーゼ五書の第五書同様、補足的規則、法の規定を短く再説するのはなぜか、とか議論の余地ある点に詳細に立ち入っている。（S. 142）

と、そこには哲学が説かれていないと断じている。あるいはインド文献の全分野を網羅的に把握したヴィンテルニッツ（一八六三―一九三七）もアビダルマを「仏教スコラ哲学」と解し、

> アビダンマという語は、「高い宗教」とか「高い宗教の玄妙」を意味するので、ときには「形而上学」とも訳された。しかし、真実には、アビダンマは形而上学とは何の関係もなく、哲学に関しては経蔵に教えられているようなダンマというより以上の関係も以下の関係もない。論蔵と経蔵との相違は、実に、ただ前者がいっそう詳細で、おもしろ味がなく学究的であり、一口に言えばスコラ的であるという点である。両者は同一の問題を取り扱

う。アビダンマの書物に独創性とか深奥性を見ようとしても無駄である。重点を置いているのは定義と分類とである。と言っても、定義は辞書として、また仏教術語の知識に対しては価値があるけれども同義語の無限の連続を主としているだけともいえ、失望させられる。また分類も、それらが含んでいる倫理の心理学的な基礎を創り出そうとする企ては評価されるが、精神作用の徹底的分析は稀である。それ以上に、しばしばそれらは単なる列挙であり、不当に延長されたり気まぐれに創作されたりした陳腐な範疇にすぎない。おおむね、すべてこれらは教条以外の何ものをも生じないで、科学的と呼ばるべき研究の跡は何もない。

（中野義照訳『仏教文献』）

と、やはり「形而上学」はなく、「独創性」「深奥性」もむろん科学的研究の跡もなく、単なる定義と分類だけにすぎないとまでいう。

リス・デヴィズ夫人は自身、南伝アビダンマの『法集論』を英訳するという業績があるにもかかわらず、次のような感想を吐露する。

閉ざされた伝承の中の、過去が現在と未来とを支配するようなこの遁世生活の家を出るにあたって、わたしたちは（その家について）掃除がゆきとどき、小ぎれいに飾られ、きちんとした部屋ではあったが、その窓は閉ざされ鎧戸がおろされ曙光に向かって何の展望をももたらさないかのような印象をうける。

（同訳、*JRAS.* 1923）

こうして当時、ヨーロッパでは経典だけに注目し、その注釈書を無視する傾向まであった。しかしアビダルマに対するこうした否定的見解、あるいは誤解に対して、ローゼンベルクは、原始仏教研究はアビダルマ叢書に摂せられている体系的論書即ち、事実上、後期の仏教的組織の根柢となっている所謂、長老達の文献を以って始めねばならないものであって、経を以って始めるのではない。従来ヨーロッパに於いては、常に、経が注目せられていた。特に、真正な純粋な仏教を含むと言われるパーリ経典が注目された。経典は独立的に説明し翻訳された。論書と注釈に於いて保持されている伝統的解釈は、多少とも無視された。パーリアビダルマは殆ど研究されなかった。（略）然し、実際、仏教教学と仏教宗派史を理解する鍵鑰はまさに、アビダルマの中に含まれているのである。というのはアビダルマは、実際に、指導的仏教者の間で支配的であった諸思想に関して権威ある指示を我々に与えている。然し、我々が経に対して想定し勝ちな多少とも任意な解釈に基づいているような思想に関してではない。かえって、経そのものに関してである。というのは経の中で我々は簡潔な形式を見出し、而も、簡潔な形式はアビダルマの知識なくしては単なる人為的組み合わせにしか過ぎないものとなるであろう。

と、仏教教学を理解する鍵はアビダルマにこそあるといい切る。経典だけを依りどころとした場合、仏教の重要な概念一つ規定する際にも、諸学者の間で齟齬をきたすゆえんはアビダルマを理解しないことに起因するという。

重要な多くの仏教的原理の把握が一定していないことを確信しようとするならば、ビュルヌフ、オルデンベルク、リス・デーヴィズ、ケルン、ドイセン、ド・ラ・ヴァレ・プサン、ワレーザー等のヨーロッパの著者の著作に見られる行（サンスカーラ）、十二支縁起、色（ルーパ）等に関する論議を比較してみれば十分であろう。仏教術語の、一見して、著しい不明瞭さの主要な理由は一方、資料の不完全性にあり、また他方、誤った評価―アビダルマ文献がそれに属している―にあるように思われる。

こうした時代にシチェルバツキーによって立ち上げられた『倶舎論』研究プロジェクトが国際的にも大きな意義のあったことについて、シチェルバツキーの師オルデンブルクは次のように評価した。

かくして一ロシア学者の創意で始められ、彼によって国際的に行われたこの仕事は仏教哲学及び仏教自体の系統的研究の固い土台をつくった。……シチェルバツキーとその協力者たちの企ての実現によって初めて仏教の系統的、計画的研究が始った。この非凡な宗教はこのような研究を永い間待っていたのである。（カリャーノフ、金岡秀友訳『大乗仏教概論』）

来日から帰国へ

来日したローゼンベルクに親しく接した者に池田澄達がいた。しかしもっとも氏の身辺の世話をしたのは渡辺海旭であろう。ローゼンベルクの最初の著書『漢・日資料より見た仏教研究序説』は渡辺と共著で出版されているし、渡辺の面倒見のよさ、「功を他に譲る」（荻原雲来の発言）精神は生来のものといわれるからである。渡辺はドイツから帰国した後もわが国にやって来た外国人に対して援助の手をさしのべた。深川の自坊西光寺は外国人の出入りが絶えず、そのため「国際テンプル」の異名があり、氏自身、自坊を「招提寺」（四方の人）といったほどである。

たとえばドイツ人で、セイロンに帰化して比丘僧となったニャーナティローカ、ドイツ名アントン・ギュート（渡辺は「智証」「智三界」と当てる）も渡辺の全面的支援を受けた一人である。第一次世界大戦の戦下を逃れてセイロンからさらにわが国に来ると、身辺の世話一切をしたのは渡辺であった。

ニャーナティローカは知名度は低いもののパーリ語の世界的権威というべきで、その著作もきわめて多い。『パーリ語文法』（*Pāli Grammar*）、『ブッダのことば』（*Das Wort des Buddha*）、

『さとりへの道』（*Der Weg zur Erloesung*）をはじめ、翻訳として『増支部経典』『清浄への道』（『清浄道論』独訳、*Der Weg zur Reinheit*）、『人施設論』などという大部なパーリ論書の翻訳などがある。来日中（一九二〇年から一九二七年）といえども「仏教の瞑想について」「仏教の僧院」「『清浄道論』について」（いずれも独文）などの論稿を外国の研究誌に発表し、宗教大学あるいは曹洞宗大学で教鞭をとった。これらは渡辺、荻原の援護があったためであろう。このニャーナティローカは来日時にドイツ僧（ワッポー）を伴ったまま、二人ともに八年間、西光寺に投宿した。ローゼンベルクが渡辺から熱烈な歓迎をうけ、厚遇されたことは渡辺の「日露新協約と仏教」と題する次の一文からも明らかである。

○日露両大帝国の新協約は、戦雲暗澹の間、突如一道の曙光を赫揚して、東洋の平和は為に磐石の固きを加へたる喜あるとき、吾国民は此光栄あり礼譲あり権威ある美はしき国際関係に、一層の親善を増長せしめ、一段の情を促進すべき、二三重要の楔子を得たるを祝賀せざるを得ず。

○則ペトログラード仏教研究の留学生として其頭脳手腕遠くはワシリエーフ、ミナエーフ等を凌ぎ、近くはヲルデンブルグ、チエルワトスコイ等の塁を摩せんとする偉才、ドクトル、ロオゼンベルグ氏は、多年東京にありて苦心研鑽したる效空しからず今や其仏教研究の第一部として浩瀚精密の仏教辞典集成を公刊し余力更に其創意に成れる驚嘆すべき、五段検索の漢字典を著はし……。

ローゼンベルクは渡辺と『漢字典』を執筆当時（一九一六年）、小石川茗荷谷に住んでいた。この点は本書の序から知られる。先の讃嘆の一文からみても二人が昵懇の仲であったことは想像に難くない。

渡辺、荻原にとってロシアの仏教学者との関わりはローゼンベルクが初めてではない。すでに両氏のドイツ留学時から始まっている。シュトラースブルク大学での荻原、渡辺の師であるロイマンの許には、ロシアの中央アジア探検隊長でありペテルブルク大学教授であったセルゲイ・オルデンブルクから続々と出土した古写本が送り届けられて来ていた。この点は渡辺によれば、

茲に於てか、恩師は右の結果を、中央亜細亜研究の二大元老、即露のヲルデンブルグと、英のヘルンルに報告し、書を送って、スタイン其他の梵文や、例の死語で書いたもので証定を要するものは、ストラスの大学に送付したらば如何との提議をした。学問に忠実で、公益の為に吝ならざる両碩学は、直に之を快諾し、十数日の後には、恩師の書斎は、ペーテルスブルグ大学、大英博物館其他から着した珍奇至宝の古写本断片で累々として机上に空地のない様になった。（「新に発見せられたる西域古語聖典の研究」）

と、師の机の上は古写本でいっぱいになったとあり、その光景はわれわれの眼前にも彷彿とし

てくる。

渡辺とオルデンブルクとの直接の関わりもあった。渡辺がシュトラースブルク大学で学位論文『普賢行願讃——仏教叙情詩の調査』（独文）を執筆した際、オルデンブルクから指導を受けている。この点は本書の序文に、一九〇一から二年の冬、テキストを理解するためにロイマン教授以外に、リス・デヴィズ、ベンドール、セルゲイ・オルデンブルク、故郷の土川大僧都らに熱心で実効のある後援を受けた、とあることから知られる。

また荻原、渡辺の留学当時、ロイマンの講筵にはロシアからの留学生がいた。その人はニコライ・ミロノフであり、渡辺はこのミロノフを後年当然ながら、「同窓」（『欧米の仏教』）と呼んでいる。ミロノフはローゼンベルク同様、シチェルバツキーの弟子で、『翻訳名義大集』に索引をつけて校訂出版するなどの業績を残した。このように渡辺、荻原にとってはすでにドイツ留学時から、ロシア的雰囲気に慣れていたことになる。

ローゼンベルクは来日中どこで学んだかについても、渡辺に次のような指摘がある。

特に露国の如きは留学生（ローゼンベルク）を東京に送り帝国大学及吾が宗教大学の加藤荻原諸学者に就きて倶舎唯識等の研究をなさしめつつあり……。

これによればローゼンベルクは帝国大学、宗教大学で指導を受けたことがわかる。当時、帝国大学には高楠順次郎がサンスクリット、パーリ語、インド思想一般を、あるいは木村泰賢が帝国大学講師としてインド六派哲学を講じていた。ただし木村はその頃、荻原とは個別に『倶舎論』の国訳（のちに『国訳大蔵経』所収）の作業を進めていたから、『倶舎論』研究のプロジェクトの勢いは木村にまで及んでいたことになる。

他方、大正大学では荻原雲来だけでなく、加藤精神の講筵にも列した。当時、荻原と加藤は『倶舎論』の解釈、とりわけ三世実有説や極微論をめぐって論争を繰り返していた。荻原は聖語学研究室、加藤は仏教学研究室と壁一つ隔てて在籍したが、論争は誌面を通じてであった。ローゼンベルクは自著『仏教哲学の諸問題』でこの論争にふれることはないが、しかし時期的に知っていたと思われる（ローゼンベルクの『仏教哲学の諸問題』には加藤の名が一個所認められる）。

そのほか奈良の法隆寺をローゼンベルクはスコラ哲学の一センターと呼ぶことがあるから、当然注目していたはずである。法隆寺では一九〇二年に性相学の権威佐伯定胤が管長に就任する以前から、倶舎と唯識を同寺の勧学院で講じていた。この勧学院では明治二十六（一八九三）年から昭和十九（一九四四）年まで実に五十年間、性相学が開講され（富貴原章信「佐伯定胤老師」）、佐伯が主に基や普光の教学を中心に講じていた。ローゼンベルクもやはり中国の基と普光の注釈に注目した。この点はローゼンベルク自身、

玄奘は多くの門弟を持っていたが、その中で窺基（K'uei-chi）——慈恩大師の名で知られて

いる――と普光（Fukuang）が最も卓越している。窺基は世親の大乗仏教及び論理学に於て玄奘の後継者であり、又、師匠は普光に小乗の伝統を手渡していた。玄奘とその親近せる門弟達の協同労作の結果として翻訳書と註釈書の長い系列が生じた。これ等の浩瀚な解明書のうちに、玄奘が印度から持ってきた伝統的知識がすべて採用されている。

（佐々木訳『仏教哲学の諸問題』五三頁）

と、基と普光の著作には、玄奘によってインドから直接伝えられた知識があるとみていた。ちなみにシルヴァン・レヴィが来日中、注目したものの一つも基と普光の著作であった。『倶舎論』の註釈といえばヤショーミトラの『スプタ・アルタ』以外にもインド（チベット訳で現存）でいくつか現存するが、それ以上に日本に伝わる玄奘系の註釈を重視したことがわかる。

ローゼンベルクが来日中に著した書物として次の二つがある。

①『漢・日資料より見た仏教研究序説』集英社、一九一六年。

これは漢訳と日本語の仏教術語を紹介したものである。この書を執筆した意図として、次のようにある。

蓋し真に日本を了解せんとし、真に日本の文学を知らんとせば其文明の根底をなせる仏教を知らざるべからず。

②『五段排列　漢字典』興文社、一九一六年。

これは漢字の引き方にはアルファベットのような順のないことから、ローゼンベルクが漢字の形態に従って五段に並べた字典である。その執筆動機についてローゼンベルクはいう。

漢字は果してアルハベットの如き順序これなきか。アルハベットの順序を応用し得べき方法はなきか。若し何等か順序を与え得べしとせば、いかに世人に裨益多かるべき。又いかに西洋人漢字学習の困難を軽減せしむべき。余は乃ち沈潜反覆、考覈検討、研究更に研究、終に此の五段排列の新法を案出せり。

この書に対して当時、東京帝国大学言語学研究室の藤岡勝二教授が次のような講評を寄せている。

この書に創建せる五段排列の方法は、その各段内排置に於て尚工夫を要するところあるが如しと雖、専ら漢字の形態に就て統一分類するを主義とし、他則の交へざるは、大いに簡明を助くる所以にして、東邦所伝の字書に未見の新案なり。

ローゼンベルクは四年半にわたる留学を終え、一九一六年に帰国した。首尾よく帰国に至ったことについて渡辺は「錦衣帰北ペトログラードの学壇に新に光彩と権威とを添へんとする吉報実に是なり」（「日露新協約と仏教」）と感慨深げに伝えている。

もっとも時のロシアは混乱のどん底にあり、暴動の真最中であった。すでに留学中の一九一四年には第一次世界大戦が始まり、一九一七年にはロシア革命が起こっている。ローゼンベルクは帰国して三年後の一九一九年、三十一歳で猩紅熱による死を迎える。その早すぎる死を悼んで師のシチェルバツキーは次のように述べている。

われわれの翻訳（『倶舎論』破我品）は大変惜しまれるオットー・ローゼンベルク教授による真諦と玄奘の漢訳とを慎重に比較している。氏の早すぎる死は嘱望された学術的経歴の初めに起こり、すこぶる苦難に直面する国にとっての重い衝撃である。

当時、ハイデルベルク大学教授であったM・ヴァレザーは、ローゼンベルクの著書『仏教哲学の諸問題』に次のような序文を寄せた。

ローゼンベルク的創造の真の意義について判断を下すことは容易ではない。蓋し探求は同時に次のような諸問題と取りくんでいるからである。即ち、それらの問題は彼の画期的作品に於て開拓したものであり、又それらは法の概念並びに他の仏教の根本的見解に関する全く新しい一つの解釈をもたらしているのである。ここでは、ただ、スチェルバトスキー教授がその近著『仏教の中心概念と法の意味』の中でローゼンベルクの理解を本質的に確証しているということを支持するだけで充分であろう。

この書はもともとロシア語で書かれたものであるが、未亡人が苦心の末、ドイツ語に翻訳した。そうしてその修訂をヴァレザーに頼み、ヴァレザーが悲しみの序文を草したのである。

ローゼンベルクのみた日本

『仏教哲学の諸問題』は、ローゼンベルクが日本仏教をどのようにみていたかまで点描されていて興味深い。たとえば日本では伝統的に大乗よりも小乗を軽視するのに、世親に限って小乗と大乗との架け橋に位置するためか古来重視されてきたという。

仏教の基礎的概念を叙述するに際し、世親の著作、特に、倶舎論に特別な意味が賦与された。この著作の意味に関しては第四章まで述べられている。倶舎論と成唯識論とは、事実上、日本の伝統と不可分離である。というのは仏教教学のすべての基本的問題は、経験の分析に関する限り、倶舎論と関連して解決されるからである。この著作が小乗に属しているにも拘わらず、すべての仏教徒はこの著作を基として中心理念を学習する。意識に関する教理は世親の大乗論書である成唯識論にもとづいている。

（佐々木訳『仏教哲学の諸問題』一二頁）

大乗側からみれば『倶舎論』はたしかに小乗の部類に入るけれども、日本で特別扱いを受けるのは、

インド的スコラ哲学は東洋に於て発展しなかった。むしろ、それは他の諸方向の影響の下

で単純化され改革された。しかし、インドそのものに於てもまた、世親は最後の学者の一人であって、先行せる全仏教哲学の百科辞書的知識を恣にした。彼も又、仏教の完全無欠な二つの体系――先ず小乗、次に、大乗――を作った唯一の人であった。（同、五六頁）

と、世親が仏教哲学について百科全書的知識を体現し、小乗と大乗との二つの体系を築き上げた唯一の人だったからであろうとする。さらに、

世親は仏教の哲学的文献史上、決定的な中心的位置を占めている。彼の論著阿毘達磨倶舎論は毘婆沙師と経部師の教義の上に建てられたものであり、衆賢をして、毘婆沙師の伝統的方向の体系を示す順正理論によってこれに対抗せしめたのである。この論書の根底には倶舎論の箴言が横たわり、しかも各章は同じ順序となっている。衆賢はそれを正統的毘婆沙師の教義の意味に解釈しながら世親の見地に反論しようとした。この後期小乗の二論書は大毘婆沙論、発智論及びそれを完成させている六足論の浩瀚な原始小乗文献を理解する為の道を開いている。竜樹の中論に於ける論議を正当に評価しうるのも説一切有部の理論をもとにしたこれらの論書の理解があってこそである。何故ならば、竜樹即ち空論者の論議こそ毘婆沙師に向けられているからである。

世親は最初、大乗を認めなかったのであるが、無着の影響下に世界観を変えたと言われる。彼は悔いた。そして、大乗を弁護しはじめ、新しい体系を作り、その中で、瑜伽唯識派の

理論と倶舎論のそれとを一つの全体に集聚したのであった。
（同、五一頁）

と、のちの龍樹の立場をみるうえでも世親の思想は見逃せないものという。さらに『倶舎論』と『成唯識論』は日本仏教史において、

唯識論と阿毘達磨倶舎論とは現在に至るまで基本的論書となっていて、これなくして日本に於ける哲学的仏教の理解は不可能とみなされている。簡潔な形式と解り易い日本語訳で、これ等の作品は数多くの教科書として採用され、それが日本仏教の各宗派の仏教系の学校で講義された。
（同、五五頁）

と、仏教を学ぶうえでの基礎学とされ、各宗派で学ばれてきたという。こうした世親重視の思潮は、

けれども、小乗に対するこの否定的関係にも拘わらず、それを研究すること、特に世親の論作として権威とされている阿毘達磨倶舎論の研究は中止されなかった。それは世親が唯識論者の大乗的方向の長老として、又、阿弥陀仏の信奉者として尊敬されていたからである。
（同、一〇四頁）

と、世親が阿弥陀仏の信奉者であった（世親の『浄土論』をいう）ことにもよろうと解する。倶舎・唯識を重視する日本仏教の伝統ばかりでなく、学に従事する当時の仏教学者のありようまで観察している。かれらはヨーロッパ語で書かれた文献に興味を示さず、追究しようとも

しない。さらにかれらは批判ということを好まない。他に反駁することは自身の品格に関わるとみている。どうも日本人は客観的批判という学として当然のありかたに不向きである。かれらは批判を侮辱とみる。しかしこうしたありかたは自由な思想研究を極度に防げる負の要因であると喝破している。

これらは『仏教哲学の諸問題』にみられる日本仏教のありさまであるが、ともかく本書そのものはアビダルマ研究史上、不朽のものである。そのことはローゼンベルクの師シチェルバツキーが本書から盛んに概念規定や解釈を採用することやわが国の佐々木現順、桜部建氏によるきわめて高い評価からも知ることができる。

アビダルマ・プロジェクトのその後

ところでシチェルバツキーが内外の学者に提唱した『倶舎論』研究のプロジェクトは時のいかなる動向にも左右されず、その後着実に遂行されていった。

一九一四年から一九一八年にかけてドゥ・ラ・ヴァレ・プサンは『倶舎論』第三章をチベット訳から仏訳し、『倶舎論』註釈『スプタ・アルタ』第三章のサンスクリット本を校訂した。一九一七年にはシチェルバツキー自身、『倶舎論』第一章のチベット訳を、翌一九一八年に

S・レヴィと『スプタ・アルタ』第一章サンスクリット本の校訂本を出している。同じ一九一八年はローゼンベルクが『仏教哲学の諸問題』を脱稿した年でもある。

　翌一九一九年、シチェルバツキーの『仏教の中心概念と〝ダルマ〟の語義』(市川白弦訳『仏教哲学概論』、金岡秀友訳『小乗仏教概論』)が、また木村泰賢、荻原雲来共訳になる『国訳大蔵経』が出版された。

　一九二〇年に、シチェルバツキーは『倶舎論』第九章のチベット訳を英訳し、一九二一年には寺本婉雅とレヴィの弟子である山口益が『倶舎論』第九章を和訳している。

　一九二七年、ドゥ・ラ・ヴァレ・プサンは『仏教道徳』(岡本貫瑩訳『仏教倫理学』)を出版し、説一切有部の業の理論をまとめた。

　一九三一年、シチェルバツキーは荻原と『スプタ・アルタ』第二章中途まで校訂したが、翌年より荻原は単独で第一章から校訂を開始し、一九三五年に全巻完結をみている。

　プロジェクト開始以来、その後十五年間にわたるこのような『倶舎論』に対する集中的研究は仏教研究史においても類例をみず、いかに国際的な学問のネットワークが開花したかがわかる。

むすび

ローゼンベルクの来日はわが国が国をあげてヨーロッパに顔を向け、仏教界も同様にヨーロッパに留学生を送りはじめていた矢先であり、ロシアでも欧州に留学生を送っていた時代であった。そうした時代において、ロシアから日本へ留学してきただけでもきわめて異例のことであったが、かれの目的は日本の倶舎・唯識、とりわけ『倶舎論』の生きた伝統を学ぶためであった。

来日中は渡辺がかれの身辺の世話と辞典の編纂協力をする一方、荻原とはまさに『倶舎論』研究にいそしんだ。渡辺によればローゼンベルクの来日、留学を契機に仏教を通じて今後ロシアと友好関係を続け、今度は日本からロシアへ留学生を送るべきであると提言したことである。

而して吾国の仏教学者の露国学壇との交際は両帝国の親善に直接間接に寄与するもの極めて深く、之を大にしては東洋平和に至大の関係あることは特に仏教徒の造次顛沛大に奮励すべき所にあらずや。露国は既に新進の俊才を帝国に送れり。吾国に於ても仏教聖語の一として最新研究の秘鍵たる夫の回鶻語の為に、若くは喇嘛教資料の討査の為に露国の最高学府に学人を送ることは、政府としても必要なり、仏教各宗としても甚切要也。

（「日露新協約と仏教」）

ロシアで学ぶべきものとして、ここには具体的にウイグル語、ラマ教の資料調査をあげている。しかしながらロシアでは皇帝ニコライ二世が倒れ、首都も再びモスクワに移さざるを得なくなり、渡辺のいう構想はその後、実現しなかった。

一九九八年にローゼンベルクの生誕百十年目にウィーンから『オットー・オットノビッチ・ローゼンベルクとロシア仏教学における彼の貢献』という一書が刊行されている。三十一歳で夭折した未完の大器を悼む声は、ロシアにおいてもその後も絶えることがなかったのである。夭折が惜しまれ続けるのは、氏のアビダルマに関する研究はむろんのこと、尋常ならざる語学の才人としての一面もあるだろう。

かれの学んだ言語は何と次の十三種であった。――サンスクリット、プラークリット、パーリ語、チベット語、中国語、日本語、モンゴル語、英語、フランス語、イタリア語、ドイツ語、ギリシャ語、ラテン語――。これからみても、かれは渡辺のいうように、文字どおり「偉才」「俊才」であったといえる。

12 法隆寺・佐伯定胤と渡辺海旭

——仏典の伝統的研究と原典研究——

奈良時代以来、各宗派で仏教の基礎学として位置づけられてきた大きなジャンルに倶舎、唯識があり、この二つを総称して「性相学」と呼ぶ。もっとも基礎学とはいえ、仏教の心理分析、人としての行為とその結果、輪廻、世界観など、いわば仏教思想の根幹に関わる分野であり、しかも難解で高度な思想分野でもある。明治から大正にかけて、文字通りこの学問研究の第一人者であったのは法隆寺にいた佐伯定胤（一八六七—一九五二）である。

この時代はまた、ヨーロッパの仏典を原典から読む研究方法の存在を知った日本が当地に留学生を送り始め、そうした留学生が帰国して原典にもとづく仏教研究を移植しつつある時代でもあった。ちょうどその時代に定胤は漢文資料に基づく伝統的な倶舎、唯識の研鑽に生涯を捧げたのである。

まず定胤の略歴をあげておこう。

慶応三年（一八六七）、法隆寺村に生まれる。明治十年（一八七七）、十一歳、千早定朝に就いて得度。明治十七年（一八八四）から同二十三年までの計七年間、泉涌寺の佐伯旭雅に師事し、性相学を学ぶ。明治二十三年（一八九〇）に二十四歳で『法相宗綱要』を著す。この書は島地黙雷等の編集による十二宗派のうち、法相宗を担当してまとめたもの。明治二十六年、法隆寺勧学院開設と同時に院長就任。明治三十四年、薬師寺住職。同三十五年（一九〇三）、法相宗管長。三十六年、法隆寺住職就任。大正十五年、東大講師、講題「唯識三類境（認識の対象をその性質によって三種にわけたもの）」、昭和九年、京都大学講師、講題「唯識学における文義（私注、表現と内容）聚集の過程」。昭和四年、帝国学士院会員。

著書には次のものがある。

『無垢浄光大陀羅尼経訓点和解』

『唯識三類境義本質私記』（これは東大での講義をまとめたもの）

法隆寺は寺伝では聖徳太子が創建したとする（日本古代学の梅原猛は『隠された十字架――法隆寺論――』で太子の霊を鎮魂した寺とする）ため、聖徳太子撰述の『法華経義疏』『勝鬘経義疏』『維摩経義疏』とのちにいう「三経義疏」を最も重視する。その点から『勝鬘経』を書き下したのが次のものである。

『勝鬘経和訳』

『勝鬘経抄』

『勝鬘経講讃』

むろん聖徳太子の生涯、思想に関する概説書も著した。

『推古天皇と玉虫厨子』

『聖徳皇太子』

『法華経義科』

『聖徳太子の憲法』

『十七條憲法と大乗仏教』

次の二つは定胤自身が太子撰のテキストを校訂したものである。

『昭和会本維摩経義疏』

『昭和会本法華経義疏』

定胤自身は『論語』にある「述べて作らず、信じて古えを好む」という立場をとった。新説は立てないという主義であるが、数多くの著作を残している（大田信隆『まほろばの僧――法隆寺佐伯定胤――』）。

佐伯定胤の師佐伯旭雅

定胤の学問上の師は佐伯旭雅（一八二八―一八九一）である。姓は同じであるが、血のつながりはない。定胤は法隆寺村生まれ、旭雅は讃岐（香川県）の人。旭雅は『倶舎論』の研究書『倶舎論名所雑記』（明治二十年、六巻）を著した。この書は『倶舎論』の主要な問題をとり上げたもので、自身、

「名高キ名所ハ十六ナレド、一部始終ガ六ツカシイ、三度四度マデ聞テモ見ヤレ、ソレデ解セズバ止メヤンセ」

とまでいっている。旭雅には倶舎に関しそのほか、明治十六年（一八八三）、『倶舎論聞書』一巻、明治十七年、『倶舎論古草』、明治二十年（一八八七）、『冠導阿毘達磨倶舎論』三十巻、同年、『倶舎論名所戯言』一巻、明治二十九年（一八九四）、『倶舎論分科』三巻、『校訂『倶舎論』光記』『校訂宝疏』それぞれ三十巻がある。旭雅は、のちに南北朝以来の歴代天皇を祀る泉涌寺の住職となった。その学風は中国で『倶舎論』を注釈した普光の学説を重視する点に特色がある。真言宗では伝統的に密教の学問とともに性相学が盛んである。豊山派の寺として長谷寺、智山派では智積院、それに対し、泉涌寺は「泉山」と呼ばれ、旭雅はこの学流を築きあげた人物と

いっていい。「学問をするものはひと時たりともゆるがせにしてはならない」が口ぐせであった。

この旭雅に師事した者もきわめて多い。たとえば大西良慶（のちの清水寺）、佐伯良謙、板橋良玄（のち興福寺住職）、浄土宗でも黒田真洞、勤息義成、大鹿愍成などがいて、いずれも学的に大きな足跡を残した人たちである。

仏教史上における性相学

江戸時代末期、性相学の一つの伝統は「初瀬」つまり奈良の長谷寺にあった。この流派に林常快道（一七五一―一八一〇）がいた（快道はのちに江戸の根生院に住んだ）。その学風は主として倶舎の注釈書を著した中国の法宝の系統である。

快道の学問的主張の一つはその著『倶舎論法義』にみられるように、『倶舎論』の第九章「破我品」は当初から存在せず、その後に付加されたものと解した点である（加藤純章「快道師の破我別論説」）。たしかに『倶舎論』の前八章までにはそれぞれに内容を要約した詩（偈）が存在し、第八章の末尾に結びの言葉があって第九章だけに偈は存在しない。もっとも快道が提起したこの問題は、一九六七年にチベットから『倶舎論』のサンスクリット・テキストが出土し、それは全九章そろったものであるため、氷解したといえよう。しかしながら漢文資料だけしかない当時、こうした問題が提起されたこと自体、すでに快道が訓詁的、護教的立場からでなく、科学的、批判的立場から仏典研究をしたという点で画期的であった。

快道以後、性相学の伝統は佐伯旭雅のいた「泉山」つまり泉涌寺にも伝わり、その学風を継承したのが佐伯定胤である。倶舎・唯識の学問が基礎学である以上、各宗で学習されたことは当然であった。この点は極楽往生と念仏の教えを説く浄土宗、浄土真宗であろうと変わりはない。真宗本願寺派を例にとると、徳川時代以降、夏安居（夏の僧侶研修）で講義されたものに『倶舎論』、『七十五法名目』、『法宗源』、『入阿毘達磨論』、『五事毘婆沙論』、『倶舎論頌疏』、『異部宗輪論』がある（福原亮厳「日本の倶舎学者」）。いずれのテキストも『倶舎論』成立前後、もしくはその要略書である。

定胤の学問と弟子

定胤は京都東山にいた旭雅に入門し、そこで倶舎、唯識を学んだ。この時、旭雅、五十七歳、定胤、十八歳。明治二十年、旭雅が倶舎を講じるために高野山に赴いた際には定胤も一緒に登山した。明治二十四年、定胤二十五歳の時、旭雅は六十四歳で遷化した。そのあとを承けて定胤は泉涌寺で倶舎、清水寺で唯識の「百法問答抄」を講じた。その後、興福寺に移り、最後は法隆寺に戻った（富貴原章信「佐伯定胤老師――法隆寺の故和上を偲んで――」）。

定胤の講義内容は、聖徳太子作の三経義疏、それに倶舎、唯識を主としたものであった。定胤は唯識論書のなかで古来、重視された『成唯識論』、そのほか玄奘の『唯識述記』、慈恩大師基の『唯識枢要』（これは語義の説明でなく、問題点を指摘したもの）、さらに西明寺円測の疏、その弟子道証の唯識論要集、同慧観疏、同玄範疏などいわゆる唯識に関する六家と呼ばれる人びとの注釈書などを扱った（富貴原章信、同）。

定胤の弟子たちもその後、多方面で活躍した。佛教大学学長から知恩院門跡となった高畠寛我、同じく知恩院門跡となった岸信宏、駒沢大学学長保坂玉泉、高野山大学学長中川善教、大谷大学の富貴原章信、真宗木辺派管長木辺孝慈、東大寺長老鷲尾隆慶、曹洞宗の沢木興道らであり、仏教界、仏教学界を大きく牽引した。

法隆寺勧学院にはこのように各宗から多くの僧侶が学びに来ていたため、当時、法隆寺山内にある塔中寺院が寮に充てられた。曹洞宗は弥勒院、浄土宗は普門院、真宗は宝珠院、真言宗は宗源院、臨済宗は実相院などという具合である。そのほか融通念仏宗、黄檗宗、日蓮宗、とりわけ大正大学からは多い時には十人くらいいたという。定胤の弟子の一人、真宗高田派の生桑完明が「さまざまの袈裟をかけたる十三宗学侶もろとも師主の子のごと」（生桑完明「法隆寺ゆめうつつ」）と詠んだように、宗派毎に異なる袈裟をかけるものの、皆、定胤の子のごとくであると伝えている。勧学院はいまでいう大学院に相当し、開設以来、約三百人が学んだという。

法相宗から聖徳宗へ

法隆寺は聖徳太子が建立したとされるため、聖徳太子の著した三経義疏を教学の柱とする。とはいえ法隆寺は創建当初から仏教全体の学問道場としての性格が濃く、奈良時代の当初から「法隆学問寺」と呼ばれていた（『資材帳』、間中定潤「法相宗から聖徳宗へ――法隆寺佐伯定胤長老の決断――」）。聖徳太子を祀りながら、あらゆる仏教の学問を学ぶ道場というのが当初の姿であった。定胤はそこにおいて三経義疏と倶舎、唯識との双方を講じ続けたのである。ところが定胤は看過し得ない大きな問題に遭遇した。唯識の教えでは「五姓各別」つまり救われない人があると説く。もっとも定胤は直接触れないが、『倶舎論』が成立する前に存在した『大毘婆沙論』にも、

諸の達絮、及び篾戻車人の如きは亦、正性離生に入ること能わざるも、而も悪趣の所摂には非ざるが如し。（『大毘婆沙論』大正蔵二七、八六八頁下）

と、奴隷、異民族はさとりの世界に入ることはできないとする。また大乗仏教でも『八千頌般若経』には、

菩薩大士は辺境の国々に生まれず、チャンダーラ（旃陀羅）の家に生まれず、鳥刺しの家に生まれず、猟師の部族や漁師や屠殺人の家に生まれず、他の似たりよったりの低い階級や卑しい生業に従事しているものの家に生まれることもないのである（梶山雄一訳）

と、菩薩になれない職業、階級というものがある、つまりそれらを蔑視する精神が看取される。したがって救われない人びとがいるとする考え方は唯識以外にも存在していたのである。

ともかく定胤は唯識の「五姓各別」説はすべての人びとの救いを説く聖徳太子の教えとは相入れないと解し、太子を祀るのが法隆寺の法隆寺たるゆえんとし、太子の『法華経』『勝鬘経』『維摩経』の三経の教えを採り、それまでの「法相宗」の看板を降ろし聖徳太子の名を採って「聖徳宗」と改名したのである。これは当時、同じ法相宗を名乗る清水寺、興福寺にとっては青天の霹靂であった。

人となり

生涯独身であった定胤は出家後、菜食主義を通した。ある時、三河蒲郡の海辺に一宿した際、

当地ではシジミ汁を朝の食卓で飲むのが習慣であったため、貝は魚でないからよいであろうと出されることがあった。しかし定胤はそれを飲まなかったため、周りの者がダシなしの菜っ葉の味噌汁と配慮したり、あるいはラッキョ漬（インドの出家にとって匂いがあり、精力剤の点で禁止された）が出た際、それも即座に取り除いたという（生桑完明『高田と班鳩』）。

生涯、独身であったから、自炊が多かった。ある日弟子の一人（生桑完明）が弁当持参で訪問した。

「私（生桑）はお昼前におうかがいした。もちろん弁当を携帯し、時間がきたらひらかせてもらう心算であった。私が部屋へうかごうと、じきに長老は立って用達にゆかれた。しばらくすると戻られて四方山のはなしに楽しい時を恵まれているのであった。西円堂の鐘が十二時を報じた。そこで「一寸失礼して、弁当をいただきます」というと「いやいや、もう御飯がにえておろう。さきにこんろへかけてきたのさ。ちょうどごちそうとかけかえてくるから」とお立ちになった。

門下の来訪をうけて、ひそかに米をかし、こんろに火をおこして鍋をかけられたであろう長老の姿を想像して、勿体なさにむね一ぱいである。おほえずハンカチは目をおおうていた。やがてお手づくりの御馳走をいただいた「百味の飲食」とは、こうしたまごころのこもったものをいうのであろう。私は涙ながらに舌鼓をうった。長老が御自炊のごちそうに満腹した」（生桑完明「定胤長老の印象」）。

この一節から窺えるように、定胤はきわめて清貧な日々を送っていた。仏教で説く無所有、少欲知足の精神を実践したのであろう。

また定胤は訥弁を自認していた。

「咄弁と自認した長老は、いつのまにか咄弁の雄弁となり、真実あふれる温情のこもった大声の説法は、教主の獅子吼さながらであり、聴衆を魅了する不思議な力をもっていた。」（生桑完明「定胤老師の足跡」）。

定胤の話しことばは生まれ故郷の大和弁そのものであった。一般向けの講演での口吻が次のように伝わっている。

「おたがいの心は、もともとは、きれいなものやが、迷いの雲におおわれるために、仏の光がわからんのや。悪に染まったら、なかなかぬけられんのやぞ。しかし、仏の教えを聞いていると、大きな力に導かれて、ついに涅槃のさとりが得られるのや。よろしいか……聖徳太子さまはこのことを、ついに大明（だいみょう）を得る、とおっしゃっている。」（太田信隆『まほろばの僧』）

五重塔の修復が終わった際には、次のような感嘆の言葉を発した。「ああ、できた、できた、あんじょう（立派に）できた。ようしてくれた……」。

定胤の人柄の一面を伝える逸話として、浄土宗僧侶が「南無阿弥陀仏」の六字名号を書いてほしいと依頼した。一般に書には署名するのが常だからである。ところが定胤はいう、「バカやなあお前は。名号は拝むものや。人が拝むものに僧侶といえども、名は書かぬものや。覚えておけよ」（大田信隆、前掲書）。

短身痩駆の定胤であったものの、声には底力があったという。

渡辺海旭

浄土宗留学生としてドイツに留学し、仏典を原典から研究する方法を学んだ学僧の一人に渡辺海旭（一八七二―一九三三）がいる。この海旭は留学前の一八九七年（明治三十年）に、「奮って聖典原文に従事せよ」と題する論説を発表している。『法華経』『無量寿経』という天台宗、日蓮宗、浄土宗、浄土真宗などの各宗派で重視する仏典の原本が相次いでネパールなどから発見されていたからである。渡辺海旭はいう、

眼を放って世界の学者が如何に仏典原文の討究の其全力を傾けしやを思へ、浄土の宝典原文はマクスミュラーの手を着くる所となり、法華経はビュルヌーフ、ケルン等の効果を収むる所となり、巴理の本生経及律蔵は、デヴィット、フウスベル等之が先鞭を着け、西蔵

も尼波爾の暹羅も緬甸（？）も大抵欧人の研究する所となり了れり（『壺月全集』下）。

ヨーロッパの研究動向を踏まえ、わが国の仏教徒に対して次のようにいう。

古来羅什玄奘等の偉蹟を思ひて今代仏徒の為すなきを思ふに憤慨に勝へざるもの存するなり、吾人仏徒たるもの何ぞ此間に立ちて大に奮はざるを得むや、嗚呼聖典原文の討究は実に仏徒の至大責任なり。（同）

渡辺はこのように意気軒高であった。経典以外にも唯識のサンスクリット・テキスト『唯識二十論』『唯識三十頌』がフランスのシルヴァン・レヴィ（一八六三―一九三五）によって一八九八年から翌年にかけてのネパール旅行で当地の宮殿で発見されていたからである。ちなみに定胤は渡辺海旭より五歳年上、渡辺の前にもう一人ドイツに留学した荻原雲来より二歳年上である。

荻原雲来も自身の洋行前に次のようにいう。

其研究の方たるや少数なる耶蘇宣教師を除いては皆宗派的偏見を離れ、博覧篤学著名の学匠にして唯だ人類知識の為の之を研究し、畢生の能力を尽瘁するなり。故に其研究の結果は頗る依信すべきの價あり。彼に謬あらば我彼に教ゆべし、我に謬あらば彼に依るべし、何ぞ洋の東西と時の前後とを問はん。而して仏教歴史は其教理を除いては彼に取るべきもの甚だ多く、我の教ゆべきもの甚だ少なし、彼等は実に学問の忠なるものと云べし。彼等の足跡は東洋各国之なきはなし。現に倶舎論研究の目的を以て遠く我国来遊中のモシュウ、レヴィーの如き其一人なり。蝸牛角上兄弟相鬩ぐの仏子、煩瑣哲学に恋恋たるの法孫、起つて世界の知識に寄与し、世界の幸福を助長するの勇気なきか（「印度仏教史綱要」）。

荻原もまたわが国の仏教学者は西洋の学者と論戦すべき「勇気」を持てと、やはり勇ましかった。

大正十三年の夏、定胤は外務省対支文化事務局嘱託として中国、廬山で開催された世界仏教大会に招かれた。同行したのは当時東大教授であった木村泰賢、西本願寺の学僧島地大等、薬師寺の橋本凝胤らである。木村はどの本のページにも刻みタバコの粉がこぼれるほどの愛煙家であり、島地も部屋の中で顔が見えなくなるほどのヘビー・スモーカーであった。たばこを吸わない定胤にとっては迷惑千万であったらしい（大田信隆、前掲書）。

さて、渡辺海旭は定胤が中国から帰朝した際、次のような詩を贈っている。

迎法隆寺定胤和上帰朝二首

定胤和上、法相宗管長、深通唯識教義、今夏応招臨支那廬山仏教大会、途次名邑大都、講述三性八識要旨、人莫不嘆服焉、蓋支那佛学者方今専研唯識、所以投機応縁也、悪詩故多用相宗典語、和上我道重信教上人親友、戒律最厳、受一世帰仰

金錫破禹域。廬山復見遠公真。三性明月西湖夜。八識澄泉東獄晨。浄戒香薫千界覆。大悲

華散一家春。頌功不尽無詩筆。黄菊迎君滌旅塵。

和平功業啻綏紳。自有高僧賛経論。両国雲晴遍計執。一誠月皓実性輪。講論燕市場文化。

礼塔金陵資友隣。楓錦満山迎大士。燦然照映紫衣身（渡辺海旭、『壺月全集』下）。

常日頃、清貧、少欲知足を旨とし、黄色の木綿の衣を着ていた定胤ではあったが、この詩にあるように正式な場では紫衣を着けることがあった。公の場では盛装をエチケットとしたのであろう。

フランスのシルヴァン・レヴィがネパールのカトマンドウで入手した唯識のサンスクリット・テキストをフランス帰国後、校訂出版するや、渡辺海旭は「仏教梵文学の研究と巨匠の精進」と題する一文を草している。

パリのシルワンレヴィ教授は両三年前再び尼波羅の首府、カートマンドーに入り、王室図書館に於て図らずも、仏教学篋、僅に五十葉に満たずと雖、大乗仏教特に瑜伽仏教の研究に於ては、一大彗星の光芒陸離、突如、黒暗の空中に出現したりしに似て学界の驚愕讃嘆、近時殆ど之に集中したるの観あり。吾国に於る法相の学壇は論なし。特に最近支那に於て極盛を極むる（略）唯識討究の一派は之が為に多大の刺激を受け、三性八識の学海に雲濤烟浪の一大壮観を現し、延ては仏教学の全体に一大転化を与ふるも謂ふに期待するに難からざらんか。

唯識文献のサンスクリット原本の発見は唯識という仏教学の一部門はいうに及ばず、今後の仏教研究全体に及ぼす影響はきわめて大きいという。

ちなみに渡辺はシルヴァン・レヴィが日本から帰国する際、一片の詩を贈っている。

送禮美博士帰佛蘭西

義林鴻業布英芬。唯識荘厳発秘文。緑樹薫風皈路泰。東西自仰不窮勳。

渡辺はレヴィによる唯識のテキスト出版について、レヴィの友人、東京帝大教授の高楠順次郎により「遠からず其懇切明快の紹介を吾が仏教界に致さんとす」と、いずれわが国に紹介されるであろうという。

渡辺は先の論稿「仏教梵文学の研究と巨匠の精進」でサンスクリット語による唯識文献、『唯識三十頌』『唯識二十論』が出現したにもかかわらず、性相学を標榜する伝統的な立場からの反応が全くないとしている。これは暗に法相宗、わけても法隆寺を念頭に置いた言説であったろう。

しかしながら渡辺海旭は定胤の中国からの帰国を讃える賛辞以外にも、次のような定胤自身を讃える詩を贈っている。

和法隆寺法主定胤和尚詩韻

化洽春風俗与僧。鎖融結縛固於氷。最歓華甲隆名刹。香象青獅任所来。

わが国の仏教界は新発見の原典類を学ぶべきと主張した渡辺であるが、このように定胤には最大級の敬意を表している。渡辺の人となりは僚友荻原雲来によると、

君が一生を通じて最も顕著なる美徳は「功を他に譲る」と云ふことにあり、隠密に立案し、交渉し、助言し、画策し、指揮し、敢て自ら表面に出でず、而して成功の暁には自ら関与せざる者の如くす。是れ実に君が性格の最も偉大なる所とす、故に不言の間に君に信服せる者甚だ多し。これ全く菩薩の大行と言ふべし（『壺月全集』）。

と、「功を他に譲る」精神があったという。あるいは仏教時評『新仏教』を主宰した高島米峰（一八七五―一九四九）によれば、

彼は日本仏教界に於ける安全弁であった。寄ると触ると議論だほれになって、なに一つ纏まらない。日本仏教各宗の間に立って、ともかくも何事か片附けていたと云ふことは、真に渡辺君の力であった。彼の居る所そこには平和が伴っていた。浄土宗内に於いてもかなり政争の激しい時代もあったが、一度渡辺君が顔を出す時、その醜い政争も平和な姿に立ちかへることであって、宗内と云はず、宗外と云はず日本仏教界は渡辺君によって、しばしば危なきを救はれたと云ふてよいのである（『同』）。

と、渡辺は救世主のごとき存在という。のみならず、

渡辺君の性格は実に八面玲瓏であって、全く敵の存在を許さなかった。一度渡辺君に接する者は皆その徳に服し、一度も渡辺君に接せずして然も彼を敬慕すると云ふた様な者も甚だ少なかったことは、畢竟彼の八面玲瓏の性格がしからしめたものと云はねばならぬ（『同』）。

と、敵を作らず思いやりの精神があるとされる。それゆえ、渡辺は伝統的仏教学者定胤に最大限の敬意を払っていたのである。

伝統仏教学と海外留学者

定胤は大正十五年（一九二六）二月、東大に招かれて「唯識三類境」（これはアーラヤ識の対象に三種の別があること）を講じた。招聘したのは、西本願寺の学僧、島地大等であり、友人の印度哲学科の村上専精教授に話し、そのように事が進んだ（大田信隆、前掲書）。

当時の東大にはオックスフォードを卒業して帰国した高楠順次郎（一八六六―一九四五）、イギリス、ドイツに留学した木村泰賢（一八八一―一九三〇）、同じくドイツ、イギリスに学んだ宇井伯寿（一八八二―一九六三）がいずれもインド哲学一般を視野に入れた講義、研究をしていた。定胤の帝大における講義は、すでにサンスクリット、パーリ語、チベット語などの原典を中心とした仏典の講義、研究があったさ中のことである。

定胤は東大での講義で学生の質問に答えた。

「梵語による研究は私はいたしておりません。それはその道の専門の先生がおられるのだから、その方にきかれるがよろしかろう。そのかわり、漢文の仏典についてのご質問は、どんなものであってもお受けします」（大田信隆、前掲書）。

このさりげない答えから伝統的仏教学と原典研究のすみわけをみることができる。

東大での講義を終えたばかりの定胤はいう。

大学講義、段々進渉、来（二月）十三日にて修了可仕候、二時間講義、一時間質問応答致候、諸博士の珍奇なる、幼稚なる質問には、只驚き居申候、唯識は従来考へ居たる如き、単純なるものにあらず、中々難関なるものなりとの概念丈与へ申候、兎に角、何れも一生懸命に熱心に聴講申居候（富貴原章信、前掲論文）。

こと唯識、倶舎の教学面に関して、東大の博士たちといえども珍問愚問を連発したというのである。

さて、漢訳にもとづく伝統的研究者と原典研究者の関わりについてみると、法隆寺勧学院で学んだ人であっても、洋行した人もいた。たとえば浄土宗の高畠寛我はフランスのシルヴァン・

レヴィのもとに留学している。あるいは海外に留学後、日本古来の伝統的仏教学を学ぶ人もいた。真宗高田派専修寺第二十一世となった常磐井堯猷（一八七一―一九五一）はドイツに留学してサンスクリット、パーリ語、チベット語による原典研究を学んだが、帰国後、同じ高田派の学頭、加藤行海から伝統的な仏教学を学んでいる。この点は次の記述から知られる。

専修寺第二十一世住持職堯猷上人が欧州から帰朝後、仏教学を指導したのは行海和上であった。和上は法隆寺の勧学院に招待されて、悉曇の八転声を講義したことがある（生桑完明「定胤長老の足跡」）。

「悉曇の八転声」とはサンスクリットの名詞、代名詞、形容詞、数詞の語尾に、格の異なるにしたがって八種の変化があることをいう。

専門によっては洋行帰国者であっても勧学院出身者などに学んでいたのである。

ここにあげた事例からみる限り、佐伯定胤が梵語による研究はその道の専門家に委ねるといったように、伝統仏教学者とヨーロッパに留学した者との間にあつれきはなく、むしろ補完関係にあったことが垣間見られる。

〈付論〉

1 一八九九年の仏教界

――荻原雲来のドイツ出発――

明治政府は国家予算の多くを海外への留学生派遣に費やし、国を挙げて「脱亜欧入」の傾向を強め、あらゆる分野でヨーロッパに学ぶ姿勢を打ち出した。廃仏毀釈によって大打撃を蒙った仏教界でも今後の方策を見出すためにヨーロッパ、インド、セイロンを視察したり、同じく留学生を送り出し始めた。ここでは荻原雲来が浄土宗第一回海外留学生としてドイツに出発した一八九九年の仏教界はどのようであったかをとり上げてみよう。

一月四日には例年のごとく天皇の肖像に関する諭告が発布された。

御肖像に関する諭告　西郷内務大臣は旧臘左の如く諭告したり

第一　天皇皇族の御肖像は其尊号御称号を標記しあると否とを問はず御肖像としての外は写出すべからず
第二　御肖像は総て粗造に流れ不敬に渉るべからず
第三　御肖像は不敬に渉るべき場所に掲げ又は陳列すべからず
第四　御肖像は露店に於て発売頒布すべからず

一月十日　京都泉涌寺の御法要
泉涌寺の霊明殿で英照皇太后（明治天皇の嫡母）の法要があり、子爵、女官らが参拝した。その折に、皇太后の御遺物である着物が住職に下賜された。
下賜御袿《うちぎ》の七條　御遺志により曩に太后御召古しの御袿を御遺物として泉涌寺長老鼎龍暁師へ下賜なりたるにつき長老は感泣して拝戴なし、之を衲衣七條に調整したるが、今度出来せしにつき、今度の御三年聖忌に初めて之を着し爾来太后の御法要毎には必ず之を着して奉付するとなりしが其御袿は綾地にて地紋は対《むか》ひ鸚鵡に唐草の浮織にて中は朽葉色、縁は紫なりと。
この法要に際して時の長老鼎龍暁は亡き皇太后の着物が下賜されたことに感涙してしまった。現在、真言宗で国家安泰を祈る最大行事（御修法）の際、宮内庁の役人がスリッパを履いたまま僧に衣を手渡しするのが慣行である。泉涌寺には南北朝以来、江戸時代までおよそ十五代にわたる天皇の陵墓がある。まさに天皇家の菩提寺であった。皇太后の着物が直接、僧に下賜されること自体、当時、皇室と泉涌寺との深いつながりを示している。『明教新誌』

英照皇太后の慰霊祭は京都泉山（泉涌寺）御陵だけでなく、宮中でも挙行された（『明教新誌』一月四日付け）

一月十日　梶井宮御懺法講

洛北大原梶井宮三千院門跡に於ける御懺法講は従来宮中にて行はせられし皇室の御大礼にして維新後中絶したりしを一昨年英照皇太后崩御の際、復興せられ昨年一月には同院仮宸殿に於て最も厳重に奉修を為すこととなりしを以て本年は其筋よりの御内意もあり御略式を以て去十日より三日間同院にて御追薦申上ぐる由。尚ほ同日は古式に従ひ魚山、叡山の僧侶参勤の筈なりと。（『明教新誌』）

英照皇太后の追福回向は京都三千院でも挙行された。この記述によれば、天台宗の御懺法講は維新前までは宮中で挙行されていたが英照皇太后の崩御を機に、大原三千院で復活したのである。その際、勝林院を中心とする魚山と叡山の僧が出仕している。

一月一一日　京都教王護国寺で例年どおり玉体安穏の御修法挙行。

鎮護国家を旨とする教王護国寺ではこの日、天皇の安穏を祈願する御修法が挙行された。

一月二十二日　京都の教育事業遊郭

この年、千年の古都京都に京都帝大、第三高等学校が設置されたことなどにちなみ、京都では教育の振興に努め始めた。ところが祇園、先斗の遊郭以外に怪しげな場所（五条遊園であろう）があり、窓を開けて客を呼び込んでいる。こうした女の声を「女菩薩」の声と思い、魅了される者が多い。祇園でさえこの頃、太夫を置き、芸妓、舞妓が白昼、街路を闊歩する始末。教育に力を入れる京都にとって由々しき事態だが、所詮、遊郭も京都の花の一つだという。

二月八日　フランス・アジア協会と西本願寺

フランス、アジア協会長セナールから本派（西）本願寺法主の許へ『カシュミール王朝史』三冊ならびに『マハーヴァストゥ』三冊の贈呈がある。

謹呈紀元一千八百九十八年七月日本京都に於て拝謁の幸栄を辱うし且つ現今巴里府に居住する仏国大学教授シルヴァン、レヴィ氏に依て猊下が仏国亜細亜協会の刊行に係る書籍を得られんことの希望を承はれり、然るに現今刊行書の中に就て聊か裨益あらんと考察の分、左に印度「カシュミール」王朝史（「サンスクリット」原語「ラジャタランキュウー」）（仏訳者トロワイエー）三冊「マハヴァスツー」（「サンスクリット」原文）仏国学士会院会員エミル、セナル氏の発刊三冊余等が此書翰と同時に郵送する此両部書籍の捧呈を肯諾せられんことを冀ふ、此の好機により去一千八百八十九年に於て當協会へ大洲鉄然氏の名義を以て藤島氏より寄投せられ学事研究上に洪益を与へる処の支那訳三蔵の御贈与に付て重ねて深謝の誠意を表せむことを欲す　伯爵貎下よ余等の尊敬なる深謝を嘉納せよ　紀元一千八百九十八年十一月三十日　巴里仏国亜細亜協会長学士会院会員ア、バルフュ、ド、セナール

日本京都本願寺法主大谷伯爵貎下

『明教新誌』

西本願寺では一八八二年からソルボンヌ大学のシルヴァン・レヴィ（一八六三—一九三五）のもとに藤島了穏、それに続いて藤枝択通の二人を留学させている。その際、アジア協会に「支那訳三蔵」つまり『縮刷大蔵経』を贈っていた。シルヴァン・レヴィはこの二人の留学生が自分の許で勉学した後、一八九七年から翌年にかけてインド、ネパール、日本を訪問した。レヴィはフランスに帰国後、同僚のセナールが校訂した三冊本『マハーヴァストゥ』を日本に寄贈するよう依頼したのである。この時、シルヴァン・レヴィは三十六歳、アジア協会会長であったセナールは五十二歳。寄贈を受けた西本願寺側の法主は大谷光尊（一八五〇—一九〇三、一八七一年より本願寺住職）。当時までにパーリ語で書かれた仏典の校訂本はデンマーク、イギリス、ドイツを中心に数多く出版されていたのに対し、サンスクリット語仏典の校訂出版となると、ビュルヌフの『法華経』、カウエルの『ディヴィヤ・アヴァダーナ』（仏教の民間説話集）、『ブッダチャリタ』（ブッダの伝記）くらいであった。『マハーヴァストゥ』の校訂はセナールにとって一生を賭けた労作であったが、それを出版後まもなく西本願寺に贈呈したのである。

『マハーヴァストゥ』の本格的研究はドイツ・シュトラースブルクで教鞭を執っていたエルンスト・ロイマン、およびロイマン門下の白石真道（一八九七―一九八七）、渡辺照宏（一九〇七―一九七七）以後に始まった。

本願寺に寄贈されたもう一冊、サンスクリット語の『ラージャタランギニー』は十二世紀のカルハナ作になるカシュミールの王朝史。この校訂本はルーマニア出身の梵語学者で、のちに中央アジア探検で令名を馳せるオーレル・スタインの手になるものである。

二月十五日『浄土教報』に『宗粋』（浄土宗内の私的学術情報誌）の紹介がある。

確に実際方面より一躍して理論方面に跳躍せり、其宗乗、宗史の攻究に価値ある論文出つる、若き一宗進歩の一顕象となすに足る、而も今や亦彼が勇健剛利の毫を労して実際問題に暫く奮戦せしむるの期来れり。

とした上で、刊行されたばかりの第二十五号の紹介がある。

本巻には寿観弥陀の三経と法華経との優劣（望月信亨はますます雅境に入り該博の考証雅渾の筆鋒古来の難関たる三経説時前後の大問題を説尽して法華経を凌駕せしめたり）。

望月信亨のこの論文は日蓮宗側と論争の応酬があった後のもの。その冒頭には、「方に今日蓮の宗徒愚癡憍慢にして、亦盛に浄土の正教を毀呰し、都鄙災を被ふる多からんとす。吾人は課余、経教を纂集して以て彼の惑を解き、又自ら宗家の童蒙に告ぐるあらんか。何の因縁ぞ、日蓮の洲と宗徒古より難を我が教に構へんとする。（中略）明治の昭世に迨むで尚四個格言（注、念仏無間、禅天魔、真言亡国、律国賊）を将って各宗と闘諍するが如き、其の稚態寧ろ大に憐むべき也」とある。望月の愛宗護法の精神と激しい批判に圧倒される。この時、望月は荻原雲来と同じ三十歳。のちに三羽烏といわれた荻原は留学前にサンスクリット仏典の研究に従事する「勇気」（「印度仏教史綱要」）あれ、といい、もう一人の渡辺海旭もやはり留学前に「奮って聖典原文の研究に従事せよ」と題する論説を発表している。この三人にはすでに若き日から学に対する激情が認められる。

三月六日

チベット行きを目指し、インドに滞在中の河口慧海がネパール経由でこれからチベットに向かう意向を本国に送った。

（上略）余は「ダンマパーラ」居士に送られて本日仏陀伽耶に行き其れより雪山に入る、一昨昨日「ダンマパーラ」居士「セーロン」より来て直ちに我を招請す、同居士の切なる希望に依て我は西蔵国法王に釈迦仏の仏舎利及舎利塔経典を献上することとなる、是にて南北仏教の関係を開始することを得ば亦仏教歴史上の偉事なりと謂ふべし、加ふるに「ネーパリー」鎮台総督の秘書官と知己となり同官の尽力にて「ネーパリー」国を安全に通過する便をも得たりぬ、是は偏に仏陀の冥護といふべし（下略）　カルカッタ市ジャンバサースツリートに

て　三十二年一月十八日　河口慧海

河口はチベットのダライラマに仏舎利と舎利塔を主題とした経典を献上の予定。文面にみえるダンマパーラはセイロンの仏僧で、ブッダがさとりを開いたブッダガヤの荒廃した惨状をみて再建の意向を持ち、また来日したこともある人。

河口慧海はその六日後にも私信を寄せた。

余は本月十九日午後九時半「カルカッタ」を出て汽車にて三百九十九里を経て翌二十日午前十一時伽耶に着き、其れより六里馬車にて仏陀伽耶に詣す、其夜菩提樹下金剛道場に禅座して清月の朗々たるを見、「三千歳の月はむかしにかわらねどかわれる国の法の光は」と一首を詠ず、翌日の夜菩提樹下に百八灯を供じ衆花を散じ百八礼拝其称釈迦仏名して此度西嶺を越へて西蔵に行くことを仏陀に告げ供灯礼拝散筆称名の功徳を回向して我行の安全を祈り並に此行に資せし施家の冥福を祈り以て一切衆生と共に仏道を成ぜんことを願へり、翌廿二日「ダンマパーラ」居士の壮快なる別辞を得て同地を出立し歩行にて伽耶に着き午後三時乗車、翌廿三日午前八時半「ヒマラヤ」山下の「セーゴーリ」なる小村に着す、此処にて極て必要なる「ネーパーリ」語だけ研究の為に四五日を留まらんとす、然に廿四日の夕方我添書の宛名なる「ヤンブ」の大拉摩当地に着す、明朝同氏と共に「ヤンブ」に行く筈なり、奇遇なる哉、壮快壮快将に雪嶺を超へんとす（下略）

三十二年一月廿四日の夜雪山下の草舎に記す。 『明教新誌』

河口慧海はブッダがさとりを開いたブッダガヤの菩提樹下で百八回礼拝し、チベット行きの安全を祈願している。氏は仏典を求めてチベットに向かうほどの敬虔な仏教徒であり、この文面から秘境チベットに向かう熱い息吹が伝わってくる。河口のチベット行きは仏教のサンスクリット、チベットなどの原典がすでに西洋で研究されており、仏教国の日本がそれを知らずにいるのは「すこぶる恨事《こんじ》」（『チベット旅行記』）との強い思いがあった。

三月八日　宣教師キリストリーブ

このドイツ人はキリスト教の宣教師として来日していたが、この日、送別会が開催された。氏は日本の文化を深く洞察した論説を新聞紙上に連載したことがあった。この送別会の席上、ドイツ語で氏の功績を讃えた三並良なる人物はヘルマン・オルデンベルクの『ブッダ』を日本語訳した人。

三月十五日　浄土宗からシャム（タイ）に渡った概旭乗から近況が届く。その中に「記載の平等を期するは吾人の任とする所」とある（『浄土教報』）。のちに触れるが、当時の日本にはタイ仏教に対し偏見があった。そうした趨勢を念頭に置いたためか、「記載の平等」を旨とするという。

三月十八日　皇女御成　鎌倉に御滞在中の常宮、周宮（かねのみや）両殿下には去十八日、光明寺及ひ同寺内千手院観音に成らせられ両所共に若干の御下賜金ありとしと。『明教新誌』

浄土宗大本山、鎌倉光明寺に参拝した皇族から若干の下賜金のあったことを伝えている。

三月廿四日　寺本氏の西蔵探検

大谷派本願寺より特派され昨年中より北京に滞在し語学の研究を為し居たる寺本婉雅氏は兼ねて西蔵に入り深くラマ教の真理を探らん事を欲し居りしが何分千里隔絶の地とて交通不便を極め同処に至らんとて是迄進発したる多くの冒険者は皆中途にて沮喪し其目的を達する能はざるより何か好き機会もあらん事を待ちつつありしが、今回其筋より同地に入らんとする某氏の既に重慶迄進みたるを聞き、氏は某氏と同行せんと欲し交渉の末、弥よ此程北京を発し天津を下り上海に向ひ入蔵の途に就く事に決せり。本願寺法主よりは西蔵ラマ教主に宛て同氏を特派して安を訪ひ経を求めしむ云々との親書を寄せられ尚ほ矢野公使より西蔵大臣に宛てたる添書をも貰ひて其目的を達せん積りなり。上海より重慶迄は船舶の利もあり交通も左程不自由ならざるも重慶より先は交通の便頗る悪しく国境なるダゼン口までは兎に角不完全ながら其機関備はり居れどもは其より先は殆んど無人の境にて多くは荒野の露宿に日を続かざるべからず。而して氏は某氏とゼダン口にて会合する筈なれば幸に故障なく彼地に到着するも尚数カ月の日子を費すに至るべしとなり。『明教新誌』

チベット入りをめざした河口慧海は黄檗宗所属だが、真宗大谷派でもチベットへ僧を送り出した。寺本婉雅であり、氏は東本願寺法主大谷光瑩からチベット仏教の最高位にあるダライラマあての親書を携えていた。この文面にみられる同行の「某氏」とは同じ大谷派でチベット行きをめざした能海寛と思われる。当時、チベットは「名目上清帝国に属」（『明教新誌』三月二〇日付け）していたとはいえ、多くの独立した「酋長」の支配する「蛮地」という。中国人でも役人以外でその地に入るのは稀という。過去にインドからチベットに入ろうとして蛮人に殺害されたり、インドからチベット入りを断念して、やむを得ずセイロンに赴いた者もいたという。インドのダージリンから鉄道でシッキム経由、そこからチベットのラサまで一直線の短距離ながら「山路険峻」、しかも蛮人の抵抗が多い地とある。

三月二十五日　帝室より赤十字社、慈恵病院、福田会育児院の三か所に慈善事業の下賜金あり。

『浄土教報』

国から三つの病院に下賜金があった。この事業は「慈善」とある。

三月二十五日　学階の返上

先般学階擬講を授与せられし高等学院教授荻原雲来、同渡辺海旭二氏は解行未た其器にあらざるは自信する所加之学徳優秀なる先輩諸得業に先たちて此等の栄典に与るは断して精神上に許さざるの旨を以て右授与の学階を返上したるよしなり。

『浄土教報』

当時、のちに三羽烏といわれたもう一人の望月信亭の学階は「擬講」の一段下の「得業」であった。

四月五日

『浄土教報』に「留学制度を拡張せよ」との論説が載る。

法令の完美、布教の拡張、教育の普及、財務の統一、今や稍其途に就けり、各本山の如きも漸く活力を回復し来りて為す所あらんとするもの現今宗門の大勢也。然れども是恰かも巧妙の韜略堅牢の兵器、精良の兵卒砧の整備を以て比すべきもの若し之を統率するに将校欠かは一宗竟に振張するの期なからむ。即ち人材養成の必要起る、現今社会の大勢に立ちてよく之に乗して宗運を進開すべき智能と経歴とを有する人材の必要起る、詳言せは日本が既に世界的智識を以て経営せられ、世界的の交際を以て立つの今日に当り、宗光を発揚して井底の蛙たらざるの人材を得るの要起る。此等の人材之無くんば一宗の信用は今日全く之なきを断せざるを得ず。是布教に於ても学事に於ても一宗が到底大に羽翼を拡張する能はざる所以也。吾輩此点に於て吾宗に南条なく島地なきを慨する也。抑布教者としても足痕未だ大陸に印せし人なきを恥とする也。而して此等の人材なき宗門を以て、活発なる紅毛の伝道者と競はんと欲す。大勢は既に定まれり。

且夫少くも将来一宗本山の元首たるべきものは少くも慇揚として世界宗教の大勢を外国貴顕と共に談じ、其経験に於ても本邦上流の人に譲らざる迄の世界的観察あらざれば社会に立ちて尊厳を保つは頗危きは淳とに明なり。茲に於て曰く、留学制度を拡張して海外留学の制を立てよと。謂ふ勿れ宗門の費途此新事業を起すに堪へずと。若し此の如き緩慢の理由を以て此焦眉有益の事業に一日を怠らば一日即宗門の命運と価値とに損害を与ふる也。俗諺に曰く、背に腹は換え難しと一宗の面目を保たんと欲せば假令背を割き骨を破るも此事業は起すべきの要あらずや。況んや其費途の如き宗門全体の上より見は決して而かく重大にあらざるをや。嗚呼事既に遅し、大に遅し、唯大に遅きを以て事更に急なり矣。『浄土教報』

ここでは具体的にイギリス帰りの南条文雄、ヨーロッパ視察を終えていた島地黙雷の名を挙げ、他宗では海外に留学生、大陸に人材を送り出している。それに比べ浄土宗は後れを取るべきでなく、送り出すか否かは今後の「宗門の命運と価値」がかかっているとし、経費の問題など論外という。

四月十五日　浄土宗宗務役員改選の結果。宗務執鋼（宗務総長）、黒田真洞、教学院長、大鹿愍成、五月五日付け『浄土教報』には継続とある。黒田は浄土宗本校の校長、大鹿は教授の立場であった。

四月二十二日　池上本門寺の千部会

二十二日より同二十八日まで一週間、門末寺院を招集して例年の如く千部会を執行せり。『明教新誌』

四月二十二日　高田派新法主の帰朝期

久しく独逸ストラスブルグ大学に在りて梵語、巴利語、西蔵語、希臘語の四科を研究し博士号を得たる高田派法主常磐井鶴松（のちに堯猷）帰朝の途に上る。『明教新誌』

真宗高田派次期法主予定の常磐井鶴松は一八八六年から十四年間、ドイツに留学していた。サンスクリット、パーリ語、チベット語、ギリシャ語を修め、いよいよ帰朝する予定という。氏は自分の兄弟二人がいずれもドイツに留学していたため、自分もドイツ留学を遂行したのである。ドイツではたまたまシュトラースブルク大学で教鞭をとっていたエルンスト・ロイマンに師事することになり、サンスクリット語の仏教説話（アヴァダーナ）の研究で学位を取得した。

四月二十五日　海外留学

今期宗会にて協賛を与へたる海外留学生は目下宗務にて其適任者を選定中なるが高等学院教授荻原雲来氏は第一に其選にあたるべしとの事にて留学先は多分独逸なるべしとの事なり。『浄土教報』

浄土宗では先に提示された海外留学を進めよという論説に促されたこともあったためか、さっそく海外留学の制度を開始し、候補者の選定まで始めている。候補者として荻原雲来の名が挙がり、留学先はドイツになろうとある（当時、文部省派遣留学生の年数は原則三年間であったが、浄土宗では四年とした）。

四月二十六日　高田派新法主歓迎奉祝会

高田派新法主常盤井鶴松師は名誉の学位を得て学術上宗教上の取調べの為め欧州各国を巡視せられつつありしがいよいよ当月下旬には印度地方発航帰途につかせらるる旨の確報に接したれは五月中は航海の中に費し六月帰着あるべき事になるべきにつき既に同本山にては歓迎の為め御洋行係員藤尾啓覚師をして香港に派出せしめた。

『明教新誌』

真宗高田派の常磐井鶴松の帰朝は香港まで係員を派遣するほど、派を挙げて盛大であった。

四月二十七日　浄土宗宗務所の更迭

浄土宗宗務所役員は去月二十七日更迭し、黒田真洞師は従前の通宗務執綱総務部長に、中野教運師は矢張従前の通宗務執事に（中略）、林彦明、岡本貫玉の両師入りて新に宗務執事となり而して中野師は教務部長に、林師は宗学部長に、岡本師は布教部長に、笹本師は財務部長に重任せられたり。

『明教新誌』

浄土宗のこの役職からみる限り、荻原雲来を海外留学生に推挙したのは浄土宗学本校校長、執鋼（総務部長とある）の黒田真洞らであったと思われる。因明学（大乗仏教の論理学）に造詣深く、年齢的に荻原雲来より一歳年上の林彦明は選定する側にいたことがわかる。

五月二日　清国を漫遊していた大谷光瑞はエンプレッス、オブ、インデイヤ号で神戸に帰着した（『明教新誌』五月八日）。清国の漢口から北京までの陸路では「手水筒、食器、便器、野宿用テント」を携帯するほどであった。北京滞在中にはラマ教の本山雍和宮（チベット仏教の別院）に入ることが叶い（元来、外国人は入れなかった）、チベット側からは「経巻」、本願寺からは源信作『往生要集』を献納している（五月八日付け）。光瑞は翌年（一九〇〇年）、フランスで開催される万国博覧会に参加、順次欧米を視察の予定。　『明教新誌』五月十日

五月二日　暹羅（シャム）留学依頼

曹洞宗ではシャム（タイ）に滞在中の寺の徒弟から留学依頼の建白書が永平寺、総持寺両本山に提出されている。　『明教新誌』

曹洞宗ではタイ滞在中の者から自身を留学生として認めるよう依頼書が提出されている。

五月五日　高等学院の教授職にあった荻原雲来はこの日、「乗土Ｓａｎｃｈｉ古塔」と題して講演（『浄土教報』）。これは専門学院（京都府）の新築に際しての講演である。　『浄土教報』

五月五日　暹羅（シャム）仏教徒の欠陥

シャム（タイ）仏教に対する日本仏教徒の見方が次の項目から知られる。「声聞根性」「井中の蛙」「縁なき衆生」「偽善」「貴族的仏教」「還俗の利用」「唯一仏の信仰」「X光線の使用」「殺すものは彼」。　『浄土教報』

「X光線の使用」のくだりには托鉢して得た物をX光線でみれば「海老」「牛肉」「鶏の足」「豚

肉」があるはずとし、「仏心の大慈悲を倣ふもの誰か殺生を敢てせん」と、非難している。伝統的に仏教では肉を食べることがないとされてきた（ただ近代以後、ヨーロッパ、日本で初期仏教の研究が進み、実際にはブッダは肉を普通に食べていたとみられる）。ここからは日本仏教徒が東南アジア仏教国に対し強い偏見を持っていたことがわかり、タイ仏教に対する現地の事情を無視した一方的姿勢が読み取れる。大乗はすぐれ、小乗は劣るというものであり、東南アジア、日本の仏教界相互の交流がなかったことを露呈したものである。ただこの年、タイに滞在中の者を浄土宗、曹洞宗ともに留学生として認定する動きがあった。とはいえ、『浄土教報』のこの匿名記事は当時一般の見解を代弁したものといっていい。

五月八日　ロシア人、回教徒を煽動

露国は近時清国の辺境を覬覦し道路築造を名として若干の兵隊をパミールより新疆に進入せしめつつあるが、露人は之と同時に新疆省内に回教徒を煽動して叛乱を起さしめ其機に乗じて大に為す所あらんと欲するものの如し。　『明教新誌』

ロシアは南下政策をとり、軍を送り始めた。中央アジアに学術に関する探検隊を送り出すのは三年後、一九〇二年のことである。

五月十二日　上野公園の観音堂

同公園山王台なる清水観音堂は追々に頽破し舞台の如きは大半崩れ果て貴顕も尠からざるよ

り寛永寺にては三十六坊に人々と謀り大修復を為す事となりしが其入費三千五百円を要するより公園近傍の飲食店其他の商人に勧財を促したるに七十五名の頼母子講を企て此会金の内五十円を会費に宛て残り一千余円を寄付する事、及び不忍弁天の開帳大当たりにて二千四百円余の収入ありしかば此内より五六百円を献金する事に決し尚徳川家より五百円の寄付ある筈。『明教新誌』

上野の寛永寺には三十六坊と多くの建物があった。そのうち観音堂が老朽化したために再建の寄付を募っている。近隣の飲食店、不忍弁天の開帳によって多くの収入を得、徳川家からも一割以上の寄付がある予定という。

五月二十四日　来る二十四日は大英国女皇ビクトリヤ陛下第八十回の誕辰に相当するを以て麹町区一番町なる同国公使館にては例年の如く午後三時より晩餐の饗応を催す筈にて各大臣宮臣官外国交際官軍艦員幷に民間貴紳等五百余名に宛て既に招待状を発したりと。『明教新誌』

大英帝国のビクトリア女王はこの年、八十歳。二年後に没するが、日本の公使館で盛大に晩餐会が開かれた。

六月八日　法嗣歓迎の煙火

一身田専修寺にて法嗣帰朝歓迎の当日、放揚すべき煙火は三寸五分より尺までの玉にて寄付者へは煙火一本に付桐車紋付紀念扇一本つつを送り当日品評の上各等に応し旗又は紀念盃等を賞与する由にて既に県下各郡を始め近江、尾張、三河の地方よりも続々寄付申込あり、就中江洲水口よりは尺玉放揚の申込をなし来りしと。『明教新誌』

真宗高田派では常盤井鶴松がドイツ留学から帰国する当日、花火（尺玉）をあげて祝福する予定という。留学帰りとしては異例な歓迎ぶりである。

六月九日　城端別院阿弥陀堂の談話会

去る九日越中城端大谷派別院阿弥陀堂に仏教談話会を開きたり、午後一時となればさしもの堂宇も善男善女を以て立錐の余地なく満溢す。『明教新誌』

真宗王国といわれる北陸の地、とりわけ富山の真宗大谷派別院での談話会の際、立錐の余地もないほどの善男善女が集まった。敬虔な門徒の熱気が伝わってくる。

六月十日　西本願寺の慈善事業

同寺に於ては本月十日を以て全国の重なる信徒を召集し老法主自ら総裁の職に当りて慈善事業に関して諮問会議を開かる由にて今其組織概略を聞くに先づ本年より向ふ十ケ年を以て完成すべき所謂十念計画にして一期を五ケ年とし各一期ごとに五百万円を全国信徒より募金し十ケ年を以て都合一千万円を集金し孤児院、療病院、感化保護院等を起すと同時に或種の教育事業をも起業する筈にて夫れが為め諮問会の結果、全国門末信徒へ勧誘の為め百名の布教師を派遣することになりたりと。『明教新誌』

西本願寺では「慈善事業」として弱者、病人に対する孤児院、療養所、保護院などを設立、また教育事業の開始を発案した。浄土宗の渡辺海旭、矢吹慶輝らがのちに「社会事業」として活動した運動は婦人解放、夫人の参政権などを含むスケールの大きなものであった。

六月二十二日　各宗管長会議に於ける西本願寺法主の気焔

法主光尊は明治政府が信教の自由を掲げる以上、キリスト教を抑え、仏教だけに特典を与えるのは不審と提言。また慈善事業に関しても仏教徒は遍く他教徒と相携わるべきとし、「要は各自の信仰心を尊重し形而下の美事善行に付ては何人を論ぜず此れと与にするの宏量なかるべからずと諄々説破せられし」と。

『明教新誌』

西本願寺法主は国内でキリスト教にも信教の自由を認め、仏教、キリスト教両教の者が手を携えて慈善事業に当たるべきと提言（「気焔」とある）した。

六月二十五日

浄土宗ではアメリカ、シャム（タイ）にも正式に海外留学生を送り出した。

在米桑港荻原得定氏、在暹羅盤谷府、概旭乗二氏は今回学務に於て海外留学生として認定せらるることとなりたり、聞く右の認定につきては学務に於ては資格の証明及ひ体力の検査に頗る精密の取調へをなし、尚其他に師僧又は法類より厳重なる誓約書を徴せらるる由。

『明教新誌』

これによれば、アメリカに滞在中の荻原得定、タイにいる概旭乗を浄土宗海外留学生と追認した。

七月五日　モニエル・ウイリアムス逝く

一千八百六十年已来牛津大学の梵学教授として東洋学者間に英名嘖々たりしサー、エム・ウイリアムス氏は今や溘然易簀せしとの悲報あり、同氏は梵英字典、梵語、文典、仏教印度教及婆羅門教、印度智識等の著ありて本邦の学者間にも大に裨益を与ふる所ありき人、或は氏が批評的眼識の浅薄脆弱にして基督教に僻する所あるを誹るあるも其精博該通の智識に至りては近世多く比肩を見ざるの学者とす、特に其印度教の研究の如きは氏が独特の長処なりしに今や其遠逝を耳にす、惜むべきの至りと云ふべし。『浄土教報』、(全くの同文が『明教新誌』七月十日に掲載された)。

南条文雄がイギリスでマックス・ミュラーに師事していた頃、同じオックスフォードにインド学の教授としてモニエル・ウィリアムズがいた。そのモニエルが八十一歳で没した訃報が日本に伝えられた。この報告からみる限り、日本の仏教界でも氏の編纂になる辞典（『サンスクリット・イングリッシュ辞典』、氏の没するこの年に完成）ならびに晩年の仏教についての著作がともに高く評価されている。

この日、『浄土教報』には同じオックスフォード大教授ベンドールの記事が載る。

尼波羅聖典の出版　パーリ及梵語の仏教原本蒐集の為、尼波羅に趣きたりし教授ベンダル氏は今回其探検記の第一集を出版したり、氏が蒐集は北方仏教に関し其明了はらざる点に一道の光明を与ふることならん、氏は尼波羅に滞在中般低苔フロベルジャトサストリと共なり、氏亦印度古学に関し名ある梵学者なり。

ネパールに仏教写本を求めて調査に赴いたベンドールは、その地でサンスクリットの写本以外に、パーリ語の仏教写本の断片を発見した。ベンドールはインド、セイロンなど南方仏教圏でないネパールのカトゥマンドゥの大王図書館（Mahārāja's Library）でパーリ語写本を発見した驚喜の書信をリス・デヴィズに送った。

カトマンドウ　一八九九年一月一日

敬愛するデヴィズ様

私が現在滞在しているマハラジャの図書館で、実際、大きな書物の不明確な断片の一つの束の中に、ある種のパーリ語聖典の索引を含み、それぞれの聖典の冒頭がグプタ文字によるパーリ語で書かれた三枚の貝葉を発見したことを聞くならば、貴兄だけでなく他のパーリ学者たちも興味を覚えるに違いないでしょう。もとよりいまここにパーリ語の対照本類の持ち合わせがないため、この貝葉がニカーヤ類の一写本の結末部分かどうかは判然としませんが、写真撮影いたしましたので、冷静にこのポイントの指摘が可能となるでしょう。少なくともこれまでもっぱら大乗仏教国と思われてきたこの国で、小乗文献が早い時点で知られていたのが判明したことは喜ばしい限りです。小乗仏教を「南」と呼び、パーリ文献といえばもっぱらセイロン、ビルマ、南方に同定してきたことがいかに不合理であるかを示す何よりの証拠です（もし証拠が必要であれば）。また同じ束には従来中央アジアだけと思われていた特徴のある、ヘルンレにより「中央アジア・ナガリ（Nagari）」と呼ばれたサンスクリット語の仏教作品のいくつかの断片も認められます。敬具　C, ベンドール

（*JRAS.* 1899）

その探検記の報告書を出版したのである。

七月十四日　高田派専修寺法嗣

伊勢高田派専修寺門跡常磐井堯熙師は故近衛忠熙公二男にして宗祖法脈第二十一世を嗣ぎしが実子なきより忠房公の第三子鶴松氏（篤麿公の実弟）を法嗣と為すことに定まり、同氏は去る二十年より独逸に留学せしが今回哲学博士及び文芸学士の学位を得て去月十八日仏国馬里塞港を発し印度の宗教を視察して来る八月下旬帰朝する由、同氏帰朝の上は高田本山に於て得度式を行ひ第二十二世を嗣ぎて名を堯房と称し、来る九月中旬本派本願寺法主大谷光尊師の長女文子と婚儀を挙ぐる筈なりと。

『明教新誌』

真宗高田派では現法主常磐井堯熙に実子がいなかったために縁戚から後継者を選んだ。その人が帰国間近かの常磐井鶴松であった。氏は帰国後、僧となるための得度式、引き続いて東本願寺法主大谷光尊の長女と結婚予定とある。

七月十三日

ドイツのハインリッヒ（ハインリッヒ・フォン・プロイセン）親王殿下が京都では両本願寺、知恩院を訪問。ハインリッヒは昨年一度、長崎港に立ち寄ったものの、軍艦乗り組み将官の身分であった。今回、公務として改めて来日したのである。東本願寺では法主大谷光尊、西本願寺では法主大谷光瑩らが出迎えた。西本願寺では抹茶、当時としては貴重品の三鞭酒（シャンペン）、曹達水（ソーダ）、茶菓が饗された。知恩院では国宝、小方丈上段の間で小休止し、鐘楼堂で鐘を撞いたりして帰路についた。　『明教新誌』

七月十五日　帝国大学行幸、天皇陛下、東京帝大卒業式に御臨幸。
この時代、帝大の卒業式に直接天皇が臨席している。

七月二十二日　大谷光尊

大谷光尊上人は来る二十八日の内務省出頭と常盤井師帰朝出迎を兼ねて去二十二日東上、帝国ホテルに入らせられたり。　『明教新誌』

この当時、法主は東京では帝国ホテルを利用していた。

七月二十五日　増上寺には徳川十五代将軍家の墓の三分の一、それに将軍と正室を弔う壮麗な御霊屋が林立する（戦災ですべて焼失）が、神聖を害する事態が生じたため、以後管理を徹底、引き締めの達しがあった。

芝山内徳川家霊屋の取締　芝山内なる徳川家霊屋の別当諸氏は目下内地雑居にも際し、従来の如き状態にては頗る同霊屋の神聖をも害する次第なれば、此際大に取締を厳重にするの必要ありと認め過般諸氏は縁山に相合して右に関する評議会を開き種種講究する所ありし由。

『浄土教報』

七月二十五日

この日、十四年のドイツ留学を終えた高田派常磐井鶴松がフランスのオセヤニエン号で横浜に到着。

『明教新誌』七月十八日

七月二十八日　常磐井法嗣の帰着余聞

同日新橋停車場迄出迎の重なる人々は高田派法主常磐井堯熙師、本願寺法主大谷光尊師、大谷派新法主大谷光演師の三師、並に徳川公爵、九条公爵、近衛夫人其他親戚の人びとにして、府下高田派末寺諸講中、本大両派末寺信徒は夥多しく集まり、高田講中は法嗣歓迎の旗幟を建て、之を出迎へ停車場前、人の堵を築きたり、皇族方御着の例を除きては実に未曽有の盛大なりし法嗣はフロックコートを着しステッキを杖つきて右手に念珠を持ち威風凛々として軽く出迎者に礼しつつ馬車にて近衛邸に入らせられたり。『明教新誌』

帰国した常磐井鶴松の出迎えには高田派法主、東西本願寺法主、徳川、九条などの華族、高田派の末寺、講中などから未曾有の人びとが出迎えた。鶴松自身はフロックコートにステッキ、右手に数珠を持ち、「威風凛々」と挨拶しながら実家近衛家に向かった（現法主堯熙も近衛家の出身）。

八月五日　薗田宗恵の米国出発

本願寺派より米国布教を命ぜられたる同氏は去る五日午後八時七條発の汽車にて東上し、去る九日には上野精養軒にて知友集まりて送別会を開きたり。『明教新誌』

布教師としてアメリカに赴いた薗田宗恵は三年後、法主大谷光尊からドイツ・ベルリン大学に留学し、サンスクリットと宗教学を学ぶよう命ぜられた。氏はのちに本願寺派の中央アジア探検隊にも参加している。

八月二十日　釈雲照律師

釈雲照がこの年、仁和寺に迎えられた。

京都仁和寺住職に推撰せられたる釈雲照律師は其後も屡辞退せられしが小松大将宮殿下より縦令仁和寺の後任たるも年中止錫に及ばず、何れの地に巡錫するも苦しからねば是非承諾あるべしとて只ひたすら御勧めありしより終に殿下の御勧誘に従ひ来る二十五日一と先づ住み馴れし目白の地を引払ひて仁和寺に移住する筈にて目白の方は浦上隆応阿闍梨之を襲職する事となりたり。
『明教新誌』

釈雲照は「毀誉褒貶の激しい」「弘法大師以来の傑物と讃えられる一方、世間知らずの大変人、山師坊主と罵られ」（奥山直司『評伝河口慧海』）たという。しかしながら晩年に至って選挙で仁和寺住職に推された。本人は再三辞退したが、ようやく東京目白から京都に移転した。

八月二十日　西本願寺清国に土地を買入れんとす

外国人にして清国内地に土地を所有するの特権を有するは宗教家に限れる由にて既に欧米の宣教師等は皆枢要の土地を所有せざるはなき有態なり、西本願寺に於ても杭州西湖附近に一の勝地を選定し布教拡張の基礎を立てん為め香川黙識氏の名義を以て先般来既に数千坪の土地購求の手続を為しつつあり。
『明教新誌』

西本願寺では布教のため清国に土地を購入した。

八月二十五日

浄土宗の『浄土教報』ではこの月までの各宗の動向を簡略にまとめている。

真言宗　古義にては彼の勧修寺門跡の選挙につきて猛烈の運動あり、当局者間にも悪評あり、有志者の檄文なぞを飛しつつある様子なり、兎に角苦々しき事と申す外なし。

後継住職を決める際、選挙で猛烈な動きのあったことを伝えている。もっともこの時代、ほとんどの宗派の大寺院では住職を決める際、選挙である。

曹洞宗　目下の形勢至極平和なり、学事調査会は去る二日より六日まで開会して大に学事の改善を計りたり。

真宗　大谷派にては去る十一日付を以て門末寺院に対し各宗管長会議に於る大臣次官の訓示につき通牒する所あり。入蔵僧能海寛氏は目下入蔵の準備中にて時々旅行記を南条氏に寄す。『浄土教報』

チベットに向かった能海寛は中国で漢人からチベット語を一カ月習ったと同じ大谷派の南条文雄に報告している。

日蓮宗　旭僧正は目下同宗海外布教会の用務を帯ひ支那上海にて巡視中なり。

当時、各宗をあげて中国、朝鮮に布教師を派遣していた。

臨済宗　南禅寺派にては南禅寺再建に多忙なり。金地院亦庫裡改装に着手す。円覚建長両派連合の教校は解散し建長寺派は独立の一校を本山内に興す。

天台宗　別に聞く所なし。

八月二十七日　相洲鎌倉由比ヶ浜に於て海水浴開始以来不幸に溺没したる者の為に日蓮宗を除きて鎌倉郡全体の各宗寺院住職発企となり一大浜施餓鬼会を執行したり、斎壇及び方拾間の式場は同海浜の中央に修築され正面に高三間の宝塔を安置し百種の香花果物等を供養しぬ。　『明教新誌』

鎌倉由比が浜ではこの日、溺死した人を弔う「浜施餓鬼会」が開催された。

八月二十八日　『明教新誌』の論説には「忘れられたる一大任務」として次のようにある。

鎮護国家を以て任せる宗教は眠れるか、王法為本を以て躰とせる宗教は今何をか為せる、立正安国の教義抑も如何か其実を示せる、由来仏教其基礎を国家の上に置くと称す、而して果して能く国家の発達と文運の進歩とに小補あるものあるか、過去の事は夢の如し、今ま尋ぬるも詮なし、現今に於て仏教家能く国家の発達に貢献する所あるか、僅に征清の役慰問の使を出し、従軍の僧を送り戦捷に小補ありしの外、或は宗派の紛擾に政府を煩はし、或は寺院の建立に国財を集め、未だ以て国家の進運に向て貢献したるあるを見ず、鎮護国家は御祈祷のみにて足れるか、王法為本は政教問題の標目のみか、立正安国に他宗排斥の旗　に止るか、吾人は大に惑なき能はざるなり。　『明教新誌』

「鎮護国家」（仏教によって国家の安泰をはかる）を掲げるのは天台宗、真言宗、「王法為本」（出世間の立場では仏法を基本に、世の中では統治する国憲を守るべきとする）は浄土真宗、「立正安国」（正法を確立し国を治める）は日蓮宗をさす。いずれも国家の隆盛を掲げるものの、はたして貢献しているかとの揶揄である。

八月二十八日　釈雲照の入山

仁和寺門跡なる釈雲照律師は愈去二十七日午後山科随心院に到着し一泊の上、既記の如く二十八日午前八時十七分七條列車にて山科駅より着京、同九時四十分七條発京鉄列車にて花園駅より下車し、法金輪院前道を経て仁和寺に入山されたり。『明教新誌』八月三十日

この日、釈雲照はようやく仁和寺に入山した。

九月一日　浄土宗の専門学院（京都府）始学式

専門学院は去る九月一日始業式を挙行せり、当日勤行法式、例の如く了りて勤息教授開講をなし、選択集の綱領を掲げ正流異派の見解を縦横に比較論評して痛快なる断案を下され、次て堀尾校長垂誡あり、其要は、「専門学院は本宗最高の学府にして、自他宗環視の中にあれは其学生たるもの一挙一動大に慎重を加へ他の模範となるを忘却すべからず。古人の語にも外相不正内界何整と云へり。自寮外出共に威儀端正なるを要す。而して亦学生たるもの唯学解のみに馳せて勤行を忘るか如きは開祖大師の尊慮に乖くもの、宗門の不孝児といふべし。大師常の御語に『学生骨になりて念仏や失はんずらん（勅伝二十一巻）』とあり、願くは卿等宗門の龍象たるを思ひ固く其本分を守りて殊勝なる法将と為られんことを望む」との訓誡にてありきと。『浄土教報』

浄土宗の専門学院校長堀尾貫務によれば、当学院は浄土宗の最高学府ゆえ、学生は一挙手一

投足に至るまで他の模範となり「龍象」（師表）たれと訓示。法然上人のことばからは『勅修御伝』の「学生骨になりて念仏や失はんずらん」を示した。学びの立場であっても、念仏はつねに称えるべきというもの。

この専門学院における当時の講座と教師陣は倶舎部、勤息義城、唯識部、井上玄真、大鹿愍成とある。「何れも宗門性相家の巨匠」と（同）。当時、倶舎、唯識に関し、わが国を代表する大家として奈良、法隆寺に佐伯旭雅がいた。勤息義城、大鹿愍成なども若き日、この旭雅に師事していた。

九月二日　静寛院宮御法事

静寛院宮一品親子内親王（和宮殿下）は今年二十三回忌に相当せらるるを以て同宮御霊屋に於て九月一日御逮夜、同二日御当日奏楽三部妙典読誦の厳重なる御法事あり、大導師は山下（現有）増上寺老法主、之を勤め霊厳、天徳等の高僧脇導師、其他出仕浄侶五十余名にていと殊勝なる法筵なりしと、右法会に付き両日とも宮内省より特に十名の伶人を差遣せられ、且つ天皇、皇后両陛下、皇太子殿下よりは御代拝を立てさせられ、其他皇族大臣、徳川公爵家一門方の貴族一百有余名の参拝之ありたり。　『浄土教報』

徳川第十四代家茂の正室和宮の二十三回忌が増上寺山内の和子の御霊屋で営まれた。増上寺法主山下現有を導師に、脇を霊厳寺、天徳寺両住職が務め、僧侶五十人という盛儀である。天皇、皇后の御名代、皇族、大臣、徳川家をはじめ、貴紳百余名が参列した。

九月三日　鎌倉軍隊布教、演説

去三日光明寺滞在中の近衛連隊に対し軍隊布教を行ふ、演説者は釈（諦善）、道重（信教）、大前（専称）三氏にて頗る法益を与えたり。軍隊布教に引続き晩涼七里浜海浜に於て納涼演説を行ふ。弁士は香川雷仙（陸軍中佐）、道重信教、神林周道の三氏にて避暑中の散策の男女四辺より麕集し大に法益あり。　　　　『浄土教報』

鎌倉光明寺では駐屯する軍人に対して布教、それに引き続き七里が浜（先の場合は由比が浜）では「納涼演説」が開催される。演説を釈諦善それに布教の泰斗道重信教が行った。

九月四日　高野山の女人禁制を解かんとす

紀伊の高野山金剛峰寺は弘法大師開基以来、厳に女人の登山を禁ぜしが維新の際、政府より其禁を解きたるも爾来一山の清浄を保たん為め厳重なる山規を設けて尚女人を禁制し居たり、然るに近来山内町家の者同盟して右山規の改正を企て教議所に交渉を始めたり、其趣旨は従来俗家には一切女人の居住を許さざるも向後は責めて其宿泊を許し又囲碁将棋等の禁をも解かれたしといふに在る由なり。　　　　『明教新誌』

高野山は開山以来、「一山の清浄」を保つため女人禁制であった。男僧の修行道場を厳守するという趣旨であろう。もっとも明治五年には、女人禁制を解くことを求めて勅使が来たが、その際、釈雲照が反対を叫んだ。しかしその場に居合わせた僧たちが雲照を「狂人」扱いして、その場から退去させる一幕があった（草繫全宜『雲照大和上伝』）。現在、「女人高野」と呼ばれる奈良室生寺はもと法相宗であったが、江戸時代に護持院隆光が真言宗に改宗し、その時以来女性の参詣を許すようになった。元高野山真言宗管長松永有慶の『高野山』（岩波新書）によると、高野山は「すべてを包み込む山」とある。

九月五日　浄土宗高等学院入学生

本年度高等学院（東京小石川区）入学生は総数は四十六名であり、これを各教校に区分したものが開示された。

第一教校（東京府芝公園）、十四、
第二教校（仙台市）、三、
第三教校（長野市）、〇、
第四教校（名古屋市）、十、
第五教校（京都市東山知恩院山内）、九、
第六教校（大阪天王寺）、三、
第七教校（山口県）、五、
第八教校（筑前）、二。

浄土宗では前年に全国に宗立学校を設立したが、この年の入学者数を公表。

九月二十日

明治維新以前まで皇室出身者が住職を務める宮門跡寺院が全国に十四あり、その中でも仁和寺が筆頭であった。

仁和寺復古の第一歩　仁和、大覚、妙法、聖護、昭高、青蓮、知恩、輪王、勧修、一乗、梶井、曼珠、毘沙門、円満に十四寺院は宮門跡にて維新前、皇子親王御住職たりし聖蹟の第一位にあるものを山城国葛城郡小松卿仁和寺とす、同寺は光孝天皇御素願に依り宇多天皇御素願を御継承ありて七堂伽藍並御室を小松卿に建営あらせられ御出家御入室寛平法皇と号し給しと、爾来金枝玉条を以て入道純仁法親王即ち小松元帥宮の御世まで三十三代を嗣がせらる、殿下は明治維新に際し御還俗仰出され、従って充分に同寺の法務を尽させられざればとて仁和寺の代数に加はるを御辞退ありたるも前住職別所栄厳大僧正は門末寺院を代表し御代に加ふるとを請ひ出でしに、雲照律師の同寺住職たるとなりしを殿下は深くも喜ばせられて其後、宮も御代に加ふことを御承諾あらせられたるよし。

このくだりも江戸時代まで皇室と仏教界には深いつながりのあったことを示している。「仁和寺寺法」第二章第四条に「門跡は賓祚長久国家安寧の御祈を始め恒例の法会を修行す」とある点からも知られよう。門跡寺院と呼ばれる寺は創建以後も後継者は皇族の者であり続けた。鎮護国家の理念を看板としたのももっともである。
扨て仁和寺の衰状回復には殿下にも蔭ながら御心を添えられ（中略）、此に於て雲照律師は仁和寺復古の計画として先ず真正の坊主を造らんとするも此際覚束なければ夫よりは国民の腸をシッカリ製造するに若くはなしとて師が今回仁和寺に入るや寺務をば大に改正するの覚悟（中略）、本年は御開祖宇多天皇仁和寺に御入室御落飾満一千年に相当するを以て来る十一月一日より同十一日にまで二十一箇座の御法要を御影堂（弘法大師と寛平法皇宸影を奉安す）、金堂（弥陀観音勢至三尊光孝天皇宸影を奉安す）の両堂に執行することに決したりと。右に付、雲照律師よりは左の諭告を同門末へ発したりとの事なるが十月の法要には小松元帥宮にも御参拝在らせらると云ふ。『明教新誌』
この文面によれば、天下の仁和寺とはいえ衰退し始めていた。その窮状打開のために新住職釈雲照はすぐれた僧の育成、二十一座に及ぶ法要を務める決意を表明している。

九月十八日、ドイツ留学の決まった荻原雲来は法然上人祖廟のある総本山の京都、知恩院に参拝。門主野上雲海に送別の辞を述べる。その際、門主から七条袈裟と南無阿弥陀仏の宝号、それに餞別を受けた。
荻原氏の栄誉　浄土宗の荻原雲来氏は今回の独国留学につき去月十八日東京を発し祖廟参拝

のため西京に至り同廿二日同宗門主にも訣別の辞を申し上しに同宗門主には如法の七條衣に親く宝號を書したるを金員に添へ、左の懇篤なる恩命ありたり、
擬講荻原雲来将に独逸に遊はんとす、祖廟に謁するに因り来りて別を告く、擬講英敏の資、蛍雪多年優に高等学術を修め其名夙に等輩に超ゆ、今や宗命に由り遠く万里の波濤を超えんとす、壮なりと謂ふべし、聞く独逸は人文の淵藪なりと、擬講行、益す其智能を啓発するに足らん、望らくは他日功成り業遂げ、大に我が大法弘通の任を尽さんとを、其行くに臨んで之に贈るに言を以てす　明治三十二年九月二十二日　浄土門主大僧正竟譽
浄土宗命によって「人文の淵藪」ドイツに留学する以上、帰国後は「大法弘通の任」を尽くすようとの垂辞である。
又祖山寺務所よりは左の贈品送辞を下賜せられたり
擬講荻原雲来師宗命を帯び将に独逸に遊はんとす、師壮年有為の材、加ふるに堅忍の志を以て其志業を全ふせられんと、日を期して俟つへし、茲に其首途を祝し袈裟一肩を贈る、萬里殊境気候自ら異なり、請ふ道の為め自重せよ
明治三十二年九月二十二日　総本山知恩院門跡寺務所
知恩院事務所からも餞別のことばのほか袈裟一着の贈呈があった。
九月二十日　荻原雲来氏の送別会

浄土宗の荻原雲来氏は弥弥来る二十九日を以て横浜出発のホーヘンソオルレン号（実際はザクセン号）にて独逸に向け出発することとなりたり、右に付きて学友、知己、法縁、在籍地等夫々送別会の催しも有之ことなるが東京市有志寺院は宗務所内の役、同氏の学友等と合同し来る二十五日を以て盛大なる送別会を挙ぐるよし。

この月の二十五日、二十九日のドイツ出発を控え、盛大な送別会が催された。

九月二十八日　帝国大学文科に於ける仏教哲学

に就ては本誌嘗て報導するところありしが、尚ほ今年よりは左の順序を以て開講せらるると云ふ、而して三年間連続して研究するを得しむとぞ、

　第一仏教哲学根底論　第二涅槃論の発達　第三仏陀論　第四教相論　第五仏教倫理論

仏教が比較的に批評的に研究せらるるは蓋し之を以て嚆矢とすべし。

この年の東京帝大の仏教学の開講講座は村上専精による仏教の基本思想、さとりの解釈史、ブッダは歴史的にどう捉えられたか、仏教の説く倫理とは何かをテーマとしたものである。

九月二十九日　荻原雲来、横浜を出発

この日、荻原はいよいよ横浜からドイツに向けて出発した。

独逸国留学を命ぜられし擬講荻原雲来氏は去二十九日六時五十分発の汽車にて黒田執綱、金子縁山執事、小林第一教校長、其他有志寺院諸氏高等学院第一教校の学生惣代等の見送りを

受け新橋を発し、同九時三十分独逸汽船ホーヘンフォルレン號に乗り込み、同十時を以て横浜を出発したり、（中略）尚荻原氏は今回留学につき、縮刷蔵経全帙及び宗余乗の典籍数十部を携帯し行けり、而して同氏の修学地はストラスブルグの大学に同大学教授博士ロイマン氏に万般修学上の指揮を仰ぐことゝなり居れりと云ふ。　　　　『浄土教報』

荻原はこの日、ドイツの（先の報告にもホーエンツョレン号とあるがザクセン号か）に乗船。出港する横浜には宗務総長（執綱）、増上寺の執事、浄土宗第一教校の校長らが見送りに来た。書籍として『縮刷大蔵経』全巻を持参したことは瞠目すべきである。この『縮刷大蔵経』は後年、萩原の師のロイマンがサンスクリット文に対応する漢訳部分の検索を求めた際、大きな役割を果たすことになった。

十月九日　荻原は航海の途中、寄港地香港から手紙をよこした。

荻原雲来氏の書簡香港より飛来す

拝啓、去三日午后五時長崎抜錨、今九日午前六時、当香港へ到着致候、玄界灘を軽蔑せし小衲も此航海には少しく閉口致候、琉球台湾の近海は有名なる難処なるに加へて先日長崎にて鎮西日報を閲せしに「一ヨリ三ノ区域ヲ警戒ス、那覇ヲ以テ中心トス」と有之心配致候、されど当日は晴天にて暴風の気色は無之候ひしが、其晩より船体動揺甚しく　門辺に到る迄は大に困り候、四五六の三日は全く絶食、七日には二三個の麵　を食し当地停泊後は食慾頓に進み現今は平日の気力に殆ど回復致し候段無余事御休神奉願候。
当地は清国最南に位するを以て余程本邦よりは温暖にて已に夏服と代り候、投錨後、直に上陸し日本領事館を訪ひ而して後、市内を散歩致し候、当港の形勢は其繁華に於ては横浜に劣らず、其地勢に於ては長崎港を稍拡大したる者に髣髴し居候。四周連山重畳し平地甚だ少く歩を移せは峻坂に上らざるを得ず、然れども東洋の要港だけありて洋館は山の半腹と麓に櫛比し絶頂にも散布致し居候。支那家屋は九分平地にあり、建築は日本の家に比すれば広壮なりと雖、彼等の不潔は今更申す要は無之候、洋館の大なるは六階も有之、遠くより望めば蜂房の如くに候、此等は皆官舎商館旅宿学校等にして中には教会堂の広壮なる者も有之候、高処の西洋家屋と低処の支那家屋とを対見せは天堂餓鬼の如き観あり候、当日温晴なれは菓物に富み可味は沢山有之候、日本人の当港に居住するもの凡そ三百名の由、されと厭ふべき醜業婦は不相変船来するか如く考へられ候、本日昼食致し候鶴屋と申す日本旅舎の隣室には娼婦の独唱を聴き申し候紙幅尽き以て筆を擱き候、来十一日午前九時「ザキセン」号にて新嘉坡に向け出程の筈、今晩は船中にて経過し明日晴天なれは散歩の積りに候、本国の気候は秋冷漸く肌に透らんとするなるべし、小生は目今熱汗両腋に満らんとす、天地漸く隔り、音信益す遠からんとす、乞ふ為法自愛せよ、頓首百拝。

『浄土教報』

これは荻原の長崎から香港に至る道中の書簡。長崎出航後、船が揺れ、三日間絶食した日があったという。香港の建物の描写には荻原の興味が知られる。中国家屋は日本家屋よりも広く、当地の中国人は「不潔」であること、西洋式と中国式家屋を対比して天国と地獄としたり、宿泊した宿の隣室から娼婦の独唱の声が聞こえてきたと。

拝啓、去十一日午前九時香港を抜錨し一日一夜間は狂風の為怒濤浪天に朝し、全く食を廃し困臥罷在候、実に横浜解蘭纜已来の暴風なりき。然れども爾後は天候至りて静穏にして宛然畳の上を行くが如く日々甲板に上り、読書と徜徉とに消光罷在候。昨十五日午後初めて陸を認め同四時当港に安着仕候、当地の気候は案外に緩にして華氏寒暖計八十五度内外に候、而して終歳是の如く大変化なき由なり。着港後直に領事を訪ひ大に好遇を受け諸事好都合に候。当港は東西十八哩南北十六哩の一嶋嶼中にあるものなれども世界交通の要衝にして四通八達の要関に候。地勢は平坦にして港心甚だ広く至極良湾に候。陸は北緯一度十六分の処にありて熱帯地方の植物に富み居候。邦人の移住するもの凡そ四百余にして醜業婦、最も多き様子也。支那人尤も多く豪商富族は殆ど悉く支那人に候、要之、当港は世界人種の博覧会にして支那人、西洋人、馬来人、爪哇人、印度人、シクフ人、キリン人、バンガレー人（已上三は印度人種の一種）、土耳基人、日本人等あり、馬来人は迷信多く呪詛の力に依れは刀に傷られず砲丸に中らず等の事を信し居、又病気平癒意願満足の為に諸の　文禁厭を行ひ候由。毎二三年八九月の頃にはワンガレー人（皮膚黒色）市中人跡の少なき処に埋伏し夜中に出てて人頭を得候由は土人の酋長ありて賞を懸けて人の首級を募り此を飲用水道の源に備ふるものの由、而して其数は三百位の多きに達する由にて其頃に至れは夜分は市中人の通行するもの無之と云ふ。実に危険といふべし。又近傍の林より往々虎出てて人を害するあり、特に黒虎を多しとすと云ふ。

当 Singapore は梵語の Sinhapura より転化せりと云ふ一一説あれど今は獅の住することなしと云。閑話休題。領事館に日本の使丁少年あり、（中略）、人民は皆日本の如き畳を布き其上に坐し、食物の調理法も其他風俗習慣相似たる由。本日動植物園を一覧し午後三時抜錨にて哥倫に向ふ筈、当地の宗教はイスラムと基督教とに候。又土人中には種々迷信的宗教有之候。思ひ付まま安着の御報旁、乱筆如是候。本邦は時下秋気深からんとす。乞ふ幸に自重せよ、小弟健全に消光致居候間放慮被下度候（在新嘉坡索遜内、荻原雲来、十月十六日渡辺老兄机右）

これは荻原が僚友渡辺海旭に宛てた書簡（渡辺は荻原より年下であるが「老兄」とする）。シンガポール到着後、領事館に行っている。当地はさまざまな人種から成ること、ときに近郊の林からは虎が出没すること、シンガポールという名称はサンスクリットの Sinhapura に由来し、当地の宗教はイスラム教とキリスト教だが、土着の人は「迷信的宗教」を信じていると。荻原の伝えるこうした市内の概略や治安に関する情報は寄港後、領事館に赴いたりしているから、そこから得たものであろう。
十月八日　真宗大学の敷地　大谷派にては真宗大学を東京に移すことに決し、此の程巣鴨に八千余坪の敷地を購求したり。『明教新誌』
十月十二日　真言宗総本山教王護国寺で古義（泉涌寺など）、新義（智山、豊山）に分かれる議案あり。『明教新誌』
十月一二日　仁和寺分離の協議
真言宗大本山仁和寺は宇多光孝両天皇の御素願により御創建ありし以来、金枝玉葉連綿して御相続ありしも維新に際し総本山教王護国寺の統轄を受るとなりしが同寺は今度雲照律師の晋山以来着々寺務を整理し厳然たる古仁和寺の法威を復せんとするに際し、総本山の統轄を受くるは頗る窮屈なるを以て今回独立分離せんとに決し去る九日十日の両日目下上京中の末寺住職を召集し総本山に対し分離請願の協議をなせしよし。『明教新誌』
明治維新後、真言宗寺院は総本山教王護国寺の統轄下に入った。しかし宇多天皇の創建になる仁和寺は教王護国寺の傘下となるのを「頗る窮屈」とし、「法威を復」するため独立分離の意向を協議している。
十月十五日　この日、荻原が出発直前まで在職していた浄土宗高等学院の講師が発表される。

担当者と講座の主なものは次のとおり。
内典の部　宗乗（釈浄土群疑論）神谷大周、同（浄土論註、三経四帖疏、選択集）越智専明
余乗（倶舎論、戒律）望月信亨　余乗（起信論、華厳）斎藤唯信　外学　印度哲学　渡辺海旭。
「宗乗」は宗派の学問、「余乗」は一般仏教学をさす。「倶舎論」は初期仏教の思想を体系化した理論書、「起信論」は古来、各宗で伝統的に学ばれてきた大乗の理論書、「華厳」は壮麗な大乗経典、「外学」はインドのバラモン教などの思想。講師陣のうち斎藤唯信以外は浄土宗の当時、錚々たる教員である。ちなみにこの年の曹洞宗高等中学林で使用した一般仏教学の書物は次のものである。「七十五法記」（部派仏教）、「六合釈」（サンスクリット文法）、各宗綱要、「百法問答抄」（唯識）、「因明入正理論」（大乗の論理学）、「十不二門指要抄」「三論玄義」（いずれも空思想）、「起信論義記」は起信論の注釈書。　　　　　　　『明教新誌』十月四日

十月二十日　仏教界の人材
高田派法嗣は夙に外国に留学して名誉の学位を得、学殖深淵を以て顕はれ、本願寺派新法主は支那を漫遊して智識を弘め、更に近日欧州大陸を漫遊して宗教事情の取調をせんとし、大谷派の恵日院（大谷勝信は支那へ）、能浄院（大谷瑩誠は台湾へ）の如きは金枝玉葉の身を以て一身を法に捧で、或は隣邦に法幰を建てんとし、或は新境地に法鼓を撃たんとし、其他赤手大志を抱て危険を冒して西蔵に探検を試み、遠く法を求めんとするものあり、欧米及び印

度に留学して他日法界に貢献せんとするものあり、米国開教の為に渡航するものあり、布哇、浦鹽斯徳、千島、朝鮮に身を擲て布教に従事するものあり、又他の方面を見るに帝国大学に仏教を講じ、高等学校或は高等師範学校に人材を養成し、各地中学に校長として一校を督理し、或は自ら学舎学校を設立して、幾多の人材を育英する等、教育事業に従事する人があります、又新聞雑誌の言論界に力を尽くして世人の宗教的啓発に力めるものがあります、又演説講義をなして幾多の智愚老若を導て席温かなるに遑あらざるものがあります、此等はその重もなるものを挙げたのでありますが、その他種々の方面に人物を出して居る、今日では決して仏教界人物に乏しとはいへぬのであります。

これは『明教新誌』掲載の社説。維新の激しい弾圧を蒙った仏教界ではあるが、この年までの各方面の動向、活躍した人物をあげ、「今日では決して仏教界人物に乏しとはいへぬ」とする。

十月二十五日　常磐井鶴松の得度式

先頃帰朝して数十万信徒の希望を繋ぐ伊勢一身田専修寺の法嗣常磐井鶴松氏は昨二十五日を以て得度式を行ひ尭房と名を改め同寺第二十一世法主伝燈の資に備はり、明後二十八日本願寺大谷光尊伯の長女文子と結納を交換し十一月下旬を以て婚儀を挙ぐる由。

『明教新誌』十月二十六日付け

ドイツから帰国した常磐井鶴松は正式に僧となる儀式（得度式）を終え、三重県津市の専修寺第二十一世となり、三日後には同じ真宗本願寺大谷光尊の長女文子と結納をかわす手はずという。

十月二十五日　淑徳女学校近況

基督教女学校にて最も名望ある岩本氏の明治女学校すら今は僅に六七十名の女生に過ぎずと云ふに小石川なる淑徳女学校にては日に盛大を加へ目下日々通学し、又は寄宿するもの通計百二十名に上り学籍にありて一時出校せざるもの約三十五名通許百五十名に上りたりと云ふ。即ち現在出席女生は三年生十九、二年生二十六、一年生七十五にて細川、松平、小笠原、大関諸華族の令嬢其他、教育家、軍人等の令嬢も多く通学する由なり。

戦後、皇室に入った美智子皇后、雅子皇太子妃の影響もあって仏教系女子校よりもキリスト教系の女子校の人気が高くなった。京都では「かわいい、金持ち、キリスト教」または「きれい、かしこい、金持ち」と俗に「3k」という表現でミッション・スクールがみられているという（佐藤八寿子『ミッション・スクール』）。一八九九年までに日本で設立されたキリスト教系女学校に同志社、青山学院、フェリス、東洋英和があった。しかし淑徳女学校のように、仏教系に人気があった。伝統的な礼儀、敬虔、身のこなし、純潔、たしなみが重視されたのであろう。『浄土教報』十一月二十五日号には「淑徳婦人会主旨」が載っている。

貞順静淑は夫人の美徳なり、苟も此の美徳関けたらば縦令姿色に富み才芸に長じたりとも何ぞ貴ぶに足らむ、古来皇国の貞女節婦を輩出し其至誠天地を感動し其の行為末代の亀鑑となるもの一として此の美徳を具へたるに由らざるはなし方今、婦人の徳育を奨励し婦徳の円満を期望すれば貞順静淑の徳を顕揚するよりほかに道なきなり、吾等幸に昇平の聖択に潤ひ文明の恩波に浴せり、今にして協心戮力婦女徳育の隆盛を謀り良妻賢母を養成する、これ国恩の万一を報ずる所以なりと信ず、是の故に茲に淑徳婦人会といふものを組織し仏教の妙理を皇国固有の徳義に調和して広く婦徳を成就し女風を振起せむとす、愛国護法に熱心なる君子淑女来りて此の会を賛助し婦人将来の幸福を増進せしめ給はむことを切望す。主唱者　輪島聞声

時の校祖輪島聞声は、淑徳のモットーとして「貞順静淑」を強調している。

この年、文部省は勅令を出し、宗教系学校での宗教教育、宗教儀礼は正式科目とすべきでないとした。ただし仏教系だけは特例として許されている。そのためキリスト教系学校は存立が危惧され、普通学校か各種学校への変更を余儀なくされた。存立の危ぶまれるキリスト教系女学校よりも仏教系に人気があったことを伝えている。この年までに東京にあった仏教系女学校は淑徳女学校、女史文芸学舎（真宗）の二校だけであった（『浄土教報』）。維新後、国を挙げて欧化政策がとられ、キリスト教系の学校が急速に増加し始めたのも事実である。ヨーロッパ風の洗練、ハイカラ趣味、英語重視が好まれたのであろう。

十月二十六日　真言宗の分離本山
真言宗大会は先日より京都教王護国寺の法務所にて開会中にて二十日最終の会議に於て各本山分離議案を秘密会議に附し種々議論の末、結局五十六名の出席議員中四十三名の多数を以て可決したり、其の分立寺は、
仁和寺末千四百ケ寺、醍醐寺末修験流三十ケ寺、真言流百ケ寺、大覚寺七百ケ寺、泉湧寺末十六ケ寺、随心院末五十ケ寺、勧修寺末百五十ケ寺、高野山金剛峰寺末三千ケ寺、智積院末三千ケ寺、豊山長谷寺末三千ケ寺
にて斯く分立したる後は教王護国寺（東寺）の管下僅かに三百ケ寺となり、此の収納金を以て維持を謀るの外なれば住職を置かず只だ別当職を置きて法務を司どり、布教拡張教学監理等は高野山、智積院若くは豊山にて司どることとなるべしと。『明教新誌』
真言宗では教義上の問題でなく、宗内寺院の上下関係の対立から分派する決議をした。翌年、正式に分離し現在に至っている。
十月三十日　荻原雲来、スエズより
拝啓、去十六日午后五時新嘉坡（シンガポール）発、同二十一日正午古倫母（コロンボ）着、該地より発、信可致筈の処、船の都合にて果さず同日抜錨越て二十八日正午頃阿典に着の予定に候、海上は多分は平穏にして日中と雖、甲板にあるときは汗を流すとなし、古倫母阿典

間は最長の航路にて随分水と雲とのみには飽き申候、右には月明煌々金波を　はし左は黒雲漠々驟雨沛然たる如き奇観は印度洋中の人にあらざれは知る能はす、昨日午前より午后にかけて有名なるソコトラ島を左舷に眺め候、奇岩突兀緑樹少なく殆ど赭白の痩地に見へ候、本国出帆已来、約一閲月恙なく起臥致居候、此書到着の頃は小生目的地に安着後なるべく且苦故郷の風物は碧梧凋落の候ならん、乞ふ幸に自愛せよ、余は後便を期す（スエズに達する前一日二夜十月三十日　荻原雲来）。『浄土教報』

荻原雲来は日本を出発して一か月経過。ことさら難もなく過ごしている旨を報告、まもなくスエズ運河に到着と。「甲板にあるときは汗を流」すとある。

十一月四日　輪王寺へ年金御下賜に就て

過日上野及び日光の両輪王寺へ対し自今陛下より年金五百円宛御下賜の御沙汰ありたる由なるが元来宮家門跡格を有する寺院は全国を通じて二十八ケ寺ありて、維新後は寺禄の高に応じ、其れそれ年金御下賜の御沙汰ありて各寺門は其格式を維持し来れるが、上野輪王寺は戊辰戦乱の際、火災に罹りて焼失せし以後其儘となり居たる処、去る明治十七年再び宮家門跡格たるの御沙汰を蒙り新に一堂を建立したるが今度愈々年金御下賜の恩典を得たる次第なりと云ふ。『明教新誌』

戊辰戦争で堂宇の大半を焼失した上野輪王寺（現、寛永寺）と日光輪王寺に陛下から下賜金があった。

十一月五日　鎌倉光明寺伽藍

三祖勅謚記主禅師の開創に懸り実に我宗関東弘通根本の道場にして其始め執権北條経時深く三祖の法徳に帰依し一宇を佐介ケ谷に建立し、上人を仰ぎて大導師となす後時頼兄の遺志を継ぎ現存の地に伽藍を改築しし以来鎮護国家の道場として歴代の皇帝、累世の将軍皆な特に外護の鴻恩を垂れ給ひ、伏見、御花園、御土御門の諸帝より屢屢勅施を蒙り近くは明治二年二月二十三日　今上天皇陛下より再び勅願所の綸旨を賜ふ等特に同寺が光栄として自ら負へる処にして伽藍の如き本堂以下独立建造物廿余棟整然として境内に配立し其壮観実に関東有数の居刹たり。就中、本堂及一二の建物の如き既に六百七拾有余年の久しき嘗て改築工を加えざるを以て自然の古色、結構の奇至、真に愛すべく賞すべきものあり、常に美術学上の参考として内外人の範を此に求むるもの多し、之れを以て曩きに内務省に於て取調の結果、保存費として特に金貳百圓の下付ありしも堂塔の多くして伽藍の広き同寺の寡力到底之れが修理の大工を成就し保存の方法を確立する能はず。徒らに歳月を逐ひ荒廃愈々其度を極むるを以て今回関係者協議を遂げ、官庁の認可を得て広く内外慈善家の好義に訴へ向ふ五カ年を期し其の目的を完ふせんとすと。右寄付金予定額を金参万五千円とし東京安田、横浜第二鎌倉銀行等と特約をなし、寄付者若くは其代理なりと云へは其法流を汲む者、方に報本反始の念に住し祖廟興隆の為め一臂の力を致し共に其の完成の速かならんと期すべきなり。

『浄土教報』

明治維新後、とりわけ門跡寺院は収入源を失なったが、関東でも有数の大寺院、鎌倉光明寺も同様の事態となった。光明寺は創建当初から天台宗、真言宗同様、「鎮護国家」を旨とし、歴代北條氏の勅願所であった。明治天皇から「再び勅願所の綸旨を賜」ったものの、国家からの財政的援助を失ない、改築費用については今後、東京安田（現みずほ）、横浜第二鎌倉銀行に「寄付金予定額参万五千円」を依頼する意向とある。この文面からみると当時、銀行からの寄付があったのであろう。

十一月五日　道重信教の布教

同氏は十月十八日を以て着釜（現プサン）したり、同氏は途中汽車汽船に於て布教せられしと謂ふ事なるが、爾来日々熱心に花柳伝道、漁夫伝道に従事せられ亦、韓人には施本し、居士の為には講莚を開かれ閑日なき事なり。蓮友会員の如きは氏か熱誠を感して会長に推撰して年年布教を請ふと謂ふ。新聞記者某某等は氏か風采と学徳を掲載して社会に紹介せり。法益無窮近来の慶事と謂ふべし。

『浄土教報』

浄土宗の道重信教は布教のため韓国に渡り、連日伝道布教に従事し、「閑日」もなかった。氏の布教と徳風には定評があり、新聞記者がとり上げるほどであった。のちに東京放送局（N

HK）から法話をしたが、ラジオを通じての法話は氏が全国初であった。道重はその後大本山増上寺法主に着任（アイドルグループ、モーニング娘元リーダーの道重さゆみは直系の子孫）。

十一月六日

この日、荻原は明日、留学の目的地ドイツ、シュトラースブルクに着く旨を僚友渡辺海旭に書き送った。

拝啓　本月一日蘇士着、二日ポルトサイド着、五日ネーブルス着、本日ゼノア着、三十有九日九千七百四十五哩恙なく経過致候、乍憚御休神奉願候、明日上陸汽車十四五時間にてストラッス堡に着の予定に候。香港より蘇士までは暑熱に苦しみ候へども地中海に入りて以来は頓に冷気を覚へ、唯今は本国十月頃の気候に候。航海中多くは晴天平穏にて甚だ好都合に候ひき。先方着の上宗務へ発電の予定に候。先は安着の報まで委細は後報に譲申候、早々頓首

（明治三十二年十一月六日、ゼノア港内ザクセンにて　荻原雲来、渡辺兄机下）『浄土教報』

香港から蘇士までは暑熱に苦しんだが、地中海に入ってからは冷気を覚え始めたと。明日、ゼノアから汽車に十四、五時間乗り、目的地ドイツ、シュトラースブルクに着く予定とある。

十一月八日

荻原雲来氏は去る十一月八日を以て無事独国ストラスブルグに到着し、博士ロイマン氏の周旋にて特別に同大学に入学したり、詳細の通信は来陽を待ちて読者に報する所あらん、同氏

目下今の住所は左の如し、
独逸、エルサス、ストラス堡、ハイリッッツヴェグ十一番、エー、フリッツ方
U. Wogihara. bei M. me E. Fritz, Heyritzweg 11, Strassburg, in Els, Deutschland.
荻原は無事、目的地のシュトラースブルクに到着。当地では師となるロイマンの斡旋でシュトラースブルク大学入学手続きを終え、当面の住所を連絡してきた。フリッツ家方とあるから、とりあえず寄宿したのである。

十二月二日　本派新門主欧行
本派本願寺新門主大谷光瑞師の印度仏跡巡拝及び欧州巡回のとは既に一決なし、過日の集会に於ても満場一致を以て此壮図を歓喜し、弥よ最初決定の通り来る四日神戸出帆と決したり。
『明教新誌』

東本願寺の大谷光瑞のインド、ヨーロッパ歴訪が正式に決定。

十二月四日　大谷光瑞師の出発
此程より洋行準備の為め築地本願寺に滞在中なりし西本願寺新門主大谷光瑞師は去る二十九日午後六時新橋発の汽車にて帰山し、九條三條両公爵を初め信徒百余名の見送りありしと聞く所によれば、同師は一応帰山したる上愈々四日別仕立の汽車にて神戸に向ひ同港より独逸汽船アルベルト號に投じて出発し先づ印度カルカッタに上陸して釈尊の霊跡を拝したる後、

更に伊太利ウーブルス港に向ひ、此処より上陸して欧州諸那を視察し米国を経て帰朝する予定のよしなるが、今回は視察の便宜上仏教僧侶と云ふよりは寧ろ華族伯爵の資格を以て巡遊する筈なりと云ふ。『明教新誌』

光瑞はまずインド、カルカッタに上陸。ブッダの聖跡を参拝したあと、イタリアに向かい、その後ヨーロッパ諸国を歴訪、アメリカ経由で帰国予定と。今回の身分は僧でなく、伯爵としてとある。

維新以後、皇族とのつながりが薄れた多くの大寺院は経済的基盤を失なった。もっともこの年、ときに参詣の折に下賜金という形で恩恵を受けた寺もわずかにみられた。また『明教新誌』（十月二十日付け）の報告にみられるように、中国、ヨーロッパを視察する僧たち、アメリカ、中国、台湾、朝鮮に布教に赴く僧、あるいはチベット、タイに仏法、仏典を求め調査する僧がいた。帝国大学、専門学校では仏教学が開講され、仏教系学校も設立された。ジャーナリズムで活躍する仏教者も現われた。

そのほか、この年、真宗両本願寺の法主は皇室と深いつながりがあったため依然として爵位をもっていたこと。学校で正規の授業として宗教教育をしてはならないという通達が出たものの、仏教系だけは特例として認められたこと、女学校ではいまだ仏教系のほうが人気が高かったこと。弱者、底辺にいる者に対する救済事業を「慈善事業」と呼ぶことは仏教、キリスト教に共通していたこと、東南アジア、とりわけタイ仏教に対しては偏見と裏腹に、公平の視点に立って知ろうとする者の現われたことが指摘できよう。

仏教学界では、真宗高田派の常磐井堯猷がドイツ留学から帰国。その際、次期法主という立場上、随員が香港にまで派遣されたり、到着日には、花火が上がるほどの歓迎ぶりであった。他方、浄土宗の荻原雲来は常磐井堯猷と同じドイツのシュトラースブルク大学への留学が決定し、常磐井と同じエルンスト・ロイマンに就くことになった。ただ常磐井と荻原の接触は見い出せない。当時、ドイツには多くの高名なインド学者がいた。一八九九年時点での学者名と年齢をあげるとこうである。

ドイツ

A.ヴェーバー（一八二五―一九〇一）　ベルリン　七十四歳
S.レフマン（一八三一―一九一二）　ハイデルベルク　六十八歳
F.キールホルン（一八四〇―一九〇八）　ゲッティンゲン　五十九歳
P.ドイセン（一八四五―一九一九）　キール　五十四歳
R.ピッシェル（一八四九―一九〇八）　ベルリン　五十歳
H.ヤコービ（一八五〇―一九三七）　ケルン　四十九歳

H. オルデンベルク（一八五四―一九二〇）　ゲッティンゲン　四五歳
W. ガイガー（一八五六―一九四三）　エアランゲン　四十三歳
R. ガルベ（一八五七―一九二七）　チュービンゲン　四十二歳
E. フルチュ（一八五七―一九二七）　ハレ（インド滞在中）　四十二歳
E. ロイマン（一八五九―一九三一）　シュトラースブルク　四十歳
O. フランケ（一八六二―一九二八）　ケーニヒスベルク　三十七歳
H. リューダース（一八六九―一九四三）　イギリス滞在中　三十歳

参考、イギリス
E. B. カウエル（一八二六―一九〇三）　七十三歳
T. W. リス・デビィズ（一八四三―一九二二）　五十六歳
C. ベンドール（一八五六―一九〇六）　四十三歳
A. A. マクドネル（一八五四―一九三〇）　四十五歳

荻原の師がロイマンと決定したのは当時帝大教授であった高楠順次郎が斡旋したと高楠自身がいっている。高楠はイギリスに留学後、ドイツに赴き、そこで師事した一人はドイセンであった。ドイセンは当時、五十四歳、同じく高楠の師事したオルデンベルクは四十五歳であった。

そのほかインド哲学を専門としていた学者も多く、パーリ語を専門とするガイガー、フランケも健在であった。しかし当時宗派から派遣された多くの留学生は日本が大乗仏教国であるため大乗仏教の研究を喫緊の課題としていた。イギリスにも仏教の説話文学（『デイビヤ・アヴァダーナ』）やブッダの伝記（『ブッダチャリタ』）の書を出版したカウエルがいたけれども、カウエルは当時七十三歳と高齢であった。

高楠は常磐井堯猷と同年で、同じ時期に高楠はイギリス、常磐井はドイツに留学しており、当時二人はしばしば手紙のやりとりをしていた（常磐井慈裕「専修寺二十二世法王堯猷と高楠順次郎の交友関係について」）。高楠はロイマンに直接会ったことがある（高楠順次郎「明治仏教に影響を与へた西洋の仏教学者」）し、ロイマンの学問と人柄を直接常磐井から聞いたりして、ロイマンを荻原に紹介したと思われる。

2　一九〇〇年の仏教界

――渡辺海旭のドイツ出発――

独逸より　（荻原雲来）

闔宗諸大徳座下、市内見聞雑記少々申上候、当市は人口十三万面積は東京の十分の一に足らず、三十年前は仏領なりしも例の普仏戦争の結果仏より独に割譲せしより今は独にて孜孜市政を励み居れり、市の周囲今尚旧時の城砦現存し歩騎兵之に駐屯せり、仏人は割譲当時多くは仏地に移転せしを以て現在するもの多からず、往々にして旧来の仏装をなせる婦人に遭遇す、二百年間仏国に帰属せるもの、一朝異国の版図に入る、旧風尚存する彼が如し、聊か同情の涙なきを得ず、事情已に上の如くなれば用語は獨を表とし佛を裏とし居候、市の中央に大寺院あり有名の高塔之に付属す、塔の高さ我四百五十尺、余は推して知るべし、悉く石造りなり、此他古寺院五六市内に散在す、何れも高塔ありて付属す、コハ佛領当時の建物にして旧教に属す、街道の広さは我東京に異ならず、但し地下六七尺を掘下げ地盤を固め其上に方三四寸の小石を敷つめ処に依りてはセメントにて固めあり、石道は石の硬軟により消耗に差あるが為、道に凸凹を生じ馬蹄戞戞車轍轢々可なり、喧囂に候、市の内外重なる街には電気鉄道あり、市に名高き建物は大高塔の外に王の離宮とカイセルウィルヘルム大学（即ちストラス堡大学と称するもの）図書（国立と大学とを聯合して一とす）なり、本年新築せる郵便局の如きも巨大のものにして我貴衆両院合せたるよりも遙かに大なり、大学は教師の数百二十九人、学生一千百十一人あり、講義の時間は教師の随意なるが多くは午后なり、校内には寄宿を許さず学生は皆通学なり、図書館は大学を去る一丁余の処にあり、古今の図書七十余万巻を蔵す、人は一般に活発にして礼儀正しく信実なるが如し、ビールは当地名物のこととて貴賤老若を問はず、飲まざるなく到る処ビール店あり、価も安く候、毎夜午前二時頃迄営業し土曜日の晩ならは徹宵客絶えずと云ふ、学生の決闘其風今尚滅せず、顔に刀瘢ある学生多し、此はビール興りて力ありと云ふべきか、此頃は西洋の大祭ワイナハト（英語のクリスマス）に近つきし為市内道の広き処には三列四列に小屋を造り店を張り児童の玩具木実糖菓呉服類など陳列し客を引き其傍には大小のタンネンバウム（我国の榧に類せる樹）を鬻くこと我国の歳の市に異ならず、当地は本月十日以来頓に寒気を増し頃日は摂氏暖計零点下三四度に候、屋上の霜終日白く、街頭の水凝りて流れず、流の緩なる川は一面鏡の如く氷り、稍や急なる流水も氷塊を交へ風など起るときは両頬両耳は切れる心地致候、降雨は至て少なく候、此辺は常青木は稀に見る所にして郊外に散策するも寒林

枯木のみ故山の風光所謂山紫水明は此に至りて無価の宝に候。尚当地の民情風俗なぞ暇の致す限漸次通信可仕候、

小衲忝く宗命を奉し遠く万里の異郷に留学す上は仏祖の冥祐を祈り闔宗諸大徳の掩護に依り速に無事成業せむこと日夜眷念罷在候、諸大徳座下四大調適起居軽利御法務あらんこと宗法の為、至祷々々不肖出発已来恙なく勤学罷在候、間乍憚御安意被下度候、謹言頓首

独逸国エルザス州ストラスブルヒ市、ブランドガッセ二十二番第二階　荻原雲来

『浄土教報』三八七

この書信は荻原雲来がクリスマスを真近に控えた前年（一八九九年）に、故国に送ったもの。シュトラースブルクは人口十三万、東京の十分の一の規模。三十年前にプロシヤとフランスが干戈を交える「普仏戦争」の経緯があるため、両国の国境に位置するシュトラースブルクにはいまも騎兵隊が駐屯。街には電気鉄道が通っているとある。大学の教員数は百二十九人、学生数千百十一人と詳しく報告。街中いたるところにビアホールがあり、「貴賤老若」を問わず飲み、クリスマスが近づき市内には三列、四列と特設小屋が出て、日本の歳の瀬のようという。市内を流れるイル河の水が凍結し、耳がちぎれるほどの寒さなど、年末の様子を伝えている。仏祖の加護、諸大徳の援護のもと、自分の与えられた使命を「速かに無事成業」するために日夜精励、と結んでいる。

一月五日

十一月十六日付け　独逸より　荻原雲来

拝啓本月六日ゼノア着、同八日ストラスブルグ着、目下末記の家に寄寓致居候、市外閑静の地にて小生の頗る満足する所に候、入学期は已に経過致候へ共ロイマン氏の周旋にて特別入学を許され候、気候は当今は本国と大差無之候、当地は千八百七十年独仏戦争の時仏国より割譲せし処なるを以て言語は独語と仏語にして英語を操るものは大学教授か学生の外無之不便不尠候、市は狭小にして東京の十分の一にも及ばずと存じ候、但た道路の石を敷つめセメントにて固めたると修繕の行き届けるには感心致居候、当市の観物は大学と高塔と王の離宮との三に候他、日絵はがきにて御覧に入れ他、各自の家は宏壮なれども二十三十の家族の借住するものなれば別に驚くべき筈なく候、但諸般の工事に機械を使用するはサスガ物質的文明の現象にやあらん、来て観れば別に珍しき物も無之、特に郊外の風光などは落葉翻翻枯木蕭索の状なぞ何処も同じ秋の夕暮に候、碧眼紅毛中々活発にて婦女子と雖歩行などは小生より早きもの多く候、旧教の寺あり特に仏国の服装を更へざるものの如きは坐に憐を催し候、余は宗務への書面にて御承知被下度候、道兄幸に健在なれ小子無恙御休神奉願候、頓首

二年次の入学期は来年五月十四日が結末に候、伊瑞及当地の人は自国語の外仏語を解し候、

仏語に通じ居れば至極便利に候、兎に角一日も早く貴兄の御渡航を待居候。

『浄土教報』三八三

前年十一月十六日付けであるが、荻原雲来から故国の僚友渡辺海旭に宛てた書簡が新年早々、届く。同じくドイツ・シュトラースブルクに向けて出発予定である渡辺の到着を鶴首して待っている。

十一月といえば、ドイツでも学期の途中のことゆえ、荻原は師であるロイマンの特別の斡旋でシュトラースブルク大学入学の許可を得ることができた。ドイツ、フランスのちょうど国境に位置するシュトラースブルクではドイツ語、フランス語の双方が飛び交い、英語については大学教授や学生以外、わかる者がいないと洩らしている。荻原は出発前に青山英語学校に通い、英語を習得していたからである。枯れ葉散る晩秋のたたずまい、観光名所として大学、ミュンスター大聖堂、王の離宮の三つがあり、市内の各建物はいずれも宏壮であるが、一つの建物には二、三十人が居住しているから驚くほどでもないという。また市内の道路はコンクリート造りで、工事には機械を使用すること、女子でも自分より速足の者が多いと伝えている。

一月五日　荻原雲来氏　は既報の如く有名なる東洋学者ロイマン氏の懇篤なる周旋にて大学入学期后なるに係はらず特にストラス堡大学に入学を許され目下同大学に於て同博士の講帷下に

ありて主として梵語の講習に勉めつつあり、同氏の聴講しつつある学科は左の如し
1, Hitopadesa（ヒトパデサ講演、荻原の標記のまま）
2, Hymnen des Rigveda（力荷吠陀釈義）
3, Kalidasa's Malavikagnimitra（カーリダーサ梵語戯曲講義）
4, Indischen Literatur Geschichte（印度文学歴史）　『浄土教報』

荻原が大学で初めて聴講し始めたインド学に関する四つの講義をあげている。これによると、インド民話の『ヒトーパデーシャ』、インド最古の文献『リグ・ヴェーダ』、劇作家カーリダーサの作品、インド文学史、と当初から多彩、かつ語学的に高度な内容である。

一月二十五日　荻原から念頭の挨拶状が届く。

謹で新年を賀す

気候は目下摂氏零点下三四度の間に有之候、当地第一の名物ミュンステルを絵はがきにて御覧に入れ候、近郊の景色は我国の田圃と異ならず市内の状は日本新聞に出でたる巴里通信のスケールを小にしたる物と異なるなく候、日々曇天にして晴天は甚だ少く候、小生は安直にして大学と図書館とに近き家に転居致候、目下梵文典及梵文学精要、社会学要素を大半は馬耳東風に聴講致居候、又時々図書館より書物を借出し披閲致居候、身体幸に恙なし、遙かに盟兄の健幸

を祈る、知友諸氏へ御序の節総て宜く願上候、一々数十枚の葉書を差出は金と時の不経済に相成候へは略し申し候、和南（明治三十二年十二月一日、ストラスブルグにて　荻原雲来）

『浄土教報』三八五

荻原は新年の賀状を本国に送った。あえて一枚だけとしたのは、同じ内容を書く「金と時の不経済」のためという。葉書きは市第一の観光名所で、威容を誇るミュンスター大聖堂の写真。日本の新聞に載るパリを小型化したような街とみている。曇天の日続き。宿は大学近くの廉価な家に転居している。大学の授業はサンスクリット関係以外に「社会学要素」も受講している。ただどの授業も「馬耳東風」と率直に伝えている。

一月二十五日

遙かに新年を賀す　明治三十三年元旦　在独　荻原雲来

小生左記の場所へ転宿仕候

U. Wogihara,

Brand　Gasse　22　2

Strassburg　1, Eels, Deutschland

『浄土教報』三八五

これは転居先を連絡した葉書き。

一月二十六日　新文科大学講師　文科大学にては国文中の仏教を講ぜん為に織田得能師新たに講師として任命せらるべしと伝ふ、西本願寺は前田慧雲を推さんとして競争すとか。

『明教新誌』

当時、帝大国文学では仏教を講ずる者を僧職者から選定している。ただ人選をめぐって浄土真宗の東西の本願寺で争いのあったことを伝えている。

一月二十六日　リス・デビイズ　氏は仏陀の徳音を欧米の天地に伝へたる名士にして吾人に取りては得難きの知友なるが昨年十二月上旬親友数輩を伴ひて仏蹟を参拝し旁印度の古史を調査せらるるよし、尚ほ帰英は本年二月なりとぞ。

『明教新誌』

わが国インド哲学の第一人者であった中村元によると、欧州においてインド学勃興期の学者たち（マックス・ミュラーなどを念頭に置いたもの）は本場のインドに赴くことなく、極端にいえばロッキングチェアーに坐ったままで研究に従事していたため、サンスクリットの発音などにずれがあるという。しかし当時といえども調査旅行などで実際にインドに赴いたイギリス、ドイツの学者はよほど多いのも事実である。たとえばマックス・ミュラーと同時代のパーリ語学者、リス・デヴィズも仏蹟参拝と古代史調査のためにインドに赴いている。

同　同氏の夫人　名士の妻亦名婦、氏が細君は深くパーリ語に造詣し、阿毘達磨の一部、ダンマサンガニは先に英文に翻訳せられしが、今は孜孜仏教心理学の著述に従事しつつありと云ふ。

『明教新誌』

リス・デヴィズの妻、キャロラインはオックスフォード大での教え子。婦人は結婚後もパーリ語研究に打ち込み、仏教の理論書（パーリ文『法集論』）の英訳、それに仏教の精神分析に関する専門書を執筆中。

同　ケンブリッジ　大学の印刷局にては今回仏陀の本生譚を出版し、已に五巻を上梓せりと云ふ

『明教新誌』

ヨーロッパでパーリ語で書かれた仏典の校訂出版はデンマークで始まったが、古代インドで仏教徒が人びとのために広めた説話を集録した『ジャータカ』の校訂本が、デンマークのファウスベルによってその五巻目が出版されている。

一月二十七日　鎌倉光明寺の栄誉

目下鎌倉御滞遊中の東宮殿下には去月二十七日午前十時三祖霊蹟光明寺へ行啓あらせられ次い

て有栖川宮殿下にも御成りあり、杉子爵御案内申上同寺所蔵の宝物等御上覧に供へ、伝来由緒等の御下問あり、住職吉水氏は謹みて一一御奉答申上、尚浄土聖経の要旨金光明経除病品の大意等略説御聴に達し奉りしに御機嫌特に麗く午餐の后境内御運動ありて午後三時に至りて還啓あらせられたり、実に同寺千載一遇の光栄にして宗徒誰れか其余栄に浴するを喜はざらんや。

『浄土教報』三八六

鎌倉光明寺に皇太子ならびに有栖川宮が訪問。住職吉水師は浄土宗所依の聖典ならびに『金光明経』「除病品」の説明をしている。奈良朝の聖武天皇以後、この『金光明経』は護国の三部経の一つとして全国の国分寺に配布された。光明寺は国分寺ではないものの、創建以来、鎮護国家の寺という伝統を守り、浄土宗に改宗後もとりわけ病気平癒に関する一編を読誦していた。今回の皇族訪問は浄土宗にとっても慶事であろうという。

二月五日

リスデビットの妻君は有名の賢女にてパーリ語に通し阿毘達磨雑集論を英訳せらるるよし、日本の仏徒ちつとは奮ふがよし。

『浄土教報』三八六

リス・デヴィズの妻キャロラインが原始仏教思想を体系化した理論書『法集論』(「雑集論」とあるのは誤り)を全巻英訳した快挙は『浄土教報』や『明教新誌』にも掲載された。後者の記者は、わが国の仏教徒はこれを機に奮起すべきと皮肉っている。

二月十二日　ブッダの遺骨の一部、日本へ

二年前の一八九八年、インドに赴任中のイギリス人ペッペが自邸内の古墳を地下二十尺ばかり掘ると、石櫃、水晶壺、蝋石壺、遺骨、遺灰、塗灰、木皿の破片、宝石類が多量に出土した。仏教学者（ホエー氏）にその研究を依頼すると、釈尊の火葬のあとと判定された。その骨の一部が日本にも贈与されることになった。　　『明教新誌』三月十四日

シャム（タイ）に赴任中の日本帝国公使稲垣満次郎は日本にも仏骨の分与があることを各宗派の管長に通達した。公使は通達とともに「仏教界空前の盛事たり、諸氏宜しく此好機に乗じて南北仏教の一致を計り以て世界仏教徒の惰眠に鞭ち仏界一振の盛挙に出でられん事熱望に不堪候」と書き加えている。当時、わが国と南方仏教国間の交流は絶無に等しかったからである。誰が仏骨奉迎のためシャムに渡航するかは、シャム滞在中の概旭乗（浄土宗）の意見もあり、大谷光演、藤島了穏、前田誠節、日置黙仙、南条文雄らと決まった。

二月二十五日　専門学院の敷地決定す

実地踏査検分を終えて遂に委員の投票にて之を決定することとなり、其投票の結果は、獅子谷

法然院寄付の同院所有畑二千坪余の地所　『浄土教報』三八八

浄土宗が京都で仏教専門学校（現在の仏教大学の前身）を設立するにあたり、その敷地として二、三候補があったが鹿谷、法然院の寄付による土地と決定した。

三月十五日　独逸より（荻原雲来）

拝啓、道兄近来起居如何、小生幸に無事近来少く肥大し来り此分にては当分死にさうも無之候、当地気候は案外緩にて昨年末二週日程寒威激甚に候ひしが当一月に入りては本国よりは遙に温暖に候、小生目下大学にて梵語専修一方ならずロイマン博士の世話に相成居候、仏教に必要なる珍本は金の許す限既に数部購入、ビュルヌーフの法華経仏訳も此程手に入れ候、要之相成べく衣食住を節し広く材料を蒐むる覚悟に候、・・・小生生来の読書癖に加へて一宗の大金を費消し候事なれば更に一層の勤勉を加へ日に修学に忙しく万般の事御通信の暇なく例の操觚術は至て不得手なるを以て尚更意に任せす此段不悪御諒察被下度『教報』紙上へも其趣御記載宗内へ御報道願度候、左に少々申上候、

見聞雑記

欧州は文明国なりと雖一班に善きことのみには無之候、先其よき方を挙くれば第一、人々互に信義を重し詐偽的行為の少なきこと、

第二、人々互に礼儀を重す、其一例は昼食の為飲食店に至るも出入とも一堂の者に向ふて挨拶すること、

第三、街中に不潔の水を流す渠なぞは見たくも無之此等は地下を流れしめて遠き河に送るなり、道路は至て好く街上若し石の敷きなき処は砂を以て充填し蒸気仕掛の大輪転機にて平にす

第四、酒を飲むも乱に至らず酔狂は大に人の厭ふ所にして蹌踉として道を歩し或は案内にても高声放歌するなどは決して無之こと

第五、勤勉なること日曜祭日の外は学者にまれ職工にまれ一秒の時間も之を惜み精励す、此外尚多々あるべし要之、欧州には社交的制裁強く社会的道徳に於ては進歩せること蓋し明なり、故に道路を修繕し交通機関を便にし礼譲を守り信義に篤きなど一として社会的ならざるはなし、而して是道徳は社会的なると同時に表面的にして内面には汗点少なからず、其欠を挙くれば、

第一、男女の関係正しからざること、即密婦密夫比較的に多し、特に夫婦の中一人死するときは社会的制裁の為、外面には殊勝の風を装へども内面は醜聞多し、されとも聴ざるまねす。

第二、密売淫の多きこと、公然の妓楼こそなけれ、独逸中少く人の集合する市は密売婬婦のあ

らざるなし、伯林の如きは非常に盛なりと云、停車場劇場など人の群集する処には淑女の風を装へる妙齢の婦人徘徊し客を引き或は家にありて客を待ち或はビール店（独逸のビール店は日本の割烹店より遥かに多し）の給使にして売淫するなど耳にすること甚だ多し

第三、服装など外部を飾り外出するときは衣服を更へ又下に穢れたる若くは粗なる服を著くるも上には美服を纏ふ随て衣裳を愛重するなど鬚髯逢菘の男子と雖宛然我国京坂地方の婦人に似たり。

第四、意志の制裁弱きこと、

第五、風景の美を賞玩せざること、

その他として林檎などを大学生の宿にまで送り届けてくれる、郵便局以外で印紙、葉書きを購入できないこと、人力車がないことの二点が不便、（略）『浄土教報』三九〇二月といえば、荻原がドイツに到着後、半年も経たないものの、すでにドイツ人気質を喝破している。他からの伝聞もあったと思われる。この時期にしては実に鋭い観察だからである。学業の梵語については引き続きロイマンに師事していること、必要な仏教図書一般については衣食住を切り詰め、高価であっても出来る限り購入する予定で、すでに『法華経』のフランス訳も入手したという。荻原は自分で生来、「読書癖」があるという。

三月十日付き　姉崎氏送別会

文学士姉崎正治氏は今回文部省留学生として独逸に向け出発せらるるに付き浄土宗にては嘗て学士が高等学院教授として宗教史を教へたる縁故よりこの程盛大なる送別の宴を張れり。

『明教新誌』

帝大出身の姉崎正治は文部省派遣第一回海外留学生となった。氏は先年、浄土宗高等学院で宗教史を講義した経緯から、浄土宗主催による盛大な送別会が開かれた。姉崎は夏目漱石が帝大英文科講師のポストを蹴って朝日新聞に転じた際、思い止まらせようとしたり、帰国後は洋行無用論を主張したり話題の多い人物である。

三月十四日　渡辺海旭氏の海外留学

浄土宗の秀才としてその名高き渡辺海旭氏は姉崎文学士と共に来る三十一日横浜出帆の河内丸にて独逸留学の途に上るよし

『明教新誌』

渡辺は姉崎正治とともに（同船ではない）この年、ドイツに向かった。年齢的には渡辺が一歳上である。同時期にこの二人がドイツに向かったことは、その後の二人の人間関係をみる上で注目すべきである。

三月十六日　仏骨奉迎に就て

イギリス人ペッペが出土した仏骨はその後、四分割されることになった。一、インド・カルカッタの博物館、二、イギリス政府、三、発掘者、四、シャム国王である。『明教新誌』によると、その後、さらにシャムからビルマ、セイロン、日本へと分骨されることになり、「たといその骨が不幸にして偽物」であろうと「南北仏教徒通好の端緒を開く」ことになればと好感をもって伝えている。（三月十六日付け）

仏骨安置について

京都の仏教徒は「仏教上由緒深き比叡山四明峰に安置撰せん」と運動中。『明教新誌』

日本に贈与される予定の仏骨の安置場所について京都の仏教徒は仏教と由緒ある比叡山が適当と運動を始めた。

帝国大学仏教科講師

国文中の仏教文学開講の為帝国文科大学に仏教者を講師として聘することになり、大谷派の除名僧織田得能師大に運動せしも失敗し遂に本願支派前田慧雲師に決せりと。『明教新誌』

帝大国文科の開講講座、仏教文学の講師として本願寺派の前田慧雲氏が決定。真宗大谷派では織田得能を推していたがかなわなかったという。

四月五日　荻原雲来氏近況

同氏は目下頗壮健にてストラスブルヒ大学にて孜孜研鑽の功を積み居り、梵語教授ロイマン博士の依頼にて仏母摩訶般若波羅蜜円集要義論、及釈論、聖仏母摩訶般若波羅蜜九頌要義論、六十頌如理論を英訳し次て馬鳴、龍樹、提婆、世親四大士の伝唯識三十頌等の英訳にとりかかり居れり、尚律部に付きて面白き発見もありたりと悉く記者に通報し来りしも紙面の都合により書面は次回に載することとなすべし。思ふに同氏が学殖の泰西の東洋学会に隠然一勢力を造るも僅僅の事ならん、大慶すべきことにあらずや。

『浄土教報』三九二

荻原はこの頃、インド学の分野で俄然「一勢力」をなし始めたという。

四月十五日独逸より　荻原雲来

拝啓、一月元旦の芳墨二月三日接手、例の佳什面白く拝読仕候、小生も何か当地の様子を返歌に致し度候へ共例の通、理屈張りたる頭には到底何の詞藻も浮ひ申さず、当地正月の様子は先便に一寸申上候様に覚へ候。餅なきのみか全く平常と異ならず、当市近傍に本邦植物園に類せる Orangerie（オランギリー）と称する遊園有之候へ共、人工的にして自然の風光とては観に由なく又郊外に散歩するも此近傍は一面の平野にして枯木の所々に婆娑たるあるのみ、時は春に属するも梅の香を知らず、食物は何れも「しつこき」品のみにて本国淡泊の味を渇望致居候。併し衛生上滋養分多きゆへ効能著しきが如く小生少しつゞ肥大致来候、幸に御放慮あらんことを祈る。

この文面の相手は不明。住まいの近郊には植物園のごときオランゲリーと称する公園があり、散策には最適という。もっとも春だというのに本国のように梅がないこと、食物は淡泊でなく、しつこいものばかりと嘆いている。しかし滋養に富むためか、肥満気味という。次は現在の研究の内容を伝えたもの。

小生は此頃は博士ロイマンの依頼に依り大蔵中の論部を少しつつ課業の余課に英訳致し居候。之も大法流布の一縁ならんか、同氏は南条博士の明蔵目録を見、其中より困難も平易も差別なく翻訳を注文さるるには一寸閉口致し候、然れど兎に角己の本職にあれば熟考して意の通せざる所も無之候ゆへ注文通り翻訳し与え居候。第一に仏母摩訶般若波羅蜜円集要義論（大乗龍菩薩造）を訳し、又其釈論（三宝尊菩薩造）の初の部分も訳し候。次に聖仏母摩訶般若波羅蜜九頌要義論（勝徳赤衣菩薩造）、第三に龍樹の六十頌如理論も已に訳し了り候。

此外注文されたるは龍樹の大乗二十頌論、無著の能断金剛般若波羅蜜多論頌、世親の唯識三十頌、馬鳴、龍樹、提婆、婆藪、四大士の伝に有之近日訳し了る覚悟に候。尚此方より追々仏経聖典に付きての談話をなせば続々注文されそうに候。同博士が斯く初めに般若部の翻訳を依頼したるは抑も故あることなり、彼仏国の東洋学者シルワヌ・レビー氏が曾て本邦に渡り又尼波羅に至り同地にて未た欧州の東洋学者間に知れざる仏典を携へ帰り其中八千頌般若（所謂小品般若）の釈論 Haribhadra の造ありてロイマン博士は其中の要部を抜粋し居りしなり、然るに尼波羅にて発見されたる経典の中、十中八九は漢訳なきはなきに此ハリバドラの論は未た漢訳せられずあり、此事より談話の末、漢訳ありて梵文なき（未た発見せざれざるものもあらむ）聖典を訳し示すことと相成候。而して大品般若（即二萬五千頌般若）の釈論もハリバドラの造に有之候山其書は昨年尼波羅にて発見され今は龍動にありといふ、而して小生大小両品の般若を仔細に対校せしに小品は全く大品の中に含有せらるることを見出し申し候。大品の釈は何人も仏教家の知るか如く龍樹の智度論有之候へばハリバドラの造と云は恐くは龍樹の造に非るかと推し候処、こは全く別物の様に候。且ハリバドラの釈論中には城龍無着など多く釈家や経論を引証しある由なれば龍樹よりは遥か後の作に相違なきが如くに候。ハリバドラの事はタラナトハ、ワッシリエーフなどに散見し西暦紀元後八世紀頃の人の様に候。

又小生此頃自ら面白き発見と存じ居候事は左の一事に候。

ロイマンは南条文雄が作製した英訳大蔵経目録（これは南条文雄がオックスフォードで学位を取得した論文で、南条目録と呼ばれるもの）を見て、般若経及びそれに関連するインドの理論書の英訳を荻原に「困難も平易も差別なく」次々と依頼している。荻原は留学前、青山英学校に通っていたため英語に堪能（同僚の望月信亨の話）ゆえ、それが功を奏したと思われる。とはいえ、矢継ぎ早の注文に「一寸閉口」の様子。ロイマンが般若経類ばかりの英訳を求めるゆえんは、フランスのシルバン・レヴィがネパール訪問の際、ハリバドラ作『現観荘厳論』（「八千頌般若経」の注釈書）を発見し、その漢訳があるかいなかを調べるためであった。荻原は晩年になってロイマンとシルヴァン・レヴィとの約束を実現するため、ハリバドラのこの『現観荘厳論』全編を校訂出版した。この書信には仏伝文学の『マハーヴァストゥ』と漢訳『仏本行集経』との関わりについての詳しい報告もあるが、割愛する。

博士ロイマンは小生への返礼として梵文聖典にて已に出版されあるもの及文典の類又は此等に関する東洋学者の論説などの目録を作り其出所を示し一冊としたるものを小生に与え呉るる約に候。其中十中八九は已に小生等の知る所のものに候へば余り有難くも感じ申さず。但其志を喜ぶのみ、而して其目録は英文なれば The Orient に投寄する心算なりと云ひ居り候。小生其目録を得候へば邦語に訳し且小生の意見あらば之を加へて『仏教』に投寄致す積りに候（二月

十二日？　荻原雲来）

ロイマンは欧州の東洋学者が書いた論文目録を作成し、研究誌に投稿、その後、荻原に恵与する予定であった。ただ荻原からすると、その大半は熟知のものばかりであったが、完成後は自分も日本語訳にして『仏教』誌に投稿予定という。

四月十四日　真言宗の分離問題

前年来、真言宗では分離独立をめぐって紛糾が続いている。『明教新誌』によれば、総本山教王護国寺の羈絆を離れ、それぞれが独立しようと「我が儘を益々増長」という。真言宗の末寺は一万五千であるが、分離して十本山になれば一本山あたりの末寺は平均千五百となってしまう。根本教義が氷炭あい容れないならばともかく、今回の分離事件は二、三の執事による「自己の威力と財嚢とを拡充せしめんが為」と裁断。

『明教新誌』

四月十八日　巴里万国大博覧会の盛況

パリの第一回万国博覧会は四月十五日に開会以来、入場者数が二十三万人に達し非常に盛況の由。日本からの出品の陳列はいまだ半ばというものの、好評につき、すでに三十七品が売約済みという。閑院宮殿下もすでに二回、会場に臨まれている。

『明教新誌』四月二十二日

四月二十二日　女子の新職業

当時、女子の職業に教師、看護婦、電話交換手、煙草屋、牛肉屋の店番以外に、恰好のものがなかった。それが今回、三井呉服店では女子店員を置くことになった。『明教新誌』

四月十九日　独逸通信　荻原雲来

『浄土教報』三三九

謹啓　二月二十二日発の華墨四月六日接手、道兄益御健勝の様子欣賀此事に候、扨曾て御依頼申上置候絹布早速御郵送被下本日受領致候、万般御手数を煩はし候段深く感謝罷在候、絹布類は御承知の如く欧州には非常に珍重され大祭祝日など縉紳の夫人令嬢と雖も絹布類を纏へるは目撃すること至て少なく候、されば其価格も分外に高く関税も之に準じて頗ふる高値、小生は三馬九十片（邦値二円弱）を取られ申候。

先月三日より冬期休業に相成り、目下一週二時間宛教授の自宅に至り梵語独訳（サキセルサイス）の添削を請ひ居り候、該教授は四十有余の壮齢なれども至極懇篤の人にて、一度添削を経たる梵文並に訳文を浄写させ、一点の過謬無からしめんがため再度検閲の労を取らるる程に有之候。小生に於ては何よりの幸福に御座候、先月は他の教授連と倶に同氏の宴会に招かれ候、斯かる節は成るべく服装を飾るは主夫妻を始め同席諸氏へ対する礼儀の由なれども小生は止を得ず本邦より持参のあしき「フロックコート」にて相済ませ候、次の夏期授業は本月末二十三日後に開始の筈に有之候。

当地の気候は昨年末二週目程寒威酷烈に候ひしも、其後は案外温和にして時々微雨微雪ありて、曇天甚だ多し、されど寒気は一年の半を占め、先月末尚微雪有之候。一週日程前より四方の赭樹漸く嫩芽を吐く柳目伸ひ桜桃笑ひ青春の季節と相成候、六月は当地盛夏の由なれど本邦に比すれば大に凌ぎやすき様子に候、且つ蚤虱の包囲もなく蚊軍の吶喊もなく平穏の様子に承り候。

従来大乗仏典なるものは純粋の梵語より成ることと考へ居り候処尼波羅を始め中央亜細亜に保存せらるる仏典は純粋の「サムスクリット」にて認めあるものは至て少なく十中の八九は印度通俗の語「プラークリット」と「サムスクリット」の混淆せる言語より成り候（「サムスクリット」は雅の義にして「プラークリット」の俗なるに対す）、されば「サムスクリット」のみ学び候ても大乗仏典は悉く之を了解すること能はず、波羅門教の四吠陀を始め所謂十八大経の類は悉く純粋の梵語にて認めあり候へば、此等を学ぶには「サムスクリット」の知識のみにて充分なれども、北方仏典を遺憾なく研究せんと欲せば更に「プラークリット」を学ばざるべからず、尤も「サムスクリット」と大差なきものなれば「サムスクリット」学得の後は容易に学び得るものに候、小生は「サムスクリット」成業の後、「プラークリット」及び其一部なる「パーリ」語を修め南北仏教の原本を攻究し、而して後仏教史の考案に従事する心算に候。（略）

当地大学は当国二十有余の大学中にて最も壮麗なるものの由、当該建築は約二十年以前にして費用総計我国の六百萬円なりと聞及び候、伯林大学は壮大なれども奮しと申し候、（略）
皇紀三十三年四月十九日　　荻原雲来
　土川善徴老大兄坐下
『浄土教報』六月十五日

　これは荻原が浄土宗の師、土川善徴に送った書信。調達した絹の衣が届いたことの礼とともに当地の模様を伝えたもの。当地では大祭、祝日には盛装が礼儀であるが、ロイマンの宴会に招待された際、やむなく日本から持参したフロックコートで済ませたという。ロイマンは四十少しの歳で「至極懇篤」で、サンスクリットからの翻訳の際、一点の誤謬すらないよう再三校閲してくれ、「何よりの幸福」と感激している。続いて大乗経典の使用言語について踏み込んだ内容を伝えている。バラモン教文献を読む場合にはサンスクリットだけで十分であるが、大乗経典の場合、俗語（プラークリット）の混淆が多いため、プラークリットならびにパーリ語を並行して習得する必要があり、これからその予定とある。

四月二十五日　渡欧に際し告別す（渡辺）
薫風漸く至り紅紫老ひ尽して春光将に去らんとす、此多恨の景物の中にありて予輩は別を敬愛なる諸君の前に致さんむとす、感夫如何ぞや、春や其来る、艶麗の美彼が如く、其去るや、風光の優亦此如し、而して予輩の来るや漸を以て来り、其去る亦漸を以て去らんむとす落芙縮粉として流水に随ふ所、嗚呼予輩が無限の感を如何せん。

顧みれば予輩の来りて諸君に見へしは、実に彼第三公会の前なりき、再来第二臨会を経、第一宗会を迎へ、年を閲する五、此間に於ける着実なる宗運の進歩は実に諸君は親く知る所、而して之に伴ふて起伏洶涌せし波瀾の大や、潮勢の急や、亦茲に贅説するを須いず、（略）貌下大命の重きは辞するに地なく、内外先輩の勧誡警策は猥りに安を偸みて引退するを許さず、茲に於てか薄力駑駘に勉撻して渺渺たる微身を教学の為に捧げ、実に自ら揣らず、留学の大任を於て負ふて五月五日将に北欧の天に発せむとす、去るに臨みて諸君に捧ぐる告別は実に予輩の至大の光栄となす所、而して之と共に亦予輩が後任として原青民君を諸君に推薦するの光栄を得むと欲す（略）嗚呼敬愛なる諸君、希くは大法の為に健在なれ、却後三月巳降予輩は天外万里にありて時々諸君に接して、旧好を予輩が故郷浄土教報に認むるの快あるべき也、欧雨米烟万里を隔つも大悲の光明中に於いては且暮諸君と相対せむ、嗚呼諸君、この清浄歓喜光の中に幸に大宗の為に健在なれや、告別。

『浄土教報』

いよいよ浄土宗二人目の海外留学生となった渡辺海旭の出発である。渡辺は渡独に際し、公に「告別」文を発表した。当時のこととはいえ、内容は気宇壮大である。告別文の後半部分は渡辺が主筆を務めていた『浄土教報』を後任（原清民）に托したこと、それに仏教界における『浄土教報』という論説誌の位置づけに関するもの。ただ出発当時まで『浄土教報』の主筆という立場によほど力を注いでいたことが伝わってくる。

四月二十七日　渡辺氏の送別会

予告の如く同氏送別会は去る二十七日午后二時より東京忠魂堂会館楼上に於ていと盛大に挙行せられたり、同日定刻を報ずるや発起人開会の挨拶を為し直に奉告祝祷の為に荘重なる法式を修し了りて武田芳淳氏開会の趣意を述べ続ひてドクトル井上豊太郎氏社会永続の為には宗教教育及衛生を以て三大要素と為すべし、此内に於て独り教育は非常の発達をなせりと雖も衛生と宗教とに至りては進歩の甚だ遅々たるを認む此時に際して渡辺氏が宗命を帯びて宗教思想の発達せる独逸国に留学せらるるは最も同情を表する所である、然りと雖も茲に深く注意を乞ひたきは如何に文明圏なりと雖も其社会には光暗表裏の存することである。願は光明面なる彼れの長処を習ふて暗黒面なる彼の短処を伝へざることを望む、如何となれば文明の模範とする欧米の裏面の横る弱点を暴露することは我国の進歩を碍するの憂ひあればなりと述べて大に一般の注意を惹き夫より道重第一教校教授釈諦善氏を首めとして伝道講習院学生、東京寺院有志者大西成田氏の演説、日種松原諸氏の詩文朗吟あり、此間発起人立って本日送別会上有志の寄贈にかかる金員若干を以て餞別の紀念と為さんと報告して恭しく目録を進呈するあり。最後に興世宮沢奈良仲谷岡村小林神林等の諸氏より発送せる祝電を朗読し終りて当日第一の正賓たる渡辺氏は本宗の正服たる壊色の鬱多羅衣を被着して式場の中央に立ち諸師の厚情注意一一威の至りに堪へず留学の目的方針今茲に述べるに遑まあらず、唯た其前途に横る困難一にして足らざるを以て微力此大任を尽す能はざるを恐る、然りと雖も幸に仏陀光明の摂取護念するあり、神力の加被する所有難を排して此任務を尽さんことを期すと懇に謝辞を述べ次に同氏の老師端山海定氏は満面感謝の情に満ちて感涙と共に一場の挨拶を来会者に致され終りて素饌の饗応あり。午後五時一同歓呼声裡に散会を告げたり。当日の来会者は宗務の諸役員、高等学院、第一大教区の視教学監参事、伝道講習院幹事、縁山の諸役員、府内八小教区の各支所長等の諸氏大約百五拾名余にして都門有力の寺院諸氏は大概参列せられたり。『浄土教報』三九五

渡辺海旭の壮行会は百五十四名出席、東京忠魂堂会館で盛大に開催される。渡辺は「本宗の正服たる壊色のウッタラ衣」を被着し、会は荘重な読経のあと、自身の留学の目的、方法、「仏陀光明の摂取護念」「神力の加被」のもとに任務を全うしたいと述べる。渡辺の師僧端山海定は感激にむせび「感涙」しながら、来会者に挨拶。昼食響応ののち、午後五時散会。なお渡辺の送別会はこのほか十五回ほど開催されたという。各方面から期待された一面を伝えている。

渡辺氏の栄誉
渡辺氏は今回の壮遊につき去月二十一日東京を発し祖廟参拝のため西京に至り同二三日門主猊下にも訣別の辞を申し上げけしに猊下には如法の七條衣に親く宝号を書したるを金員を添へ左の懇篤なる恩命ありたり、
擬講渡辺海旭将に独逸に遊はんとす、祖廟に謁するに因り来りて別を告く、擬講英敏の資、蛍雪多年優に高等学術を修め其名夙に等輩に超ゆ、今や宗命に由り遠く万里の波濤を超えんとす、壮なりと謂ふべし、聞く独逸は人文の淵藪なりと、擬講行、益す其智能を啓発するに足らん、望らくは他日功成り業遂げ、大に我が大法弘通の任を尽さんとを、其行くに臨んで之に贈るに言を以てす　明治三十三年四月二十三日　浄土門主大僧正竟譽
渡辺は出発に際し、荻原雲来同様、祖山知恩院に赴き参拝した。門主大僧正からのはなむけの言葉は、浄土宗命によって「人文の淵藪」ドイツに留学する以上、帰国後、「大法弘通の任」を尽くすようとの内容である。なおこの文面は先に出発した荻原雲来への激励文と同文である。
又祖山寺務所よりは左の贈品送辞を下賜せられたり
擬講荻原雲来師宗命を帯び将に独逸に遊はんとす、師壮年有為の材、加ふるに堅忍の志を以て其志業を全ふせられんと、日を期して俟つへし、茲に其首途を祝し袈裟一肩を贈る、萬里

殊境気候自ら異なり、請ふ道の為め自重せよ
明治三十三年四月二十三日　総本山知恩院門跡寺務所
渡辺には門主それに浄土宗当局双方から袈裟が贈与された。
『浄土教報』三九五

五月五日　渡辺氏出立の期日
同五日午前十二時横浜解纜の郵船会社汽船讃岐丸に便乗して仏国馬塞（マルセール）港に直航し上陸の後陸路修学地なる独逸のストラスブルグに到着の予定なりと云ふ。『浄土教報』三九五
渡辺の出発日は五月五日に決定。横浜埠頭からフランス、マルセイユまでの行程である。マルセイユからは陸路で大学のあるシュトラースブルクに行く予定という。

六月五日
渡辺海旭、香港よりの通信
五月五日横浜を解纜以来、日を経ること十有二日、船内世と相ひ去ること遠く、静閑の天地自ら悠々として聊か道念を養ふに足る、一瞥すれば窻外浩渺として碧波萬頃、時に巨浪の船体を揺かす秋葉の如きありと雖も、世海の風波は自ら此処に影を潜め、満船の乗客兄弟の如く、日に談笑和楽洋洋と焉として小ユートピヤ（極楽浄土）の観あり、眠食放談に日を暮らし時に慚

愧の感なきにあらず。

仏陀の冥祐と諸老宿意念の力とは、此十有二日の間、玄界灘の巨浪も台湾海の風伯も其威を逞するあらず、最も静穏にして安眠の裡に通過し、今は香港埠頭の遊子と成るに至れり、出帆の日は皐月の五日にして水天宮の賽日たり、船の名は讃岐丸にして海上守護の神たる金毘羅に縁あり、航海の前途は萬萬歳と水夫の歌ふを聞くも亦た是れ乗船者の一興事たり、香港湾中に投錨の後、速かに上陸して処処を遊覧し、時に店頭に入りて船中の必要品を購求するありたり。

当港の事情は屢屢、新聞雑誌の通信に上り、之を報道するも陳腐に属するを免れず、然りと雖も当港の経営者たる英人が敢為の気象に至りては洵に欣慕の至に堪へず、突兀、海面を圧して聳ゆるヴィクトリヤ峯頭に於ける兵営の一を観望するも驚歎の至りに堪へず、其他道路、水道、運輸等整備して一の間然する所なし、渺たる香港の一埠頭にして此の如し、本国の隆盛思ふに余りあり、東洋の牛耳を取れると称する帝国と雖も尚ほ彼等の後塵を拝せざるを得ざるを思へは心中無限の感慨なきを得ず、其屹然として雲表に冲ひずるセントジン大寺の高塔に対して基督教の威勢が斯る強健牢固の精神を養成するに力あるかを観じ夫の牛の如馬の如く轎を荷ひ、人力車を輓く支那人が福禄延壽前に叩頭して利己私欲の外一物を存せざるものと対比して其宗教思想の関係に想到し空想に耽ること之を久す、上陸の時、乗りし艀船の持主は小蒸気船数艘を有するにも拘らず、自ら櫂を行り艪を操つり可憐なる最愛の一女一男をして蓬頭垢面尚ほ労役に服せしめて其富を作るに汲汲たる感ずるに堪へず、此一船主は支那人を代表する好個の模型とするに足るか。

夫のピークトラムウエー（略）にてヴィクトリヤ山の第一峰に上り、四面濛濛たる烟波の間、層層の楼閣、重々の巒、参差重畳し、鏡の如き海上巨船大船稲麻の如くに列り軽舸小船豆の如く馳走すること恰も一大パノラマを展開したるが如き中に立てば、脚辺の白雲漸く深く、水光山色隠見明滅するところ九龍の半鳴指呼の間に迫り、満湾の風光掬すべき絶好の風影実に『如此江山附大洋』の感滂然として発生するを覚ゆ。

市街の状景煩く報導する必要なきも欧米の紳士、骨格逞しき印度人、英人の巡査、支那人の行商、日本の婦人など絡繹旁午して織るが如く、四層五層の高楼、両側に屹立して盛観一目を眩す、日本郵船会社支店の如きコンノートロードの第二階に事務所を新築しつつあり、欧米人の宗教を貴ふに反して日本新人間に於ける宗教思想など実に憐れむべきものにして洵に痛嘆の情に堪ず、暑熱は日下九十度に昇り赤道に近くに従ひ日に益々高度に至り苦熱尚ほ一層激しきを思ふ、書外の余事は新嘉坡（シンガポール）より通信発送すべし、小弟無事息災船内に於て称名相続仏陀の加祐を念ず、幸に安恕を祈る（五月十六日香港より）

横浜出航後、十二日間にして船内の人びとは兄弟のごとく、和気あいあいで、ユートピア、極楽浄土のようだという。出発した五月五日は水天宮の祭日、船名「讃岐丸」は海の守護神金毘羅を祀る地のことでもあるから、航海の前途は洋々と伝えてきた。大英帝国下の香港は高層建築が建ち並び、欧米の紳士、骨格逞しきインド人、イギリス人の巡査、中国人の行商、日本の婦人と、人種と職業を類型化して観察。高く聳えるキリスト教の高塔や福禄寿神に帰依する中国人を眼のあたりにして、日本の若者の宗教心の希薄さを嘆いている。渡辺は船内でも念仏を始めた様子。

『浄土教報』六月十五日

英領海峡植民地新嘉坡発信　　渡辺海旭

拝啓　長路の航程も既に三分の一を経過し本日無事当港に入津致候、上陸遊覧の内、当地の創立者なるスタンフォート・ウッフル氏が功業を思ひつつ植物園、図書館、博物館に半日を消し候、当地の有様に付ては聊か調査も致し候まま次便に申上べく候、伊達上人より頂戴致候大乗仏教大意三部を右図書館に寄付致候、気候中々熱く相ひ成候も身体健全にして別にかわりし事もこれ無く候間御安心願奉り候、船中にて近々宗教談相ひ初め上中等船客に対して法話致べくまでに手順相ひ運候につき其内折りを見て一回小弟の訥弁を試度と存候、船中人間社会を離れ絶へて本国の宗事も聞き申さざると最早二句、唯だ何処に於ても同じく加祐を蒙るは大悲の思光のみと考へられ候、草々拝具　渡辺海旭

これはシンガポールからの書信。当地の図書館に英訳『大乗仏教大意』（黒田真洞著）を三

部寄贈している。渡辺は仏者という自覚のもと、はや船内で法話を試みる手はずが整ったという。

六月二十五日　西往一覧　同じシンガポールからの渡辺海旭による詳しい書信

香港を発してより航程両日、七千余噸の巨船も宛ら一片の木葉の如く、縹渺たる南支那海に浮び、超て一日初めて青髪の如きオナンダ諸島を右舷に眺め、雄然大海の中に屹立して千古の俤を留むる一大巨岸パラドマの壮観を賞し二十二日の夜、夕陽雲を染め海を彩る絶好の景中遙に馬来諸島の蜒蜒として連なるを見、翌払暁海霧を払ふて、吾が船は旭日の旗を新嘉坡の海面に立てぬ。

新嘉坡は英領海峡植民地政庁のある所、一千八百十九年サー、サタンフォド、ラッフルス氏が彼の東印度会社の有力なる働手として、印度ジャホーア王と条約の結果、英領となし同六十七年に至り、馬剌加、彼南、其他の海峡植民地と共に印度政庁より、植民省の管轄に移し、今は巍然たる植民政庁のシンガポール市街に存在するを見る。（港の説明、略）

唯見る、街上緑樹影暗く、三層の大厦左右に連る所、車馬紛々たる間、得意に歩する欧人あり、頭に赤色の巾を被り、古銅の如き膚を露し、爛々たる眼光、雪白の歯を有ちて馬を駆り車を荷ふ馬来人印度人あり、支那人あり暹羅人あり、此間ラッフルフレースの角店に日本品を手広く買ふ宗商会の外二三の会社ある外は実に涙を洒がざるを得ざる可憐の婦人のみ、五百の同胞中其三分の一は醜業婦なりと聞かば誰か惻然として亦慄然として更に吾国の為に慨然たらざるを得んや、来れ本島のバレーロードに来りて光景を見よ、連ぬる軒は悉く此可憐の同胞か霊を失ひ肉を売りて、臭骸を南天炎熱の下に露すものを、涙は実に彼等の為めに流汗と共に酷なりき。宗教の一班は新教に聖、アンドリュウ教会あり、一八六一年に建立せらる、ゴシツ式の本堂は小と雖も威厳あり、此他の小教会亦少なからす、アルメニヤン派に聖グレゴリー教会あり、旧教はセントペーター、パウル、ジョセフ等の教会を有し、猶太人の会堂回教の会堂亦存し、シンガポール河辺には支那の会堂あり、道仏混合の宗教的標式をなせり、而して吾国は西本願寺の教会堂馬来街の大道路にあり、閑雅の小教会、傍ら日本子弟の教養を行ひ日々学校を開き、夜学ありて青年及醜業婦を教ゆ、毎週両回教会あり、児童の校に上るもの三十、同島の日本人は皆其信徒なりと云ふ、主管は佐々木千里師にして師は濠洲及印度にありし人、今や励精開教に従事す、前途大に有望ならん、此他曹洞の釈種梅仙師あり、市街より七里を隔つる日本人墓地にありて練心し、主に民間布教に尽す、居ること五年、道力頗る重しと、訪はんと欲して時なし、信を佐々木師に托して、其安きを問へり。

学校はラッフルス教授、クリスチャン兄弟、英清学校、ラッフルス女学校あり、二三の境舎を墻外より望みて、其稍完全せるに感せり、図書館は博物館と共に有名なる植物園を去る五丁の所にあり、古物学の資すべきもの少なるは、失望せしも爬虫類、亀属の珍なるものは吾国にては蒐集困難なるもの多し、図書館は一万八千巻計りの小ライブラリーなりと雖、博言学の書に付きては垂涎すべきもの多し、吾が携へし、英訳大乗仏教大意三部は永く此館中に留りて十年百年の間多少は結縁に法益を得るものもあらん。
植物園などの事は荻原老兄の通信悉したれは茲に筆を擱かん、終りに臨みて長程の航渡も大悲の恩光中事なく茲に其三分の一を経過せしを感謝し、炎炎たる印度洋中の酷熱も、浄光明の中平和と歓喜とを以て終らんを思、更に限りなき感謝の情なきを得ざるなり。
二十四日讃岐丸にて新嘉坡タイムを読みて英国女皇八十二歳の誕辰祭の盛に挙行せらるるを見つつ
シンガポール市内の詳しい説明。数か月前、荻原が日本に送った書簡にはシンガポールという地名はサンスクリットに由来するとあったことなどを読んだ上で、当地の感想を述べている。当地のマレー人、インド人、中国人、シャム人らの身体的特徴、服装について報告。キリスト教会、それに道教、仏教の混交した中国の会堂、西本願寺の寺院があること、曹洞宗の一僧が開教に尽くしていることある。暑さ厳しいものの、航海の三分の一が終わったことに「大悲の恩光」と感謝。

七月五日渡辺、コロンボより

六月三日　拝啓、船は彼南を発してより両日の間蜒々たる馬来半島を右舷に望み、次てスマトラ島を左舷に見たる後は、縹渺たる印度洋の浩波大波も幸に夢驚かず五月三十一日の夕、海天漸く暮色に満ちたる裡、初めて錫蘭島を認め、六月一日と云ふに初めて哥倫坡港に接し候、港内築港の壮は言はずもがな、停泊する英独露の軍艦商船の内、嶄然として四本檣の大艦高く旭日旗を掲げ候吾船なれば、心地実に宜しく御座候。

錫蘭と申さば日本仏教徒の至りしもの今迄随分多く、見聞の記事も乏しからざる事に候へば、一々市街其他の事は不申上候、小生も一日は有名なる善吉祥大僧正の宿坊マリガカンダ伽藍に杖を曳きて幸にも皎髪仙顔の道容に接するを得、又日本僧釈戒宝師にも面し二日はカンデーの仏牙精舎に一日の長旅行を試み候、僧正今年七十余近来少し病あるも一百五十名の僧侶を薫して日々梵語と巴利語の公筵を開き、暹羅緬甸より留学する実に盛に御座候、楼上に経蔵ありて、仏教に関する図書を集め候、小生は英訳大乗仏教大意二部を寄附し大衆に鑑蓮社の阿伽陀薬其他を供養致候、行儀の端粛は実に感すべきことには候へ共其教化と申す方面には何の感覚も無之、或人の化石仏教と申ししも尤と存候、其他研究など申す事は少しも不致為め、カラ話しにもならす候、乍去、日本仏教徒の或人には一目此清浄の伽籃を見せたくと感し、随て身の道業篤からさるは深く慙愧候、目下錫蘭にありて、道業を修錬する僧伽は、小島戒賢、向山亮連（真言）、鳥家仁度（天台）、工藤敬慎の四僧にて、何も興然大比丘の弟子分として向山師外二名はガーレに、小島師はマリガカンダに学を修め候事の由、小島師と鳥家師には面会致せしも工藤向山二師は不幸にも面会を得す、護法の赤志此の如き人あるを思へば随喜の至りに候、

（略）仏牙精舎はカンデー湖水の畔にあり、地実に幽寂閑雅、寺は荘厳美麗にて、流石に当地の日光とも可云名所と覚へ候、当所にも東洋図書館の設け院内に有之候へば同く三部の仏教大意を寄附致候、帰途車中仏教篤信の錫蘭紳士と談じ、窓外に見ゆる彼処此処の殿堂の由来を聞き、某は高僧某は巴利経典の達人など承り候。

（略）ペター湖水の畔には仏教霊智会の活版所あり、日本人は屡屡世話に相成候事にて小生も一見し講義所付属の図書室に仏教大意を施し、二三の小冊子を貫い受け候。

南方仏教に候へば普通人の少しく智識あるものは英語を自由に話すと云ふ当地なるに係らす、余程の高僧にあらされは英語なと話すものは無之、威儀厳然、知事にも公使にも頭一つ下けぬ所は至りて有難きも智識の卑きは驚くべき所に候、北方仏教の慧に走りて戒定共に緩なるは悲むべき極に候へ共、南方仏教の丸きり慧を度外視するも、最大の遺憾と存し候、南北仏教の調和と申すことは無論書生の空論には可有之も、世界的潮勢の斯く迄溢し来れる上は何れの時か、馬鳴、龍樹、天台、賢首、空海、法然を起すの時は可有之歟と藕に嘆を発し候も例の癖に候べ

き歟、アヌラダプラ其他摩訶沙にて承知の霊地は時間も金も無之先づは帰りと仕候。サハレ錫蘭には本宗より常に一名位の留学生を置く所は必要に可有之、一年壱百留、即七十円も有之候へば充分との事に付篤志者の進んで出でんことを希望候、米国の英国のと哲学や何かのみ吾徒の研むべきことには無論無之候。何やら面白くも無之乱筆是にて御仕舞と可仕候、長途の航海も既に半を過き三週の後には佛都巴黎より御通信可仕事に可相成と存じ候、宗事目下如何相成候や、定めて闔宗和協益堅く宗運弥隆盛の事と三千里の孤客も藕に歓喜仕居候、草々

渡辺、セイロンに到着。港に英独露船のほか、「旭日旗」を掲げた日本船を見つけ、心躍っている。著名なセイロンの「善吉祥」（スマンガラ）大僧正のいる寺に赴き面会、そこで日本人僧（釈戒宝）にも会う。この大僧正はシャム、ビルマから来た百五十名の僧に梵語とパーリ語を教えているという。セイロンには日本人仏教徒が四人来島しており、渡辺はそのうち二人と面会。いずれも真言宗の釈興然の弟子筋という。仏教全般を概観して北方仏教国では仏教でいう三宝のうち、「智慧」を重視し、「戒律」「瞑想」は軽視するのに反し、南方仏教国では逆に「智慧」を軽視すると披歴している。インド、中国、日本における大乗仏教の偉大な仏教者として馬鳴、龍樹、天台大師、華厳の賢首大師、浄土宗の法然の名をあげ、南方仏教国でもいつの日かこれらの尊師が知られるようになればという。キャンデーの仏歯精舎、図書館、仏教

霊智会のいずれにも黒田真洞著『大乗仏教大意』を寄贈している。

七月十九日　渡辺留学生の安着
五月五日渡欧の途に上りし同氏は六月二十七日　佛国の馬塞港に上陸し首都パリスに立ち寄り手博覧会を縦覧し七月十七日目的地なるストラスブルヒに到着せる書状左の如し
拝啓小弟位置昨日は当地に安着仕候、大学は今一週間にて休業と相成候まま、九月迄梵学の準備、図書の蒐集など致候都合に候、且つ当分は下記の処に滞在八月下旬より荻原君と共にロイマン教授の家に同居致都合に御座候
　K. Watanabe Nikolaus Staden 23—1
　Strassburg in Elsas Deutschland　七月十九日　渡邉海旭

渡辺は一ヶ月半にわたる航海を終え、六月二十七日、フランス・マルセイユに到着。パリの万国博覧会に寄ったあと、目的地シュトラースブルクに行く予定とある。ちなみに荻原雲来は六年間の留学中、一度も花のパリに赴くことがなかったと帰国後、渡辺が伝えている。シュトラースブルクでは荻原とともに師ロイマンの家に同居予定とあるが、当座の投宿先の住所を伝えてきた。

七月二十一日　独逸大学教授の感謝状

独国ストラスブルヒ大学梵語教授ロイマン氏は本宗留学生荻原擬講を待する一見旧知己の如く懇に指導せられ諸般悉く同氏が斡旋せられたるに付、過般渡辺擬講の留学の命を稟け同国に発途するに菘み管長猊下より特に懇篤なる依頼状に併せ審美大観を贈呈したるに殊の外喜ばれ英文の謝状を送られたり、今翻訳せる其渡辺擬講の訳文を得たれば左に掲ぐ、

浄土宗管長大僧正野上運海上人前

渡辺氏　猊下より御贈賜に相成候荘重なる書翰（拙者は之を褒状の如く保存可仕候）並に贈品を持参被致候

拙者は猊下の御礼物を非常に貴重に存し且つ日本美術に関する書冊に就きては勿論喜悦の至には御座候へ共御申越を御受け致すことすら過分に存する所に候。猊下御高諒の如く学徒の研学に熱誠なることは一般に教師の最大満足する所にして拙者には荻原氏の比類と並に迅速なる進歩を見て大に喜悦罷在候、他日同氏は馬鳴仏所行讃初品に相見へ候憍迦羅、毘利訶鉢底及ひ他の諸仙が其前人に超越したりし如く教師を凌駕するに至るべしと存し候、恐惶頓首謹言

独逸国エルザス州、ストラス堡府　ストラスブルク大学

梵語教授エルンスト・ロイマン

一千九百年七月二十一日

『浄土教報』四〇七

荻原と同じ師となるロイマンに浄土宗側では管長名で書状と日本美術の書を渡辺に託した。ロイマンから届いたその礼状の英文（日本語訳は渡辺海旭）が右のものである。その内容は荻原について、その学業が迅速に進み、現在ブッダの伝記（『ブッダチャリタ』）の第一章を購読中。第一章にはブッダが出家後、最初の師として訪れた仙人をすぐさま「超越」したとあるが、そのように荻原は早晩、自分（ロイマン）を凌駕するであろうと絶賛した内容である。

七月　チベット入りを願っていた河口慧海は艱難辛苦の末、七月ようやくチベットに入国。

九月二日　清浄華院の再興

浄土宗鎮西派の四大本山別格大檀林にして往昔清和天皇特旨を以て創立し給ひ禁裏御内道場と称し清浄の行業を勤修あらせ玉ひし遺跡なれは後白河法皇宗祖法然に敕《ちゃく》して住せしめ其の後寛平年間より以来皇子皇女三十六方の御入棺ありて今尚尊牌を奉安しつつある霊場なるも明治二十二年四月神谷大周師（目下小石川伝通院住職）が住職中湯殿より火を発し諸堂伽藍悉く烏有に帰してより今日まで宮内省内務省等の下賜金は多少ありたれども遂に再建の運び到らざりしが今回同寺法主を初め有志者の発起にて大殿再建の儀を以て全国に寄附を募り遠からず同寺を再興せんと目下尽力中の由。　『明教新誌』

浄土宗の大本山（当時、四寺）の一つ、清浄華院では明治二十三年に湯殿から出火、堂宇を悉く焼失したが、今年から再建のため寄附を募り始めている。

九月十五日　渡辺のシュトラースブルクからの報告。

拝啓、当地は目下九十度以上の熱度にて閉口至極の事に候。当地の生活は室代二十五馬より三十馬（一馬 Mark は五十銭）食料朝飯五十片（一馬の半）昼飯一馬半、晩食一馬は如何しても免れず、其他雑費中中相嵩み候。是でも独逸中最勤倹の風ありと極称せらる、当地の日本留学生の費にて伯林あたりは月々四百馬は相かかり候由、況や龍動をや況や巴里をやに候。荻原君が此中に辛抱して既に五百馬以上の珍本を購入致され（中には大学図書館にも見難き珍書有之候）候は小弟の頗る感服する所に候、以て当地の生活如何を御察し被下度候。

当地の日本留学生は医学士三名、理学士一名あり、皆勤倹力学の人にして末頼もしき人々に候。博士ロイマン氏は実に親切なる人にて万事善く世話致し呉れ学者として忠実なるは感心の至りに候、家は内室と可憐の幼童二人と下婢一名、極く質素なる生活をなし、常に材料の蒐集に怠らず、清貧力学の状、人をして奮起せしむ。毎火曜日の夜は大学前の酒店に梵学生相集り博士と共に愛酒を飲みて大に談ず。而して毎夕消する所二十銭位に過ぎず、清興此事に候。小弟の家は夫のミュンステル高塔の直下にあり、イル河畔に臨みたる一小小屋にて目下大洋病院長たりし望月医学士の同室致居り来月下旬より荻原君と共にロイマン博士の家に移転する筈に候。　『浄土教報』

シュトラースブルクに到着後、渡辺からの書信。当地の物価はベルリン、ロンドン、パリに比べ、かなり廉価であること。師ロイマンの家庭には夫人、子供二人、手伝いの女性が一人いて、きわめて「質素な生活」とある。渡辺はいよいよ勉学開始。ロイマンは毎週火曜日の夜、大学前にある居酒屋に梵語を学ぶ学生を招き、懇親を深めてくれるという。宿は市の中心に位置するミュンスター大聖堂のすぐ近くで、河に面する建物に医学生と投宿中という。来月からは荻原とともにロイマンの家に転居予定という。

九月三十日　大宮孝潤の消息

小生修学上に就ては梵学専門学校（Sanskrit College）と申す高等なる大学の分科有之候へ共印度教徒に限りて入学を許すとのことにて小生は入学致難く、別に十分なる良教師に就ては一ケ月の月謝少なくとも拾五留（拾円計り）位にて経済上支弁致難く当分（初歩の間）は乍不本意通常の教師に就て修学罷在候へ共、先頃より当地大学の教授にてマハー・マッハズヤーヤ・ハラプラサーズ、シャーストリと申さるる長々敷名前の人と心安く相成り同氏は大学梵学部の教頭として又印度大歴史の著者として又印度の仏教学者として印度の仏地並びに仏跡等の探検家として優に当地に於ける学者内の第一流を占め居らるること故時々訪問して質義致候上に大に研究に資益致呉れられ又同氏が現今の印度に於ける仏教に就ての著書等を寄贈せられ頗る修学上の便りに相成申候、仏骨発見に関する石櫃、水晶壺、蝋石壺、宝石類、仏骨等の主要なるものは皆当地の博物館内に有之、（略）孟買の三井支店長よりは時々通信有之、大阪朝日新聞の送付も有之、先日は日本茶半片と日本の菓子一鑵を贈られ是れが小生来着以来大馳走にて有之候。『明教新誌』

一八九五年にサンスクリットを学ぶ意向で渡印した天台僧、大宮孝潤（一八七二―一九四九）は良き師を探すことができず、一旦帰国した。しかし再度インドに渡り、ようやくシャーストリという大学教授と面識を得、サンスクリットを学ぶ好機到来という。滞在中のカルカッタには博物館があり、そこにはペッペの敷地から出土した仏骨、それに関連する品々が陳列されていて好都合という。当地赴任中の三井物産支店長から日本茶、菓子の饗応を受け、インド到着以来の感激と伝えている。

十月、音羽、護国寺内に豊山派学林が開校される。のちの豊山高、現在の日大豊山高。

十月、高楠順次郎、『巴利語仏教講本』を著す。氏は二年前に梵文学の教科書を出版したが、この年、パーリ語のテキストを作成した。

十月二十九日　マックス・ミュラーの訃

英国オックスフォード大学の教授にして博言学哲学等に精通せる博士マックス・ミュラー氏は去二十九日逝去せし旨の倫敦電報ありたり。氏は千八百二十三年独逸デッサウに生まれたる人、実に宇内有数の大学者として推されつつありしなり。享年正に七十七、我国にては故笠原研寿、南条文雄、高楠順次郎の諸氏皆な博士の薫陶を受けたりといふ。『明教新誌』十一月六日

日本から梵語、パーリ語、チベット語を学ぶためにオックスフォード大学に留学した南条文雄、笠原研寿、高楠順次郎の師、マックス・ミュラーがこの年、七十七歳で没したことを伝える電報届く。

十一月二日　仏骨を暹羅皇帝に贈るの議

鎌倉円覚寺に安置せる仏牙舎利は建保年間源実朝郷故在て彼の国より奉迎したる釈迦如来の歯牙にて其大さ約一寸強なる実に霊現著しきものなるに由り老若男女の帰依浅からず之を宝殿（国宝の殿宇にして建保年間の造営に係る）に安置し毎年十月十五日を以て厳かなる仏牙舎利大法会を執行するを常例と為し居る由なるが今春同国皇帝陛下より好意を以て仏骨を本邦僧侶よ

り前記の仏牙舎利を同皇帝陛下に分贈し奉り以て仏教国の交情をして益々親厚ならしめんとて目下稲垣公使を始め（略）諸氏より同国宮中に向て交渉中なりといふ。『明教新誌』

鎌倉期以来、鎌倉円覚寺に祀られる仏歯は源実朝が宋の能任寺から請来したもの。霊験あらたかで参詣者が絶えないものの、この記事によれば仏歯を今般、シャム国に分与、シャムからは仏骨が分与される予定とある。

十一月二日　抄略三蔵経下賜

暹羅国皇后陛下より日本仏教団体へ貝多羅葉抄略三蔵経八巻を下賜せられ稲垣公使を経て去る二十七日大菩提会本部へ到着したるが同巻の上覆は陛下の親製にして真珠を鏤め金繍の絹蓋を備へ象牙製の題標を付し金絲の装飾を施せる美麗なる物なりと。『明教新誌』

シャム国皇后から貝葉本の三蔵経典八巻が駐シャム公使を通じて日本に寄贈されることになった。装丁は絹地に金糸、それに真珠、象牙をちりばめた豪華なもの。

十一月四日　藤井宣正氏の渡欧

埼玉県第一中学校長文学士藤井宣正氏は曩日横浜出発せし様報道ありしが去月二十五日郷里長岡に帰郷され、それより同地出発西京に赴き来る十七日頃文部留学生服部文学士と同行征途に就く筈にて其渡欧の主旨は本願寺派本願寺より在欧中の新法主大谷光瑞師の保護を命ぜられ同地に赴く者にて其途印度に仏蹟探検に凡そ一ケ月を費す見込なりと。『明教新誌』

本願寺派の藤井宣正は滞欧中の本願寺法主大谷光瑞の随行を命ぜられ、現在、インドに一カ月、滞在中。

十一月十二日　万国宗教歴史会

パリに滞在中の藤島了穏からの報告。

宗教歴史会は予て報道せるが如く九月三日午前九時より博覧会場万国公会館に於て開会の式を挙行せり、開会の前日羅　区の学士館に於て宗教会員の懇親会を開き会同する者凡百五十名麦酒　紅茶等の饗応あり。

万国公会館開館の席上に於て先づ会長レビール（シルヴァン・レヴィ）氏の演説あり、次に各国より撰出せられたる代表委員交々登壇して簡短なる祝辞的演説を了りて名誉会長二名を撰定するの報告あり、即ち英国のマックス・ミューラル博士及び和蘭のチエル博士当撰せり、マックス・ミューラル氏は病気のため出席せざりき（記者曰く博士の逝去は電報にて伝へられたり）、チエル氏は満頭白髪霜の如く八十有余の老翁なりと雖ども音吐朗々満場に透徹す、開会式に列する会員凡そ三百名、午後二時「ソルボン」大学の宗教部の教場に於て各部門毎に会同を開けり、即ち左の八部に分てり。

第一部　開明以前宗教
第二部　極東宗教歴史
第三部　埃及宗教歴史
第四部　セミチーク宗教歴史
第五部　波斯宗教
第六部　希臘羅馬古館
第七部　歴史以前欧州古教
第八部　基督教歴史

余及近角氏は極東部へ出席せり、該部門は日本、支那、印度支那、蒙古及「ヒンノハ」（古代欧亜境に住せし民族）也、セーナル博士が極東部の会長となりて会場を整理し二三会員の報告ありて次に余の順番に当り即「日本宗教の現状」と云ふ問題に関し維新以来三十余年間の於ける仏教の沿革を論述せり、之に次でレヴィヒール博士が日本漫遊の際、日本仏教の現状を目撃したる事実を陳べ殊に真宗東西本願寺の隆盛と教校の整頓少年学生の勤勉及び日本仏教、中古僧侶の学識に富みて梵学に達せし慈雲比丘を例証して其著「枳橘易士集」の如きは頗る称讃すべき価値あるものなりと論定せり。（略）

四日午後「ソルボン」大学の講堂に於て公開演説あり、即ちセーナル博士は「仏教と瑜伽」、サバチエー氏は「宗教史学と経典批評」及びシャン・レービール氏の「欧米宗教史学現状」の問題を掲げて滔々論弁せり、セーナル氏は仏教の瑜伽は「サンキヤ」に淵源せることを例証を挙げて説明せり。セーナル、レヴィヒール両氏の説は頗る吾人の参考に供すべき点少なからざれば他日之を訳出して読者の閲覧に供すべし。

九月五日午前九時第二部極東部に於て二三の報告了りて次に近角氏の「日本仏教哲学史一班」の報告に移りて書記フーセ氏之を朗読せり、是日レヴィー博士会長の椅子を占め近角氏の報告あり、博士は曾て北京に留学して支那学には頗る深邃の聞ありて数部の著述及翻訳あり、又た眼を仏経典籍に注ぎ支那訳三蔵を閲読せりと云ふ、余及近角氏は同日シャバンヌー博士より午餐の案内を受けレヴィー博士同伴して「ホントネー」の別荘に於て饗応を受けたり。

七日午前例に依りて極東部に於て会同あり、此日セーナル博士会長席に就きフーセー氏の仏画論あり、諸氏はレヴィー博士の弟子にして梵学に従事し現今「ソルボン」大学の梵語教授にして仏教の研究に尽瘁し、独のオルデンベルヒ「仏教史」を仏文に翻訳せるのみならず「仏画論」も一部大著述にして印度支那及日本の仏画仏像を論述したる紹介の報告をなせり。次にレヴィー博士の印度旅行「ネパール」に於て無着菩薩荘厳論発見の演説あり、是亦吾人の参考に供すべきものなれば宗教会報告書出版を待て之を訳出すべし。

午後はレヴィー博士の案内に応じて「ヲトイユ」の別邸に赴きたり、会同者二百有余名立食の饗あり。（略）

是日会長は白耳義大学教授ゴブレト伯にして各会員より提出せる希望案に付き之を衆議に問て可否を決せり、又本会より左の希望案を提出して之を多数に問ひ満場一致を以て通過し遂に余と近角氏に嘱託せり、即ち左の如し、

第一　従来日本より我欧州に来遊したる学士にして仏教研究の助成を我学術社会に与へたる功労尠からず、例せば南条文雄、笠原研寿、藤島了穏、高楠順次郎諸氏なり

第二　輓近の報告に徴するに（藤島近角両氏報告等）日本に於ける仏教進歩発達せること

第三　日本仏教各宗寺院に保存する仏書の浩瀚なること

如此問題を提出して欧州基督教の中原世界文明の淵叢たる巴里府万国公会の議場に於て意義なくこれを可決するに至りては時勢の変遷に因ると雖も抑又近世欧米学者の仏教研究に従事せる結果と謂はざるべからず、今より三十年前を顧みれば欧米学士の仏教に対する観念は異端外道視し、宇内に於て真正の宗教と基督教を除きて之を多に求むべからずと思惟せしに比較すれば天淵啻ならず吾人たるもの豈に勉めざるべけんや。

次て万国宗教史会の定期の問題に移り遂に四年毎に該会を某邦に開設することに可決し該会の場所は委員を挙げて之を撰定することに議決せり、蓋し該会は瑞西にあらずば和蘭なるべし欧

州の宗教史学は濫觴を和蘭に発したる故に該邦は宗教学者最も多しと称す。午後博覧会場万国公会館に於て本会長レヴィー博士の演説ありて閉会式を挙行し之に引続てエフール鉄塔第一階に於て会員の晩餐会を開き化会同する者三百有余名にして十五邦の異教異種の人種同一食卓に付き懇親の談話をなすに至るは奇と謂はざるべからず、然れども極東の黄色人種は余と近角氏の両名にして他は皆欧米の白哲人なれば殊に他の注目を惹き日本万歳仏教万歳の祝語を発する者往々これあり、是夜旧暦八月十五日に当り夜色清朗月光水の如くなるに拘はらず数千点の電燭赫々昼の如く嫦娥も之が為めに顔色を失ひ誰れありて清賞するものなき遺憾の至りと謂はざるべからず。

パリで開催された宗教歴史学会についての藤島了穏の報告。藤島はかつて藤枝択通とともにパリのシルバン・レヴィに師事し、十一年前（明治二十二年）に帰国していたが、その後、インドで出土した仏骨奉迎のため、シャムに赴き、引き続き本願寺派法主大谷光瑞が洋行中のため、その案内役と学会参加のため渡仏した。学会会場は万国博会場内の公会館で、総勢三百余名が参加。学会の会長はフランス・インド学界の重鎮シルバン・レヴィ。開会冒頭、名誉会長としてマックス・ミュラーとチェル両氏が推挙されたが、ミュラーは病欠（まもなく逝去の報が伝わる）。翌日からソルボンヌ大学宗教部に会場が移る。レヴィの発表は日本を訪問した際の報告、とりわけ梵語仏典の蒐集に心血を注いだ慈雲尊者の業績を高く評価した内容のもの。学会にはドイツに留学中の近角常観も参加し、「日本仏教哲学史一班」と題して発表している。藤枝、近角、レヴィの三人はシャバンヌ（フランス中国学の大御所）の別荘に案内され、そこで饗応を受けている。

レヴィはネパール訪問時に無着の『大乗荘厳経論』を発見したことについても改めて発表している。日本仏教に関する学会からの提案として、ヨーロッパに留学した南条文雄、藤島、高楠順次郎の功績を高く評価すべきこと、日本の寺院にある浩瀚な仏典に注目すべきことなどがあげられた。今後は四年毎に会を開催することとし、会長レヴィが閉会の辞を述べた。藤島によると、参加者三百余名中、東洋からの参加者は自分と近角の二人だけであったものの、「日本万歳、仏教万歳」と、エールがあり大いに歓待されたという。この頃、フランスでは美術界を中心に「ジャポニズム」が華開いていたからその影響もあったと思われる。

十一月十一日　大谷光瑞師の近事　　　　　　　　『明教新誌』十二月六日

目下英京敦倫滞在中なる本願寺派新法主大谷光瑞師の近況を聞くに去月十一日同師は日野尊澤師を伴ひ巴里に至り同地に於ける宗教大会に臨席の為め滞留中なる藤島了穏師の案内にてベルサイユーの王宮、ルーブルの博物館及び大博覧会其他諸所を遊覧し同師の紹介にてレヴィー博士及支那学者シャバンヌー両氏に面接し、十五日はシ氏の別荘に午餐の饗を受け、又十七日レ博士の招待にて同じく三師連立ち晩餐の饗を受け、十八日和蘭ラヘーを経て倫敦に帰りたりし、尚藤島了穏師は既に伯林に入り本月初旬倫敦にて新法主と再会の筈。

目下、ロンドン滞在中の本願寺新法主大谷光瑞は、日本から随行の命を受けた藤島了穏を伴なってベルサイユ宮殿、ルーブル博物館などを見学。新法主は藤島の紹介によりレヴィ、シャバンヌと対面し、それぞれから響応を受けている。

十一月十八日　七大寺四宗兼学の復習

南都の七大寺とは古来東大寺、西大寺、興福寺、元興寺、大安寺、薬師寺、法隆寺をいうが、その後、大安寺、元興寺の二寺が荒廃したため、別に唐招提寺を加えるようになった。これらの寺はいずれも当初、四宗（華厳、法相、真言律、戒律）兼学を旨としていたが、現今各寺でそれぞれ管長を置き、四宗のうち一宗だけを名乗り、あまつさえ互いに「敵視する」事態を呈してきた。そのため興福寺（法相宗）管長大西良慶が各宗管長と意見を諮り、往時の四宗兼学に復すること、共同で勧学院を設立したいと提案し奔走中。ただ唐招提寺を七大寺に加えたため、元興寺、大安寺のいずれを排するかも協議中という。

『明教新誌』

十一月二十八日　帝国東洋学会の設立

発起人に常磐井尭猷、高楠順次郎、南条文雄、村上専精、上田万年、井上円了、大内青巒、前田慧雲、藤島了穏、沢柳政太郎、島地黙雷らがいる。その趣旨は次のようにある。

本会は東洋諸国に於ける言語、文学、宗教、哲学、歴史、地理、神話、俗話、工芸、美術等に関する史実を現存の文書に依り攻究するを目的とす

現存の文書中その材料最豊富にして曽て学術的講究を経ざるものを一切蔵経とす、その巻帙の夥しき実に八千五百三十四巻加ふるに蔵外の諸書を以てすれば殆ど萬余に達せむとす、殊に我国には本邦撰述大蔵経の外、宋、元、明、清、麗の各完本の現存するありて仏教典籍の完備殆世界無比と称すべし、抑漢訳蔵経の含蓄せるところは他国現存の諸蔵と稍その趣を異にし獨宗教哲学のみならず諸般の学芸に関する材料を包羅して余さず学術攻究に資する所亦実に大なり、これを東洋の一大古学書叢と称するも亦過言に非ざるなり、而してこれが対照研鑽の用に供すべき諸国異訳の聖典も亦その数多く南方仏教諸国の蔵経は印行流布する所となり暹羅蔵経全部及龍動巴利書出版会社にて発行せるものも既に我国に入り北方仏教の典籍たる西蔵蔵経も之を得る将に近きにあらむとす、ほしる現存の大乗諸典は曩に欧米にて出版せるものの外、現に露西亜帝国大学内大乗書出版部及印度かるかった府仏書出版会社に於て修成せるものも多く蒙古満州亦夥多の訳書を有す此等の諸書を対校しその材料を自由に運用し攻究討尋の結果を世

界の学術界に貢献し得るの地に在るもの独我国学者あるのみ故に我輩自揣らず大方諸君の賛同を得て茲に本会を組織し内蔵経の内容を攻究し諸般の材料を査定類聚し外、異訳の諸聖典と対照考覈しその結果を編纂大成し本会の目的を達するの第一段となさむと欲す。『明教新誌』

わが国でも東洋研究を中心とした学会設立の動きが起こる。日本に中国の各時代に印行された大蔵経が完備することは「世界無比」、チベット蔵経もまもなく入手されるはずだし、他方、南方仏教国にはシャム版蔵経、パーリ語仏典はロンドン、そのほかロシア、蒙古、満州にも多くの仏典があり、それらを対照研究して「世界の学術界に貢献」すべきと動き出した。

十二月　梵漢字書の編纂

帝国東洋学会では梵漢字書、漢梵字書の編纂も企画された。高楠順次郎、南条文雄が中心となり、費用は六万円の見込みであるが、そのうち、高田派管長常磐井堯房師が一万円寄付する段取りとなった。当時の日本でサンスクリットを理解できる学者はきわめて少数であったが、作製は急務という。

十二月十二日　曹洞宗中学林学生の洋服

東京麻布の曹洞宗中学林学生の正服は僧服であった。しかし時の校長忽滑谷快天は形式よりも学力の向上を掲げたため、多くの学生が一般学生同様、書生羽織を着用して登校しはじめた。ある筋からその点を非難されたこともあって忽滑谷は校長を辞任、服装は再び僧服に戻された。とはいえ時勢にあわせることも必要であろうと協議中。

十二月二十八日　仏骨奉迎騒ぎ

暹羅国王陛下、我れに仏骨分与の議あるや、各宗喜んでこれに使者を派し、其長崎に到着するを竢ってこれを京都に迎ふ奉迎事務所は京都に置かれぬ、大菩提会はこれを動機として現れたり、二十三萬の善男善女は京都に群りぬ、この挙如何に日本の仏徒が其教祖を思ふ情切なるかを聊か世界に知らしむるに足れり。二十三萬の善男善女、若し果して敬虔の念を以てこれを迎へしならば、そは寔に世界の歴史に特筆大書するに足るべからしならん。惜むべし、彼等の多くはこの必要の一事項を欠けり、半ば物見遊山の意思を以てこれを迎へたり。『明教新誌』

タイから分与された仏骨は、日本に到着後、ひとまず京都の事務所に安置された。その際、二十三万にのぼる驚異的な数の善男善女が群がった。とはいえその群集は果たして仏教の開祖を想う念からか、単なる物見遊山かと疑う記事である。

論題に掲げたように、一九〇〇年の仏教界の動きを渡辺海旭のドイツ出発を中心にみてきたが、最後にまとめてみよう。

この年、帝国議会は宗教法案を提出し、仏教界を統制しようとした。それに反対する管長があれば、召喚すべきだという激しい意見もあったが、それもまもなく治まった。

浄土宗では荻原雲来に続いて渡辺海旭を同じドイツに送り込んだ。渡辺は船中で盛んに仏天の加護を祈り、法話を試みたりして仏者としての使命感がわれわれにも伝わってくる。先に到着した荻原といえば、学期途中の入学ゆえ、師ロイマンによる特別の計らいで大学入学資格を得ることができた。入学後、梵語の習得、それに新しくネパールで発見された梵本に対応する漢訳経典の有無を師から依頼され、てんてこ舞いの様子。とはいえ荻原の学力向上は頗る順調で、師ロイマンはまもなく自分を凌駕するだろうと、すでにこの時点で絶賛している。東大宗教学の祖となった姉崎正治もこの年、ドイツ・キールに出発した。

この年にはまた日本から最初に欧州に留学した人たち、つまり南条文雄、笠原研寿、高楠順次郎の師マックス・ミュラーが七十七歳で没している。フランス・パリでは東洋学全般にわたる学会が設立され、それを承けて日本でも「帝国東洋学会」が設立された。

一般仏教界では真言宗が前年来の分離独立の動きがいっそう活発化。奈良の七大寺では四宗兼学が建前であったのが、それぞれ管長を立て、一宗だけを掲げていたのを改め、元に戻すべきという提案がなされている。またこの年、仏骨の一部がシャムからわが国にも分与されたのを機に、南方仏教国とも友好を図るべきと提言がされている。

この年、渡辺海旭は経由地セイロンに四人の日本人僧侶が滞在中なのを知っていた。実際に渡辺は彼ら数人と面会しているが、浄土宗でも誰かを送るべきだと自問する。その意図までは示さないが、浄土宗としてもセイロン仏教を実見する者の必要性を痛感したのであろう。

荻原雲来の場合、ドイツに到着した時期が学期の途中であったが、渡辺は秋学期、九月からの授業に参加した様子である。荻原と同宿し、いよいよドイツでの勉学が始まった。

おわりに

荻原、渡辺の留学先であったシュトラースブルク、そこでの学問形成ならびに当時のドイツを主としたヨーロッパのインド学がどのようなものであったかは、私にとってまことに興味深かった。本書によって当時の仏教学界の大きなうねり、それに留学生たちの息吹きを少しでも今に伝えることができたら、幸いである。

なお、最後にとり上げたローゼンベルクはドイツ系ロシア人であり、かれがいまだ近代的学問研究が定着する以前の日本に留学したこと自体、前代未聞の出来事であったので本書で紹介した。が、それ以上に滞在中、ことのほか荻原、渡辺二人との深い関わりから両人を知るうえで資するものがあればと思い、とり上げたものである。

本書の出版にあたり、みち書房の田中治郎社長、ならびに大法輪閣の石原大道社長の御高配にあずかったことに感謝したい。

平成二十四年　春彼岸

【著者略歴】
西村実則（にしむらみのり）
1947年生まれ。大正大学大学院博士課程修了。現在、大正大学名誉教授、(公財)三康文化研究所研究員　博士（仏教学）。
著書論文は『アビダルマ教学――倶舎論の煩悩論――』（法藏館）、『修行僧の持ち物の歴史』『仏教とサンスクリット』（以上、山喜房）、『ブッダの冠――仏・菩薩の持ち物〈考〉――』（大法輪閣）、「マーヤー夫人の死とブッダ」「大衆部の発祥地」「マトゥラー仏の起源と大衆部」「近代におけるサンスクリット文法書の出版」「『無量寿経』にみられる天女」など。

本書は、新版に当たり「法隆寺・佐伯定胤と渡辺海旭」「一八九九年の仏教界―荻原雲来のドイツ出発―」「一九〇〇年の仏教界―渡辺海旭のドイツ出発―」の三篇を加えた。

〈新版〉荻原雲来と渡辺海旭――ドイツ・インド学と近代日本

2012年4月20日　第1刷発行
2019年3月15日　新版第1刷発行

著　者　西村実則
発行人　石原大道
編　集　株式会社 みち書房
発行所　有限会社 大法輪閣
〒150-0011　東京都渋谷区東2-5-36 大泉ビル2階
TEL　03-5466-1401（代表）
印刷・製本　三協美術印刷株式会社

ISBN978-4-8046-8215-0　C0015